中国领导力提升系列

主编 胡月星

女性领导

张素玲◎著

中国出版集团 研究出版社

图书在版编目（C I P）数据

女性领导 / 张素玲著 . — 北京 : 研究出版社，
2017.5

ISBN 978-7-5199-0018-2

Ⅰ. ①女… Ⅱ. ①张… Ⅲ. ①女性—领导学 Ⅳ. ① C933

中国版本图书馆 CIP 数据核字（2017）第 031466 号

女性领导

作　　者 张素玲　著
责任编辑 陈侠仁
出版发行 研究出版社
地　　址 北京市东城区沙滩北街 2 号中研楼
邮政编码 100009
电　　话 010-63292534　63057714（发行中心）
63055259（总编室）
传　　真 010-63292534
网　　址 www.yanjiuchubanshe.com
电子信箱 yjcbsfxb@126.com
印　　刷 三河市金泰源印务有限公司
开　　本 710 毫米 ×1000 毫米　1/16
印　　张 18
版　　次 2017 年 5 月第 1 版　2017 年 5 月第 1 次印刷
书　　号 ISBN 978-7-5199-0018-2
定　　价 45.00 元

《中国领导力提升系列丛书》编委会

参与研究单位

国家行政学院

中国浦东干部学院

中国人事科学研究院

国家税务总局党校

北京行政学院

上海行政学院

黑龙江省行政学院

吉林省行政学院

广西行政学院

辽宁师范大学

宁夏行政学院

协助支持单位

国家行政学院中国领导科学研究中心

国家行政学院公务员培训研究中心

中国人才研究会领导人才专业委员会

西安思源学院新发展理念与领导力研究中心

提升领导力是聚焦点（代总序）

胡月星

领导科学研究告诉我们，组织发展与领导力提升并不是同步的。组织规模增大，并不意味着领导力随之提升。组织规模小，并不代表没有强大领导力。有的组织诞生时规模很小，但能够逐渐壮大，关键就在于其具有强大领导力。中国共产党诞生之初人数寥寥，但犹如喷薄而出的朝阳，光照四方。成功的秘诀在哪里？就在于党拥有强大的领导力，正是这一核心力量使党焕发出旺盛的生命力。今天，中国共产党是拥有436万多个基层党组织、8779万多名党员的大党，但规模越大并不意味着领导力就越强。加强和改善党的领导，必须把提升领导力作为聚焦点。

那么，领导力究竟是什么？以往人们通常把领导力等同于权力，认为有权力就有领导力。这种观点至今还停留在一些人的头脑中，限制了人们探索提升领导力的视野。领导力与权力确实有密切关系，但绝不是对等关系，有权力未必就有领导力，否则就难以解释个别领导“有权无威”甚至“众叛亲离”的现象。权力仅仅是领导力的一种重要资源，而不是领导力的全部。在领导科学研究中，领导力存在于精神信仰、思想观念、规章制度等方方面面，既包括组织领导力，也包括个体领导力。组织领导力是由个体领导力积极作用而成的合力，这就像百川终归大海一样。组织领导力与个体领导力相辅相成、高度融合，共同提升政党的领导力。我们讨论加强和改善党的领导，当然需要从组织领导力角度去分析，但领导科学研究表明，重视个体领导力对于加强和改善党的领导同样至关重要。因为组织领导力最终要具体落实到领导干部行为中，如果各级领导干部缺乏领导力所必需的知识、能力、品质以及积极行为表现等，组织领导力就会失去来源，组织就会变得软弱无力。可以说，领导干部的领导力直接决定着党的领导力。一个政党领导力的缺失，很大程度上是因为领导干部领导力的缺失。当前，从提升领导力入手加强和改善党的领导，需要把组织领导力与个体领导力紧密结合起来，从“领”入手，由“导”贯通，实现“心”与“力”的积极融合。

用信仰目标实现“领”。信仰就是希望，目标就是方向。没有信仰目标的政党是没有希望的，没有信仰目标的领导干部是难堪大任的。成立90多年来，我们党的领导之所以坚强有力，就是因为我们党有信仰、有目标，让广大党员有使命感，让人民群众有方向感。一个政党如果不能让自己的党员有使命感就无异于乌合之众，如果无法让群众有方向感就会失去号召力和凝聚力。新形势下，加强和改善党的领导，尤其需要把党的领导与党所坚守的崇高信仰、党所追求的远大目标紧密结合起来。要让广大党员和人民群众明白我们党究竟从哪里来、往哪里去，信仰什么、追求什么，党对人民群众来说有着什么样的功能和价值。把这些问题讲清楚，人民群众就会拥护党、追随党。

用科学理念实现“导”。信仰的追求、目标的实现都要有科学的理念。一个政党所坚持的科学理念凝聚着政党的智慧，能够引领人民群众的行动。从这个意义上说，理念科学，领导力就强。我们党一直强调用科学理念实现党的领导。习近平总书记在党的十八届五中全会上提出的创新、协调、绿色、开放、共享新发展理念，凝聚着全党的智慧，是统一全党思想和行动的指挥棒。领导干部能不能深入贯彻新发展理念，坚决纠正那些与新发展理念不相适应甚至背道而驰的错误观念与行为，直接关系我们党的领导力。领导干部要把学习贯彻新发展理念与提升领导力、加强和改善党的领导紧密结合起来。

用“心”与“力”的融合提升领导力。心为万力之本。提升领导力，从领导干部个体角度而言尤其要注重“心”与“力”的融合，具体而言主要包括以下几个方面：一是强调忠诚。忠诚是对“心”最重要的要求，是“力”的源泉。领导干部要对党忠诚，不论身在何方，不论处于何种境地，都要把对党忠诚作为自己的道德操守和行为准则，这样才能担负起组织重托。二是强调提升能力。有“心”无“力”，最终只能流于平庸。提升领导力，既要有“心”，也要有“力”。这就要求领导干部必须高度重视提升自己的能力。三是强调责任担当。责任是“心”，担当是“力”。当前，加强和改善党的领导特别需要领导干部有责任担当。有了责任担当，就能把“心”与“力”融合后的力量充分发挥出来，不断提升我们党的领导力。

原载《人民日报》(2016年04月15日07版)

目录

绪 论

女性是创造和推动人类社会文明进步的重要力量，女性的发展水平是社会发展、国家发展的一个主要指标，是衡量社会进步的重要尺度。21世纪的今天，女性早已“浮出历史地表”，在方方面面已打破传统的羁绊，她们不仅进入职场，而且走上领导岗位，在商业管理领域，在行政管理领域，甚至在男性独领风骚的高科技和技术领域，都可以见到越来越多女性的身影，一些卓越的女性甚至开始担任国家领导人或大型公司的最高领导者，她们以其特有的魅力冲破了传统意义上以男性为主体的领导模式，并创造了辉煌的成就。

一、女性领导的崛起

女性在领导领域的迅速崛起，得益于社会进步、教育发展、各国政策推动以及女性主体意识的增强等。比如，随着教育的发展，男女受教育差距明显缩小，越来越多接受了高等教育的女性打破了性别局限，进入职场和领导领域。据统计显示，2014 年，我国初中和高中在校生中的女生比例分别为 46.7% 和 50.0%，普通高等学校本专科和硕士研究生在校生中的女生比例分别为 52.1% 和 51.6%，博士研究生在校生中的女生比例增至 36.9%。女性受教育程度的提高，增强了女性的主体意识和自信心，提升了她们平等参与社会政治经济生活的能力。

政策推动是女性领导成长发展的重要因素。比如在我国，为推进性别平等，党和政府高度重视女性领导的选拔和培养，尤其是进入新的历史时期，对女性领导干部的选拔和培养更是高度重视。2001 年，中组部为了更好地贯彻落实党中央关于做好培养选拔女干部工作的一系列重要指示精神，进一步做好新形势下培养选拔女干部工作，制定了《关于进一步做好培养选拔女干部、发展女党员工作的意见》(以下简称《意见》)，各地也纷纷结合自身的情况制定了实施细则。《意见》极大地推动了女性领导的培养选拔工作，正是由于政策优势使大批优秀女性走上领导岗位，贡献她们的聪明才智。根据统计，2013 年十二届全国人民代表大会第一次会议女代表比例为 23.4%，比 20 年前提高了 2.4 个百分点，2013 年全国政协十二届一次会议女委员比例为 17.8%，比 20 年前提高了 4.1 个百分点。

与此同时，女性在领导领域迅速地崛起，也与现代社会领导方式的转变密不可分。由于科技和知识经济的迅猛发展，现代领导活动出现了一系列深刻的变革，呈现出新的发展趋势，传统的刚性领导正逐渐被柔性领导、人性化领导所取代。这种领导方式要求领导者要理解人、尊重人、充分发挥下属成员的自主性和积极性，关注他们的自我发展和成长，自我价值的实现和满足。领导者不是靠控制、约束、命令等手段管理下属成员，而是靠激励、沟通、协调、引导等软性手段影响他们，从内心深处激发每个下属成员的内在潜力和创造性。在新的领导理念下，女性领导者凸显出巨大优势。越来越多的人已认识到，女性领导是社会发展中的重要力量。

总之，女性在领导领域的崛起正在成为我们这个社会令人兴奋的新气象。新加坡国立大学李光耀公共政策学院与亚洲协会联合发布的《升至高层：在亚洲女性领导力》调查报告指出：女性力量正在崛起，在过去三十年里，其他任何领域都没有像她们一样发展得如此之快。2006 年 1 月，美国电视广播网哥伦比亚广播公司新闻部（CBS News）和《纽约时报》进行了民意调查，全国 1229 人参与调查，在“如果你的政党提名一位女性担任总统，而她确实有能力和资格胜任的话，你会投票给她吗？”的提问中，92% 的调查者给予了肯定的回答。越来越多的女性正在世界领导的舞台上绽放出耀眼的光芒。

二、现实的性别平等

尽管我们认识到女性在社会发展中的重要性及力量，尽管女性在各个领域都取得了重要成绩，得到了充分发展，也获得了领导权力。但是，当我们审视各个领域的领导层时，会发现，最具影响力的权力高处，女性依然是被替代者，真正能登上领导高层的女性依然是凤毛麟角。这意味着，当要对这个世界做出真正有影响力的决策时，女性的声音依然难以被人们听到。

让我们把目光转向女性所投身的社会领域。据统计，在《财富》五百强企业的高层经理中女性仅占 15%，[①] 而在首席执行官中女性仅占 4%。[②] 我国国内的调查显示，我国上市公司经理层级上男性比例约为 57.9%，女性为 42.1%，但是到了总经理层级，男性的比例高达 83.4%，而女性仅为 16.6%。《升至高层：亚洲女性领导力》报告显示，在中国女性企业高管担任的职务中，首席运营官居首位（45%），其次为人力资源总监（41%），首席财务官（39%），而首席执行官仅为 9%。从女企业家的数量来看，虽然自 20 世纪 80 年代以来女企业家的数量快速上升，但是，据中国女企业家协会发布的《2011 年中国女企业家发展报告》显示，中国女性管理的

① 肖薇、罗瑾琏：《驱动女性领导者职业成功的组织情境》，中国社会科学出版社 2015 年版，第 1 页。

② 谢丽尔·桑德伯格：《向前一步》，中信出版社 2013 年版，第 9 页。

企业仍以中小企业为主。

在政治领域，同样如此。在西方发达国家如美国，大多数选民是女性，但是，女性只占据了高层联邦政府职位的四分之一和16%的议员席位。一半的大学毕业生是女性，但是只有不足四分之一的教授、五分之一的大学校长是女性。在我国，情况同样不容乐观。2012年亚洲协会（Asia Society）与新加坡国立大学李光耀公共政策学院联合发布的《升至高层：亚洲女性领导力》的报告指出，中国仍是女性领导因有利于男性的社会偏好和偏见而受到限制的几个主要亚洲国家之一。报告称，最近几十年和中华人民共和国成立之初相比，女性领导的比例与西方国家相比，不是在上升，而是呈现一种下降的趋势。女性在担任领导、高层官员和高管职位的人士中所占比重很低，在身居高位的人士中，女性与男性的比例为17∶83。在顶端领导层中，女性领导更是凤毛麟角。中共中央委员中女性比例从1997年的11.4%下降至2002年的7.6%。2012年，在204位中共中央委员中，只有13名是女性。

报告还指出，在过去五年里，高等院校入学的女性与男性数量之比从0.85提升到了1.07。然而，教育机会的平等、经济上的强势，并不意味着女性地位的提升。事实上，在中国社会，很多女性甚至主动放弃职业发展和升迁，以免在社会上显得过于强势。该报告指出，当与亚洲其他国家进行比较时，中国女性“退出”中高层领导职位竞选的比例仅低于日本，有近53%的中国女性在工作中从未能从较低职位升迁。在过去的10年里，中国女性在担任领导职位方面不进反退。

不仅在数量上，在领导领域的性别结构上也是如此。调研发现，长期以来，在男性主导政治领域的传统格局中，我国女性领导在政治生活中普遍存在着“四多四少”的结构问题，即基层多高层少，副职多正职少，虚职多实职少，边缘部门多主要部门少。女干部多集中在诸如教育、环境、卫生、社会福利等传统上认为适合女性的社会发展的边缘领域和部门。女性领导任职的结构性问题凸显了，女性发展有些还是停留在表面上，性别不平等的现象依然严重。

2015 年 3 月 10 日，各国议会联盟和联合国妇女署同时在日内瓦和纽约发布《2015 女性参政地图》，对全球妇女参与政治生活的情况进行了统计和分析。报告称，尽管女性在政府和议会当中的人数继续提升，但进展速度缓慢，实现女性平等参政还有很长的路要走。报告指出，从 2014 年 1 月 1 日到 2015 年 1 月 1 日，全球女性政府部长的人数从 670 人增加到 715 人，但也只占到所有政府部长的 17.7%，报告显示，截至 2015 年，共有 30 个国家的女性部长占到 30% 以上，其中达到 50% 以上的国家有五个，排第一位的是芬兰，16 位部长当中有 10 位女性，占 62.5%；其次为佛得角、瑞典、法国和列支敦士登。从地区来看，美洲地区拥有的女性部长比例最高，为 22.4%；欧洲和非洲分列第二位和第三位。关于妇女所担任的部长职位，仍以传统的社会事务、教育、妇女和家庭事务等“软性”事务为主。

报告显示，从妇女担任国家元首或政府首脑情况来看，全球共有 19 位女性领导人，其中欧洲 9 位，美洲 6 位，非洲和亚洲分别为两位，阿拉伯和太平洋地区为零。数据显示，过去 20 年里，全球女性议员在各国议会中所占比例从 11.3% 增加到 22.1%，其中有 48 个国家达到 30% 以上。关于中国女性参政情况，报告显示，中国 26 位政府部长中有 3 位女性，占比为 11.5%，在全球排第六十五位。中国全国人大代表中女性占比为 23.6%，在各国女议员参政排名中居第五十四位。

上述调查结果表明，尽管女性领导正在崛起，但与人类社会一半的人口数量相比，女性在各行各业的领导角色依然是少数。

三、为什么高层缺少女性的身影

那么，为什么女性领导如此少？是什么阻碍了女性登上领导的巅峰？2004年年初，哈佛大学校长劳伦斯·萨默斯有关女性不适于科学研究的言论，引起人们的极大震动。在一次经济学术会议上，劳伦斯·萨默斯发表了一番演讲，认为女性之所以在理工科领域落后于男性，可能是因为两性之间天生的差异，性别之间的先天性阻挡了女性攀上科学和数学的顶峰。萨默斯的言论备受社会各界的广泛指责，并在此后黯然离开了哈佛大学校长的领导岗位。但是，在我们的现实社会中，萨默斯所持有的观念却依然是根深蒂固。

虽然全球各地的文化千差万别，女性的社会地位也在不断提高但是我们对于男性与女性的偏见却惊人地相似，传统的预期与偏见却依然如故。直到今天，在中国、西方国家乃至全球各地，男性总被期待去领导、奋进、成功，而女性则被期待去分享、融通、屈从他人。我们期待男孩和男人展现领导力，但是当一个女性出头来领导时，我们则称之为“强势”或“专横”。我们不愿意看到，而且内心不喜欢。

因此，在我们热衷于讨论女性领导问题的同时，绝不能忽视文化、环境，社会观念、心理和制度、公共政策等的作用。洞察我们的现实生活，会发现，传统的社会观念对整个社会的持续影响是非常深远的。今天，我们在心理上，对于女性走上领导的岗位，是否已经拥有了一个正确的态度，并在行为上能够真正接受这个事实呢？社会是否已经具备了接受女性领导的成熟而自然的心理，这应该是我们需要深入研究的问题。

基于这样的认识，本书将主要从社会文化心理和观念的视角出发，探讨领导领域性别不平等的深层原因，分析在社会现实中女性领导遭遇到的困境和障碍。除此之外，本书认为，每一位成功女性的故事都是一本值得一读的书。因此，本书将运用个人生活史和访谈研究的方法，通过大量杰出女性领导的人生经历和故事分析，解读女性成功的原因。无数事业有成的女性领导的故事告诉我们，我们怎样看待人生，就会有怎样的价值观和生命观，也就会有怎样的生活。在社会急剧变化的环境下，要想进入传统意义上属于男性的领导领域，女性必须不断历练自己，付出比男性更多的努力和艰辛；必须具有坚定的意志力，自我忍耐力，锲而不舍的奋斗精神；必须具有强大的心理动力，抵御来自外部的压力；必须摆脱俗见，修炼足够的人生智慧。

希望从这些女性领导身上，凸显榜样的力量，而这对于千千万万正在成长奋斗的女性而言，意义重大。当女性在领导岗位上看不到杰出的女性时，进取的动力就难以被激发。而赢得成功的女性领导越多，对于一个社会来说，将会激励更多的年轻女性，释放她们深藏内心的潜能，对于那些在勇气与退缩中迷茫挣扎的女子，这些榜样将会给予她们信心和力量，激发她们的理想和渴望，从而从根本上改变我们这个社会保守的性别观念，创建更有利于男女两性和谐发展的环境。

四、本书主要内容

第一章探讨社会性别与性别刻板印象。主要以社会性别理论为基础，探讨性别差异的本质及对女性的影响。首先从性别入手，深入分析性别与社会性别的内涵及差异，认识社会性别的社会历史及文化属性，进而了解刻板印象与性别刻板印象的内涵，分析社会性别和性别刻板印象的形成原因，在此基础上，探讨性别刻板印象对女性成长发展和心理的影响。

第二章研究女性领导的刻板印象。传统的刻板印象依然影响着人们的认知和行为选择，由于领导刻板印象与性别刻板印象的不一致，导致女性领导面临重重障碍和困境，难以形成积极的性别身份认同，从而极大影响女性领导的领导效能感和领导绩效。本章揭示了女性领导在现实环境中出现玻璃天花板效应的社会文化和心理原因，并介绍了关于领导的性别差异研究。

第三章是女性与领导风格。主要从领导风格的含义及演变发展历史，分析在学术界广泛存在的女性领导风格理论出现的社会历史背景、理论渊源，剖析女性领导风格理论的主要观点以及可能产生的消极影响。在此基础上，探讨刚柔并济的女性领导方法与艺术。

第四章研究女性怎样才能走向成功。作为这个社会中的极少数，是什么让女性登上巅峰？在其人生的关键点是什么使她们能够顺利跨越障碍，冲破性别的樊篱？本章主要从女性的人生经历和人格心理特质等方面，研究女性领导的成长规律和发展特性。通过大量成功女性领导的案例和故事，笔者认为，家庭、早期教育以及优秀的榜样是女性成长的重要影响因素，它给予了女性自尊自信和积极乐观的人格特质，从而在女性心田上播下了未来成功的种子。此外，人生经历中的危机和磨难，有些时候不但没有摧毁一个人，反而会使女性越挫越勇，从磨难中获得了自我救赎的能力。推动女性获得成功的因素还有成就动机以及积极的心理品质，诸如自信、坚忍的意志品质等。

第五章研究女性领导力提升。领导力是影响力，它不是与生俱来的，而是需要通过教育和训练有意识的提升。本章主要从战略思维和创新能力，决断能力与胆商训练，沟通能力以及持续不断的学习能力几个方面探讨女性领导如何开发和提升领导力。

第六章是女性领导自我修炼。本章主要从女性领导形象塑造、女性领导心理障碍与调适、女性领导自我管理以及角色平衡艺术等方面，探讨女性领导如何通过自我管理不断成长，实现人生和事业的双赢，成为富于魅力的女性领导。

C H A P T E R 01

第一章

社会性别与性别刻板印象

现在，男女平等已成为社会共识。随着越来越多的女性出现在领导职位上，创造了卓越的成就，以及社会公共政策和制度的保障，人们对女性担任领导职务的认识已经发生了巨大的变化。但是，还是有很多人甚至包括女性自身，认为男性和女性有不同的特质，女性不适合当领导。这种观念在表面上未必得到社会认同，但有时候，它却可能潜藏在人们的意识背后，起着重要的作用。

那么，为什么人们会对男性和女性持有不同的观念，这种观念是怎样形成的？它又是如何影响人们的自我意识、成长发展以及自我对他人的评价。要回答这些问题，我们需要从社会性别以及性别的刻板印象来进行分析。

一、性别与社会性别

性别是人类社会成员一项最持久和最深远的身份特质，它是形成人们认识的重要因素。不管是否意识到，它一直是每一个社会成员一生都在面对的问题，涉及我们每一个人怎样看待自己、怎样评价他人。基于性别而产生的认识、心理和行为广泛深入地影响着我们。在社会生活中，我们很自然地就会对一个人进行性别区分，这是男人，这是女人。那么，性别及其差异是如何形成的？为什么会有这种差异？

研究性别，我们需要关注一个重要的概念即社会性别。社会性别与性别是两个不同的概念。性别（sex）是指生物学上的差异，即男性与女性个体之间的生理差异，所谓“男女有别”，首先指的就是这种生理差异。而社会性别（gender）指的是人们所认识到的男性与女性之间存在的社会差异，由社会形成的男性或女性的群体特征、角色规范、对男女两性不同的期望、要求和限制等。它反映男性与女性在行为方式、思维特点、兴趣爱好、成就动机、角色期待以及社会地位等众多方面的不同。

心理学和人类学的大量研究成果表明，影响社会性别的差异主要有两大因素，即生理因素和社会文化因素。生理因素包括染色体、性腺与性激素、解剖构造、生理机能、身体形态等。生物学上的性别是由染色体决定的，因而是先天的。这种性别差异可能会促使特殊的行为和认知策略的产生，比如，两性体形、体重、身高、力量的先天差异有可能影响性别行为，如男性的更具攻击性和女性的顺从与被动性倾向。这说明生理因素对性别差异的形成有一定作用。但多数研究表明，生理因素对性别的心理差异并不起决定作用，性别差异的形成在更大程度上取决于社会文化因素，取决于对儿童的教养方式。在这方面，社会性别理论的解释已逐渐得到人们的认同。

社会性别理论认为，“男性”和“女性”的意义不仅仅是生物性的，是与生俱来的男女生物的构成，更是历史、文化和社会的产物。性别的建构，个人在特定社会结构或体系中的位置，或者说身份、性别角色，并不是天生的或自为的，而是被赋予的。作为社会性动物，人总是生活在一定的社会关系之中，并从中学习如何成为社会中的一员，为社会所接纳。一个社会中的文化传统和社会制度建构了关于男人和女人的定义以及在社会中的身份角色，个人在社会化过程中则不断学习社会制度和文化环境中所要求的性别规范，并按照社会期待的方式行动。在这种学习过程中，一方面是国家通过社会制度等的强制力量影响着两性的性别意识和性别行为的形成，另一方面，社会文化传统则通过无形的力量使人们学习和接受自己的角色安排，从而实现自我管制、自我遵从角色规范的结果。在历史文化的更替与传承中，这种影响人的性别观念逐渐渗透到人们的思想与行为中。因此，社会性别是获得的，是通过心理、文化和社会手段共同建构的，在此过程中，国家依靠行政管理上的权威性和意识形态领域内的影响力，塑造着人们的性别角色与他们在社会中对性别规范、身份的认同。除了这种外在的权威力量，更有已经内化于人自身、浸透于社会生活、几乎使人不可抗拒的文化与传统的影响，使人们在无形中接受社会的性别角色规范。正如法国女权主义者西蒙·波伏娃所说："不是生物学而是文化成为人类的命运。"①

性别身份角色和性别规范也是在不断变化的，或者说"男人"和"女人"是在不同的历史时期被各不相同地定义和构造的社会角色。不同时期不同地域和文化的社会性别存在差异，有时甚至是迥然相异。在这方面，美国著名的人类学家玛格丽特·米德曾进行过深入的实证研究。20 世纪 30 年代，米德亲自赴新几内亚岛，考察岛上分别居住于山地、河沿和湖边的三个原始部落，研究不同社会群体中两性之间的差异。米德的研究发现，生活在山地的阿拉佩什部落男人和女人们的行为和性格特征就像通常人们认为的女人的行为和性格特征，温柔、敏感、合作、无攻击性、情愿抚育儿童；与阿拉佩什人形成鲜明对比的是，生活在河边的蒙杜古马部落。在这里，社会崇尚的是粗暴和好斗，无论男人和女人都具有极强的竞争性和攻击性，他们脾气暴烈、敢作敢为，无论男人还是女人都是极其"男性

① 西蒙·波伏娃著，桑竹影、南珊译:《第二性》，湖南文艺出版社 1986 年版，第 5 页。

化的”，属于女性气质的东西只会给这里的大多数的男女带来厄运；而在德昌布利部落，情形正好与我们的社会相反，男人的行为就像人们通常认为的妇女的行为那样，敏感、爱美、羞怯，男人负责购物，在感情上依附于女人，而女人们则像所谓的男人一样，个个精力充沛、勇敢、独立，善于经营，处于家庭的主导地位。米德由此得出结论，所谓男性和女性的分工和性格特点、角色规范并不依赖于生物学上的性别差异，男性和女性的特征是从社会化的过程中习得的，它既不是自然生成的，不仅仅依赖于生物学的性差异，又不是放之四海而皆准的普遍规律，而是特定的社会文化环境和制度的反映，在不同的社会文化环境和制度中，男人和女人各有自己不同的存在方式。①

我国学者史静寰曾经对中国历史上的第一个女皇帝武则天在初中历史教科书中的形象进行研究。结果发现，在不同的历史时期，同一人物其被呈现和解读的方式和内容具有极大的差异。在 1955 年版本的历史教材中，没有任何对武则天的文字或图片描述，1956 年 4 月出版的《历史教学》杂志“问题解答”栏目中对武则天的描述是：“唐朝自武则天执政以后，政治日益腐败黑暗，统治阶级享有种种特权，过着奢侈腐化的生活。”在 1962 年版的教材中，研究者发现，对武则天的描述是这样的，虽然她的历史功绩被肯定了，是一个“奖励农业生产，停止征战和大工程”的统治者，而且还“重用有才能的人”，但是，她又是一个残暴的女性，是一个被权力异化的女人，用残酷的刑罚来对待反对她的人，按照中国传统文化中娴熟温婉的女性形象来看，她完全是一个另类。而在 1982 年版的教材中，对武则天的描述从语言上看，已经趋于和缓，肯定了她的历史功绩，而且还对她做出了相当正面的评价，认为在她统治期间，“社会经济持续

---

① 张素玲：《另一种声音：教育领域中的女性主义观点》，载《中国教育：研究与评论》第 4 辑，第 204 页。

发展”。随着社会的发展，到了 90 年代，人们的性别观念有了极大的改变。1992 年版本的教材对武则天的描述除了课文的正文外，还附有插图和补充材料，清晰呈现了武则天进入权力系统，施政才能、政绩以及弊端，辩证分析了她对历史的影响，肯定了她在位期间的作为对其后盛唐发展的重要作用。在这里，武则天和其他男性统治者一样，被作为“皇帝”来描述，而不是被作为一位女性，一位被权力扭曲的极端的女性形象。① 从以上的例子我们可以看到，女性的形象不是一成不变的，而是在不同的历史时期被建构的，同一人物，在不同的历史时期，形象的呈现和评价是多么不同，有时甚至是迥异的。从这种变化中我们可以看到社会性别观念的变化。

大多数社会里，性别关系体系中还存在着两元对立的结构，蕴含了一种权利关系，不同性别被赋予了不同的权利和地位，即进行了性别的排序。其中的一方，常常是男性，总是凌驾于女性之上，掌握着社会中更多的权利和资源，而女性则被社会文化和制度建构为他者，处于劣势地位。这种性别关系的建构导致了男女在社会生活中的地位、机会和权利的不平等。与此相应，所谓的男性和女性的角色特征也被赋予了不同的价值，男性被认为具有优势品质，即他们理性、客观、独立，有领导气质，而女性则是柔弱的象征，她们情绪化、非理性、被动和依赖。

二、刻板印象与性别刻板印象

（一）刻板印象

刻板印象指的是人们对某一类人或事物产生的比较固定、概括而笼统的看法，是我们在认识他人时经常出现的一种相当普遍的现象。沃尔

---

① 史静寰：《走进教材和课堂教学的性别世界》，载《中国教育：研究与评论》第 4 辑，教育科学出版社 2003 年版。

特·李普曼（W·Lippman）于1922年在其著作《公众舆论》中首次提出刻板印象这一概念。

一般来说，生活在同一地域或同一社会文化背景中的人，在心理和行为方面总会有一些相似性；同一职业或同一年龄段的人，他们的观念、社会态度和行为也可能比较接近。人们在认识社会现象时，会自然地概括这些特征，并把这些特征固定化，这样便产生了刻板印象。刻板印象通常以非常明显的自然特征，如性别、种族、年龄等，区别不同的群体，把一系列特征归为某一群体所有，并且某一群体的每一个体都具有该群体所具有的全部特征。可见，刻板印象是社会印象的一种表现形式，即用一种固定的印象，来表示社会认知偏向性和凝固性，反映了大脑对海量复杂信息进行简约化处理和加工的特性。

在我们的生活中，处处存在刻板印象的影响。比如说到商人，就和精明联系起来，说到军人，就认为威武、刚强、守纪律，这是在职业上的刻板印象；谈到青年人，常常认为他们单纯幼稚、容易冲动，谈到老年人，常常认为他们经验丰富、保守、稳重，这是在年龄上的刻板印象；说到南方人，就认为比较细腻、性格柔和，说到北方人，就认为比较粗犷直爽，这是对不同地域的人的刻板印象。

（二）刻板印象的影响

刻板印象是一种人类天生具有的认知策略，它自动地、无意识地、难以改变地影响着人们的认知和行动。由于刻板印象是人们对某个事物或物体形成的一种概括、固定的看法，并把这种看法推而广之，认为这个事物或者整体都具有该特征。因此，刻板印象对人们进行的社会信息加工起到很大的影响作用，它可以简化人们的认知过程，使人们在面对纷繁复杂的系列刺激时，利用刻板印象直觉地洞见其本质特征，更加容易地认识世界，帮助人们迅速做出判断，进而在最大限度上有效地认识和改造外部世界。在人际沟通中，由于刻板印象是建立在对某类成员个性品质抽象概括认识的基础上，反映了这类成员的共性，有一定的合理性和可信度，因此，刻板印象可以更简单、快捷地帮助人们认识某类人，有助于人们对认识沟通对象做出判断，增强人们在沟通中的适应性，因而，这些简单化、固定化的看法也就具有了社会适应的意义。比如在人际交往中，刻板印象可以帮助我们了解某个群体是什么样的特征，他们对人对事的态度，他们如何行事，从而确定我们如何与他们打交道，避免陷入交往的障碍，出现矛盾和冲突。

刻板印象有积极的一面，但也存在着消极的一面。它会令人们不能公正地处理信息，是造成偏见的主要原因。由于刻板印象的概括性，忽视了个体差异性，使群体单一化，最终势必造成认知偏差，出现“以偏概全”的认知简约性，使得人们难以摆脱由于自身的态度、观念或经验等主观因素方面的缺陷或不足所造成的认知偏差，从而对某类人或事物进行错误的评价。此外，刻板印象也容易阻碍人们对于某类成员新特性的认识，使人认识僵化、保守，一旦形成不正确的刻板印象，用这种定型去衡量一切，将新的信息纳入人们的刻板印象之中，就会造成认知上的偏差，这就如同戴上有色眼镜去看人。同时，刻板印象也给这类人带来压力，例如，人们往往认为“女性是没有方向感”的，而一旦她们被贴上这个消极的刻板印象标签，她们就会在辨识方向时产生压力、焦虑，最终这种焦虑会让她们在辨识方向时更加茫然。

苏联社会心理学家包达列夫曾经做过这样的实验，以此验证刻板印象对人们认识的影响。实验是这样的，他将一个人的照片分别给两组被试看，照片上人的面部特征是眼睛深凹，下巴外翘。包达列夫向两组被试分别介绍照片上人的情况，给甲组介绍情况时，他说“此人是个罪犯”；给乙组介绍情况时说“此人是位著名学者”，然后，请两组被试分别对照片上人的外貌和性格特征进行描述、判断和评价。实验结果，甲组被试认为，此人眼睛深凹，表明他凶狠、狡猾，下巴外翘反映其顽固不化的性格；乙组被试认为：此人眼睛深凹，表明他具有深邃的思想，下巴外翘反映他具有探索真理的顽强精神。

面对同样一幅照片，为什么两组被试所做出的描述和评价竟有如此大的差异？包达列夫认为，人们对社会上各类人有着一定的定型认知。把他当罪犯来看时，自然就把其眼睛、下巴的特征归类为凶狠、狡猾和顽固不化，而把他当学者来看时，便把相同的特征归为思想的深邃性和意志的坚忍性。可见，刻板效应实际就是一种心理定式。

刻板印象一经形成，就很难改变。因此，在日常生活中，一定要考虑到刻板印象的影响。但是，我们往往意识不到它们的存在。大多数时候，我们对自己所持有的刻板印象并没有清晰的认知，它是在一种我们没有意识到的情况下发生作用的。人们常常会有意无意地将刻板印象付诸实施，正是这些不易察觉的刻板印象影响着人们日常对事物的判断与评价，对信息加工过程产生重要影响。

信息是影响刻板印象的因素。刻板印象通常会在人们无法获取其他信息时发生更大的作用，人们会习惯性的利用刻板印象做出判断和评价。在人际沟通中，如果能得到更多的信息内容，和其他群体进行有效的沟通交流，增进了对其他群体的了解，刻板印象的影响就会相应减弱或消除。但是，研究人员也发现，有时候，即便人们有足够的时间和便利，依然会无视大量反刻板印象的信息，即使遇到与自己刻板印象不一致的证据，个体也会倾向于维持已有的刻板印象而不是改变自己的刻板印象。由此可见刻板印象在人们的观念和生活中是根深蒂固和难以去除的。

如上所言，由于刻板印象，人们会产生对事物或某类群体的错误认知，这种认知常常伴随情感反应和行为反应，并由此导致歧视的发生。因此，要想限制刻板印象的作用，就必须认识它的发生机制，以及对自己所持有的刻板印象产生清晰的认知，认识到刻板印象本身所具有的认知双刃剑的特征，提醒我们，在依赖它的同时，又要对它保持足够的警戒，并且不断对之予以修正。

（三）性别刻板印象

刻板印象在性别领域里的延伸就产生了性别刻板印象。性别是我们在社会生活中用来分类的最基本也是最常用的一个标准，看到一个人，我们会很自然地、快速地把他或她进行分类，男性或是女性，随之，我们就会自动化地把男性的特质和女性的特质与之联系在一起。如果我们的观察不符合我们所持有的观念，对于观察对象我们就会质疑或是产生负面的评价。

性别刻板印象是指人们有关男性或女性在行为、个性特征等方面的相对固定的看法与观念。性别刻板印象描述哪些活动、任务和职责被视为男性行为，哪些被视为女性行为。比如说到女性，大多数人认为女性是敏感的、热情的、依赖的、以家庭为中心的。说到男性，大多数人认为勇敢、坚定、临危不惧会被人称赞为具有真正的男子汉品格。人们有意无意地将这种性别刻板印象应用于自身的行为和处事中，性别刻板印象直接影响到男性和女性的知觉、归因、动机、行为以及不同职业的选择。

那么，性别刻板印象最初是怎样形成的？性别刻板印象源自于人类最初的性别角色分化。由于生理上的差异，男女两性在生产中出现了不同的劳动分工，女人采集，男性狩猎。不同的实践活动所产生的体验和人格特征也随之出现差异，男女两性由于不同的生产生活方式进而形成了不同的性别特征，于是男女性别角色出现分化。

这种群体性性别特征固化、定型为性别气质或性别刻板印象。早期，这种性别特征无所谓优劣。后来，由于社会生产的发展，人类劳动的异化现象，两性关系也发生了变化，变成了从属与支配的关系。在《家庭、私有制和国家的起源》中，恩格斯对这一人类历史现象进行了深刻的剖析。恩格斯认为，原始社会，人们完全依赖自然生活，男性和女性处于平等的社会地位，女性甚至占据着主导地位。随着社会的发展，农业和畜牧业都有了很大的进步，相较于之前的蒙昧原始社会，人类不再完全依附于自然而生存，这时人们更需要男性的劳动，无论是牲畜的饲养还是农业的种植，男性在人类的生存发展中发挥着越来越重要的作用，因此形成了“男子的劳动就是一切，妇女的劳动是无足轻重的附属品”等类似现象。社会财富逐渐掌握于男性手中，男性的社会地位随之上升，女性在氏族社会中的地位受到冲击，逐渐失去了和男性平等的地位，最终在氏族和家庭生产、生活中沦为受压迫和奴役的对象，女性社会地位走向没落。

我国学者杜芳琴也以历史的视角，从华夏文明的发源和演变，深刻分析了中国传统社会男尊女卑、男主女从，以男性为重心的两性性别关系和性别刻板印象形成的历史脉络和过程。她指出，中国传统的性别文化渊源已久。在远古时期的母系氏族社会，是以女性为本位的，从妻居的婚姻家庭形态在妻子的氏族中始终具有疏离性和不确定性，而妇女在氏族中却是稳定的成员。在生产活动中，再能干的男性也需到妻方的氏族效力，当时的生产组织和资源（生产工具和产品）管理、分配按母系进行。伴随生产力的发展，母系氏族公有制开始解体，财富的增加，使氏族（部落）之间利益的争夺（有了剩余才会有利益争夺的战争）日趋频繁，于是男性英雄人物应运而生。他们的功业受到氏族成员的拥戴。有了更多权力的男性占有欲随之膨胀，在战争中除了掠夺敌对氏族部落的土地和财富外，还掳掠对方的人口。其中对妇女的占有，加速改变了母系氏族时期那种两性关系的自然状态和相对平等的地位，同时，也改变了男性对女性的态度。在母系氏族中，氏族成员对担负着全氏族兴亡的生育和管理组织责任的妇女特别尊崇。这种尊崇表现在对老年妇女和少女死后随葬的比较丰厚；反映在神话和传说中的是，创世拯世的女神的创造，像女娲造人补天等以女性为主的神话。到了男性英雄主宰的父系社会，妇女开始沦为性对象和奴役的对象。

杜芳琴指出，这是人类历史上经历的一场最激进而又无声的革命，它初步形成了父系制，奠定了华夏族两性关系的基础格局和模式。之后，到了周商殷等朝代，通过婚姻制度、继承制度和分工制度，进一步确立了两性的性别关系。自此，男婚女嫁，父系夫所，一夫多妇，嫡妾有辨，等级分明，女性开始沦为男性生育后代的工具。内外有别，男性从事公事大事，女性则被限定在内事和私事上。为达到巩固父权制的贵族统治目的，相应产生了性别教育和风化的制度。父权制的性别制度对妇女的规范，在道德伦理方面，要求妇女必须结婚生育且必须生儿子，妇女之德在于柔顺贞孝，在气质心理和身体上要求卑弱寡欲[①]。这种性别制度和文化在其后漫长的历史发展中被传承，并形成一种哲学思想体系。

总之，随着男女社会地位的变化，男女两性的性别特征也被赋予了不同的价值。男性被认为具有优势品质：理性、客观、果断、独立，具有领导能力；而女性则是“柔弱”的象征：情绪化、温柔善良、被动和依赖等。由于性别被赋予了价值判断，男性被赋予了主导权，女性则沦为男性的附庸。

虽然在不同的区域和历史时期，这种男强女弱的性别关系和价值体系的表现形态各异，但是，在世界范围内都具有普遍性。1982 年，英国的威廉姆斯（Villianms）和本斯特（Best）在一项研究中发现，在各种文化和社会形态中，自古至今，人们普遍存在着性别角色的刻板印象。[②] 在大

---

① 杜芳琴：《华夏性别制度的形成及其特点》，《浙江学刊》1998 年第 3 期。

② 魏国英、陈雪飞：《家庭文化对青少年性别刻板印象形成的影响》，《妇女研究论丛》2005 年第 1 期。

多数文化和社会形态里，人们认为男性具有坚强、自信、能干、理智、成就动机等高等品质，而女性具有敏感、柔弱、重感情、被动、顺从、意志脆弱、眼界和心胸狭窄等特征。这种性别刻板印象最早可追溯到几千年前的神话、传说故事以及古代思想家、哲学家的论述中。在《圣经》的创世神话里，上帝创造的第一个人就是男人亚当，女人夏娃则是用亚当的肋骨做成的。男性在神话中是正义、勇敢、坚强的化身，而女性在神话故事里不仅被视为男性的附属，而且被当作万恶之源，始终与灾祸、胆小、柔弱等不良品质相联系。在中国，也存在着严重的性别刻板印象，女性依附于男性生活，处于附属、被动、服从的地位，而男性则始终处于主宰、控制和支配的地位。男强女弱、男尊女卑的性别刻板定型观念在中国文化几千年的历史发展中慢慢被传承下来。

性别刻板印象通常包括四个方面的内容：外表形象、人格特征、角色行为与职业期待。这四者是彼此关联、相互影响的。外表形象是基础因素，它是建立在生物性前提下对男女外在形态的不同认识。同时它又受到其他因素的影响，比如，由于角色行为的价值标准不同，表现为自然性的外表形象，也常常被人们确立为不同模式。比如，人们对女性的审美标准由于其他因素的影响，也在变化的过程中呈现出不同的形态，有时被认为是丰满，有时又被认为是纤瘦。职业本是无性的，人们却往往赋予它一定的性别。受性别刻板印象的影响，男性的坚强、勇敢、果断的性格使男性被认为更适合从事领导工作、专业技术方面的工作，而女性、柔弱、胆小、优柔寡断等特质，则被认为更适合从事服务方面、人力资源方面的工作，比如人们普遍认为军人、领导干部是适合男性的工作；护士、教师是适合女性的工作。这不仅存在于人们的观念之中，而且在现实生活中又不断地被印证和强化。而就社会上对于工作性质的评价而言，人们对于从事领导工作、专业技术方面的工作的人更加尊重，而对于从事服务行业的人相对持轻视态度。这种社会现实严重影响了女性的工作态度，降低了女性的工作热情，弱化了女性的职业成就动机。

性别刻板印象既是描述性的又是规范性的。所谓描述性的就是实际是什么样的期望，规范性的就应该是什么样的期望。描述性刻板印象是指对于男性、女性“是什么样”的特征的认定，而规范性刻板印象是对男性、女性以及管理者“应该是什么样”的特征的认定。规范性特征不仅包括对某种角色行为的正面评价特征，还包括“不应该”具备什么样的特征。[①]比如，人们普遍认为男性是勇敢的，他们在面对困难时不退缩，并且他们也应该是这样的。这两种刻板印象以不同的方式，却又是交互的对男女两性的发展产生影响。

（四）性别刻板印象的变化

值得注意的是，性别刻板印象通常是以主体的“无意识”言行表现出来的，即使是个体主观上希望能够打破这种刻板印象，也可能会不自觉地重蹈刻板的旧辙。既然性别刻板印象对人们的认知、行为都有重要影响，我们就需要尽可能意识到它的存在，时常反思自己的思想和行为，从而消除它的不利影响。

当然，性别刻板印象不是一成不变的，作为一种观念体系，它也会随着社会发展环境不同、人们认知、情绪心态等而发生变化。社会心理学家通过让女学生们观看一些著名女性的照片和传记，发现在了解了这些女性的事迹之后，学生们的性别刻板印象发生了变化。另外，他们还对女子大学的学生与男女合校大学的女学生的性别刻板印象进行了比较研究，实验

---

① Heilman, M.E., Aaron, S.W., Daniella, F., & Melinna, M.T., Penalties for Success: Reactions to Women Who Succeed at Male Gender-Typed Tasks［J］. Journal of Applied Psychology, 2004, 89, 3. P416.

研究发现，到大学二年级的时候，女子大学里的学生的性别刻板印象已经大大减弱了，而在男女合校大学里的女学生的性别刻板印象没有什么变化。研究分析认为，在女子大学里，女生性别刻板印象的减弱与她们和女教师的接触、教学活动等有关，当人们看到同一性别有可能扮演新角色，展现新的个性特征，人们自发产生的性别刻板印象就有可能发生变化，从而适应新的角色要求。①

研究发现，情绪会加深性别刻板印象。积极情绪有利于认知活动的进行，可促进认知的灵活性；而消极的情绪会强化刻板印象。② 例如一个人生气或恼怒时，他可能会特别留意性别的刻板印象，对于有成就的女性的性格特质持有偏见，同样，对于温柔、细腻、和善性格特质的男性会表现出不屑和排斥。个体认知上的认同程度，影响着个体的刻板印象威胁，认同程度越高，则刻板印象威胁就越大，反之则相反。这种认同包括：领域认同和群体认同。例如，史特佩（Marx. Stapel）和穆勒（Muller）的研究表明，越认同自己是女性的个体，体验到的数学刻板印象的威胁就越大，③其结果是对数学的学习就会愈加没有信心。

树立双性化人格的性别发展理念有助于消除性别刻板印象的影响。大量的研究都显示，其实，男女之间的差异并不像人们想象的那样大，因此，男女两性的角色限定是没有依据的。基于性别刻板印象对男女两性心理和行为发展的不利影响，当代许多著名的心理学家都认为，严格地界定性别角色标准是有害的，因为它限制了男性和女性的心理和行为发展，并由此提出了在男女两性发展中的双性化观念。事实上，人是可以双性化的。双

---

① 艾利斯·伊格利琳达·卡莉著，王丽译：《穿越迷宫：指引女性领导者登上事业之巅》，商务印书馆 2011 年版，第 92 页。

② 刘颖异：《情绪对大学生性别刻板印象行为效应的影响》，载《东方企业文化》。

③ Marx, D. M., Stapel, D.A., & Muller, D., We can do it: The interplay of construal orientation and social comparison under threat. Journal of Personality and Social Psychology, 2005, 88: 432–446.

性化人格是一种综合的人格类型，即在一个人身上既有男性特征又具有女性特征。1979 年心理学家贝姆最先提出了这一概念，并通过实验研究证明，双性化个性会优于性别类型化个体。双性化个体没有严格的性别角色概念的限制，能够更加灵活、更有效地对各种情境做出反应，且独立性强、自信心高。1982 年斯比尔斯等人的研究也表明，双性化的青少年和大学生确实比性别类型化的同伴自我评价更高、自尊心更强，更受同伴欢迎，适应能力更好。双性化的女性比性别类型化的女性更易把她们的成功归因于能力，很少把失败归因于能力不够，即使失败了也很少表现为无能为力。根据这些研究成果，专家们普遍认为，男女双性化人格是一种最佳的心理健康模式和人格模式，它可以摆脱以往的性别刻板印象的束缚，促进男女两性各自潜能的充分发挥和健康发展。

三、影响社会性别与性别刻板印象形成的因素

通过上文对社会性别和性别刻板印象的分析，我们知道，社会性别和人们的性别刻板印象其实是建构的，它们普遍存在于各种文化和社会形态中，也存在于人们的心理和认知中，深植于人们内心。这种存在反过来进一步影响人们对待男女两性的不同态度和行为方式，使得性别刻板印象得到维持、加强和巩固，从而对女性的发展产生不利的影响。这种性别思维模式具有跨文化的相似性和普遍性。

那么，要想消除性别刻板印象，消除对女性的偏见和歧视，我们必须弄清楚这种文化和心理形成的原因和过程，思考人们为什么会形成这种文化和心理，它们又是怎样在影响着女性的日常行为，并进而决定她们的行为选择和认知评价的。深入探析这些，我们才能找到逐渐消除刻板印象消极影响的根本途径。

（一）家庭的影响

在世代文化传承与社会固化的价值理念的塑造下，人们的性别刻板印象已形成了一套自身生产与再生产的机制。家庭文化的初始熏陶，学校教育的无形强化，社会传媒的渲染造势都给性别刻板印象的形成构造了一个强大的“多元同化”之网。而家庭作为人社会化过程中的“第一课堂”，其性别文化在青少年性别观念形成的初始阶段是最具有影响力的。

在儿童的社会联系中，家庭是出现最早和持续最久的一种社会联系。儿童早期唯一的关系可能就是与父母的关系。亲子之间的相互作用和情感关系将会形成儿童对以后社会关系的期望和反应，文化的信念、价值和态度通过父母以一种高度个人化和选择性的方式向儿童传递，父母本身的性别观念势必会给孩子留下不可磨灭的印象，并通过各种方式影响着子女。所以，人们最初的对于两性特征的概念，很容易深深地打上父母的“言传”和“身教”的印记。

父母对待不同性别的子女的教育方式是影响儿童早期性别社会化的重要因素。父母自觉不自觉地将成人世界的性别规则传递给儿童。有学者研究发现，从婴儿期开始，“父母就已经以有力的方式传递有关性别的正负反馈信息。比如，父母通过音调、微笑、皱眉等非常明显的方式指导婴儿的行为（包括符合其性征的行为）。当孩子渐渐长大，但是还不足以标识自己的性别时，父母看到他们表现出符合其性征的行为或参与相应活动则兴奋、微笑，给予积极评价，反之则予以反对和批评”[①]。还有学者发现，父母更多地鼓励男孩儿的探索行为，更多地鼓励男孩玩一些要求大肌肉运

① 莫秀锋、余祖伟:《未成年女性性别发展特点及培养对策》,《钦州师范高等专科学校学报》2001 年第 3 期。

动的活动，男孩子在选择玩具方面通常是汽车、机器人等要求操作和摆弄的工具和器械。男孩子玩女孩子的玩具或轻易地请求帮助会遭到成人的反对与拒绝。相反，父母常常鼓励女孩子玩“过家家”，女孩子的玩具大多是洋娃娃、厨房用具、化妆品等，更多地鼓励女孩的乖巧、温和、文静等行为，阻止女孩子做奔跑、跳跃和爬树等大运动量活动。如果女孩子富于挑战和攻击性，则被成人以“不像个女孩子样和疯丫头”等予以训斥与制止。如此，儿童性别刻板印象就逐渐形成了。久而久之，儿童就表现出性别偏好的倾向。

此外，父母还常常通过一种带有性别偏好的话语体系，不断地在儿童和少年成长过程中固化性别刻板印象。譬如，很多词语，如勇敢、坚强、有理性，再如软弱、羞怯、情绪化，本身并没有标明它们的性别属性，但是社会给它们贴上了性别化的标签。父母则在日常生活中，“润物细无声”地将其传递给子女。研究发现，出生不久的婴儿就有模仿的能力，随着年龄的增长，他们又会表现为一种模仿欲。模仿是人们社会化中必不可少的经历，在这一过程中，孩子们会将模仿的一些行为方式和人格特征等部分内化，成为其性别定型观念的雏形，并进一步形成一套稳固的再生机制。我们常会听到这样的说法：“你怎么像女孩子一样，那么娇气！”，“你怎么不像个男子汉”，“她是女孩子，让着她嘛”。男孩子跌倒了，其父母可能常常鼓励他自己站起来，而一个女孩子跌倒了，其父母极有可能马上扶她起来。这些言行无意中使男孩子、女孩子形成一种认识，男孩子就应该勇敢、坚强、独立。女孩子就应该柔弱、温顺和需要保护。正是因为父母对孩子的一系列性别不同对待，才形成了下一代的性别刻板印象。

父母“期待”的作用。我们每个人都是在自我和他人的期待中成长起来的。父母对于子女强烈的期望偏好，在孩子性别定型观念形成过程中作用显著。因为，大多数孩子是将其父母视为自己的良师益友，父母的期望作为指导性意见，势必会转化为孩子深层次的认知。

（二）学校教育

学校是个体成长中性别社会化发展的重要场所，学校生活，特别是课堂教学，学校的教材、教师的行为、伙伴组织、环境布置等都在对学生获得的性别角色行为，对学生的性别社会化具有直接的影响。在学校中，性别刻板的影响无处不在。其中教材和教师行为起着重要的作用。

1. 从教材看性别刻板印象。教材是知识的主要载体，教材内容的选择反映了一定社会的价值观、文化标准。教材对学生的影响除了外显的内容外，还以隐性课程的方式无意识地影响学生，其作用是潜移默化的。但目前的教材内容却表现出明显的性别刻板印象，蕴含着深层次的两性不平等的内涵。这种两性的不平等突出体现在两个方面，即两性失衡，教材中男女性出现次数差异悬殊。教材中男女性角色本质地位被扭曲与忽视，教材中常以权威父系社会文化中的性别意识来强化男女性别刻板印象，诸如男性的刚猛与智勇，女性的柔顺与娇弱。男性理应支配，女性当然被支配。

学者史静寰的研究发现，幼儿读物中女性出现比例最高，而且年龄越低的儿童读物，女性出现的比例越高，幼儿读物主要反映的是家庭生活场景，人物更多的是出现在家庭领域里。在这些幼儿读物里，无论是文字还是插图展现的男孩、女孩的形象都有很大差异。例如在插图中，男孩的外在形象往往是短发、运动服饰、动作多、淘气、惹事。而女孩的外在形象往往是梳辫子，穿着花边的衣服，穿裙子，动作多与家事活动有关。女孩子往往是乖巧、娇气、干净、善于合作、温柔、胆小；而男孩子则是勇敢、粗心、贪玩、淘气、勇于探索、大胆等。

她还发现，在小学以后的教材中女性形象就越来越少，这些女性出现的场景常常是在家庭领域，有独立身份的女性主角鲜为少见。即便是重要的领导人也往往忽略了她们的社会政治身份，而被赋予了家庭化的角色，在小学语文教材中出现的男性多为社会型、事业型、管理型。在小学语文教材中，女性在人物角色中所占的数量比例呈现着过低的倾向。①

学者杨洁的研究也发现，在小学语文教材中，女性在人物角色中所占的数量比例呈现着过低的倾向，女性主角更是稀少，女性在人物关系中往往处于陪衬的地位。她以人民教育出版社在1994—1998年间编辑并出版的小学阶段（六年制）语文系列教科书共12册为对象进行研究，发现教材中选入的描写或包含人物（包括拟人）的课文共为149篇，涉及人物（含拟人物）236人（次），其中女性（含雌性）共出现55人（次），出现频数仅占课文人物总数的23.3%；男性（含雄性）出现频数为177人（次），约占人物总数的75%；从课文统计来看，人物角色性别比例总体明显向男性倾斜。

从对于两性的性别特征使用的词汇上看，课文在着力表现男性的性格特征，歌颂男性的个性品质，而女性角色明显缺乏个性鲜明的性格特点。如在课文中，对女性的善良、温柔、耐心、随和、勤劳等品质大加渲染和歌颂，而男性则以高尚、伟大、谦逊、坚毅、倔强、平易近人、智勇双全等品格被张扬，人物角色重心向男性严重倾斜。

杨洁认为无论是主要人物的性别数量比例和课文人物的形象描述，还是两性角色的分布范围和数量、两性的性格特质倾向等方面，女性始终都处于劣势，与男性相比，都居于极低或较低层次，具有边缘性特点。而男性则作为“社会的主宰”“家庭的核心”呈现在人们的视野之中。②今天，

---

① 史静寰：《走进教材和课堂教学的性别世界》，《中国教育：研究与评论》第4辑，教育科学出版社2003年版。

② 杨洁、吕改莲：《社会性别刻板印象的直接映射——小学语文教材人物的性别分析》，《陕西师范大学学报》（哲学社会科学版）2002年第31卷第4期。

距杨洁的研究已经过去十几年了，但是，翻开中小学教材，我们依然可以看到这种现象在延续。

从中小学教材中，我们可以看到，对女性形象的塑造上，通常把女性描述为生活型女子，反映着中国传统文化中男强女弱，男主外女主内的观念，不仅如此，在对于重要历史人物的描述上，也存在传统性别刻板印象的烙印和影响。将历史上具有重大影响的女性也赋予了家庭化、传统化的角色特质。小学教材中曾有以国家领导者宋庆龄为歌颂对象的内容，然而在课文中，宋庆龄并非是一位政治家或领导者，却是以“奶奶”的身份出现，表现出宋庆龄对待祖国下一代和蔼可亲、平易近人的一面，为这位杰出女性赋予了传统道德价值。

从小学语文教材中描述的邓颖超的形象，我们也不难发现这一现象。在小学语文教材中曾出现过邓颖超这一革命历史人物。作为卓越的妇女运动领袖，党和国家的领导人之一，邓颖超在小学语文教材中的形象是戴着老花镜做针线活，为周总理补衣服，这个故事把邓颖超的形象定型化为一个妈妈的形象，淡化了这位杰出的女性在社会公共领域，在政治大舞台上所表现出的优秀品质，突出的是她作为一位妻子对丈夫的关爱。于是，女性的性别角色通过课文中“邓妈妈”的行为进一步得到了强化。

总之，女性具有善良、温柔、贤惠的传统女性性格特征，但也具有坚韧、聪颖、勇敢、独立等现代社会张扬的性格品质。但是，在小学语文课文中，反映现代社会职业女性精神风貌的人物少之又少。语文课文常常将温柔、善良作为女性的性别特征，将驯顺、依赖与女性画等号，而独立、坚强、果断、自信书写成为男性特质。在实际生活中，我们看到女性不乏坚强和智慧，而男性同样有软弱和愚笨的表现。课文中的社会性别特征作为隐性课程会给学生更多的传统落后意识的熏陶和暗示，使女学生性格受到更多的传统束缚，难以开放和独立。而男性则不得不掩藏自身的弱势性格，而表现出与社会要求相一致的性格特征，这种社会的无形压力使人的自然个性特征难以得到健康的发展。

教材具有强大的权威性和影响力，往往被人们视为是最真实和正确的，是客观公正的，相应的，对人们价值观和思想认识的形成具有重要的作用。当人们所受的教育是，女性在社会和家庭的地位低，女性在历史中少有影响和贡献时，人们就会逐渐形成一种认识，即女性在历史中的作用是微小的，少有雄才大略的女性人物，女性是低于男性的，女性的才能不足以使其成为有作为的人。不懂得女性可以和男性一样，充任社会各行各业的各种角色，并且可以胜任许许多多的工作。她们不仅可以成为贤妻良母，同样可以从政，可以成为领导者，可以进行发明创造，可以解决重大的科学问题，等等。对女性在历史上、现实中重大贡献的忽视、对女性各种才能的掩盖，将使许多女性内心充满自卑，也使男性低视女性的存在价值，从而致使女性自身自暴自弃，放弃了在社会和家庭中应有的地位，也放弃了自己对社会应尽的职责，使女性自身解放难以完成。于是，女性的这种自我怀疑和自我否定在学校的规范化教育中就开始了。

2. 教师行为以及师生互动中的性别刻板印象。在学校中教师的行为和观念，教师对学生在课堂上的行为评价，以及师生之间的互动，都是学生性别刻板印象习得和形成的重要影响因素。

教师的性别刻板印象会扩大男女学生学业和心理的差异。学生大部分时间是在学校度过的，教师是学生在学校生活中接触最多的成年人。在教育实践中，教师自身的性别刻板印象影响着教师对待男女学生的态度、期望和教育方法，也是扩大男女学生学业和心理的性别差异的重要原因。走进校园，我们常常会发现，在课堂上，教师往往认为女孩子是乖巧守纪律的，会给予男生更多的关注。也会发现，有相当一部分教师持有传统的性别刻板印象，比如他们会认为男生更聪明，更有发展潜力。他们对男女生所取得的成绩的归因往往是不同的，我们也常常会听到很多教师对男女学生学习成绩的评论，如认为女生成绩好是死记硬背，认真刻苦的结果。男生成绩好是因为聪明、能力强，男生成绩差，是因为不用功。认为女孩擅长语言，但学不好数学和物理，因此在高中阶段许多教师鼓励女孩学文科，鼓励男孩学理科，他们期望男生在数学和理科课程上有更多的兴趣，取得更好的成绩。

虽然现在女生在教育中越来越占优势，考试成绩往往会高于男生，这显示了教育在实现性别公平方面取得了极大的进步，但是，这并不意味着女性在教育与社会其他方面的整体弱势地位有所改变。对于男女生来说，比赛的输赢和成绩的高低只是一个外显的结果、可视的结果，而影响这一结果的内心思考和行为选择却是隐形的，看不见摸不着的。

综上所述我们可以看到，人的性别社会化是从人的出生就开始的，伴随着人的生长，由社会中的人持续不断地参与进行。家庭作为社会的子系统承载着塑造社会人的重要使命，这种塑造在孩子进入学校以后，不但在继续，而且更加强化。社会所期待的人，所期待的男人和女人在家庭和学校的规范与教育之下逐渐形成。人是教育的对象也是教育的结果，在对人的培养上既有规范，又有解放的功能。因此，如何反思和克服这种性别刻板印象，树立多样化的性别发展模式是今天的家庭和学校教育中都应该深思的问题。

（三）大众传媒的影响

作为人们共同的信息来源，大众传媒也是影响性别刻板印象的一个因素。当今时代是一个信息大爆炸的时代，电视、报纸、杂志、广播、电影等大众传媒对人们的社会化，对引导和转变社会观念起了越来越重要的作用，尤其是进入今天的互联网社会和自媒体时代，传媒的影响力更是巨大。斯图亚特·霍尔在《文化、传媒和“意识形态效果”》中指出，现代传媒的首要文化功能，便是选择建构“社会知识”和社会影响。“大众是通过传媒建构的知识和影像来认知世界，来体味他们曾经经历过的现实生活”。[①]

在性别问题上，同样如此。大众传媒作为上层建筑的构成部分，进行的传播不仅再现了社会性别的状况和地位，反映了社会的价值取向和意识形态，同时大众传播媒介本身也参与了社会性别的构建过程。大众媒介对女性呈现的频率、方式，对女性题材的选择、报道角度的选择都影响并建构着人类及社会的观念与行为。而且，大众传媒的信息发送者是受雇于大型传媒机构高度职业化的人士，传播的内容对受众拥有潜在的大范围的社会影响力。

大众传播媒介通过导向性，对女性形象和角色进行建构，对女性特质、女性角色是否合适进行判断，潜移默化使受众认同媒介所表达的观点。而大众传媒所传递的观点，并非总是对妇女发展有利，相反，很多时候，大众传媒会受传统性别观念的影响，反而会强化性别的刻板成见，暗示妇女要服从自己的传统角色，甚至鼓励女性默认在男权社会结构中所处的从属地位。其结果是，使媒介关于女性形象的建构与女性在社会体系中的多元化社会角色不相符合。

可以看到，大众媒体对于性别的“社会化”也起着越来越重要的作用，成为性别“社会化”的一个重要机构。电影、电视、报纸、杂志、互联网媒体等通过各种各样的传播，传播着社会所期待的理想男性及女性的标准。从大众传媒中的广告，我们可以清晰地透视到这一现象。广告作为商业社会的宠儿，渗透到社会生活的各个方面。在广告中往往有着明确的性

① 陆扬、王毅：《大众文化与传媒》，上海三联书店2000年版，第7页。

别定位。商业广告通常通过塑造“理想”男性或女性形象来达到其推销产品的目的。在这些广告中，男主角通常被描绘成身材高大，事业有成，同时又能照顾、保护整个家庭的“理想”男性。他们通常能控制所有事情的发展，传达着万能的信息。这类男主角的经历、形象被自然化为标准的男性形象，成为社会衡量男性的标准。与此对应的是，广告中的女主角通常是标准美女子，花容月貌、身材苗条，以此来取悦男性。她们主要负责料理家务，照顾儿童，依然是局限于家庭主妇的形象。

在广告代言中同样体现出这一现象。像洗衣机、洗衣粉、肥皂、卫生清洁品等有关家庭用品方面的广告，几乎全部是女性。在一些广告中，女性的形象甚至仅仅是为了衬托男性的形象。而男性主要充当专家、教授、医生、工程师等具有一定权威的角色。显然，大众传媒起了渲染和传播性别刻板印象的作用。

由于商业主义的影响，当前传媒越来越呈现出女性化的趋势，女性人物和女性话题在媒体的报道中出现频率越来越高，但进入社会文化层面分析，我们可以看到，在传媒中出现最多的女性基本是娱乐界或体育界的明星，这些女性的定位都是以男性为坐标，处处体现出男性的价值判断和审美趣味。即使在互联网这个新兴媒体上，女性网站所提供的内容多数以美容、育儿、减肥、相夫教子为主，很少关心女性的事业、身心健康和对多元信息的需求。

女性在新闻中出现，大都是与家庭生活、名人风流韵事、儿童养育、对妇女的暴力侵害等内容有关，而与国家发展、政府决策等被主流认可的有价值的事件无关或关系不大。女性大多是生活、娱乐或家庭角色，男性大都是社会角色。这种报道强化了传统的性别定型。男性多被表现为具有统治欲的、强有力的、独立的、理性的和有成就的，女性则为服从的、弱小的、依赖的和多愁善感的。根据首都女新闻工作者协会

2006年三八妇女节前夕发布的关于媒体和广告中性别倾向的监测报告表明："全球和中国的新闻报道仍为男性主导，有一些广告涉嫌性别歧视。"在新闻人物中，女性只占19%，男性占81%；在发言人、专家和评论者的比例上，女性都仅占10%左右，而作为家庭角色出现的女性是男性的3倍多。[①]10年过去了，随着今天新媒体的高歌猛进，自媒体的出现，这种现象显然是愈演愈烈。

在商业化的报道中，大众媒介更为强调的是女性的观赏价值，比如对于女性容貌和身材的重视。女人如果没有容貌、身材和性感这些外在条件就不会被别人赏识，于是外在的观赏性成了女人价值的第一体现。中国传统社会强调的郎才女貌在今天并没有改变，只不过是换了一个花样而已。现在媒体上声势浩大的铺天盖地的化妆品广告、美容美发广告、瘦身广告、整容广告以及香车美女广告随着商业主义的炒作而大行其道，"人造美女"的神话成了一些女孩子的梦想。现代大众传媒正是这样通过各种方式来制造美女形象从而把女性物化、商品化。英国艺术评论家约翰·伯杰在《观看之道》中尖锐地批评道："女性自身的观察者是男性，即被观察的是女性。这样她将自身转化为一个客体，尤其是转化为一个视觉的客体，即一种情景。"[②]男性本位的视觉文化的特质是把男性和女性置于"看/被看"的模式中，这一模式不仅让女性成为男性目光中的审美对象、观赏对象，甚至成为男性欲望的投射对象。更重要的，此模式所蕴含的男性本位的观念把自身的价值判断和审美趣味巧妙地内化到女性看待自身的视线中去，即男性看女性被看，女性看被男性看的自己。这样，符合男性欣赏标准的女性美就成为社会的女性美标准，并且不断地改造女性的审美观和对自身的认识。

---

① 汪振军：《大众传媒与社会性别观念的传播》，《中州学刊》2007年第3期。

② 顾铮：《我们的视觉表达——当代西方女摄影家的探索》，《中国摄影》1999年第2期。

大众传媒的性别刻板印象对于整个社会的影响是巨大的。由于大众传媒传播的广泛性和深入性，它使人们在日常生活中不知不觉地接受主流意识形态的影响，这种影响不仅涉及男性，也渗透到女性的心灵深处。大众传媒将社会的主导话语传播给受众，同时也不断改变着受众看待自身的价值标准。人们自以为在现代社会中可以独立地思考和行动，岂不知思考与行动的方式并没有脱离主流话语的圈套。它将人们的思维方式定型化和模式化，而这种操纵却又让你浑然不觉。

四、性别刻板印象的影响

（一）对性别的刻板和简单化认知

性别刻板印象在一定程度上反映了男女社会角色的现实，同时，也使这种现实合理化、固定化。性别刻板印象的普遍存在，会使人们对于性别群体的认知过分简单化，而且这种认知还有可能是错误的。这种思维模式阻碍了人们对所能发展的个性的复杂性和多面性的理解，简单化地把人进行非此即彼的分类，认为人要么属于这一类，要么属于另一类。而这种分类思维会导致人们更容易错误地认为其中一类优于另一类。

性别刻板印象常常夸大群体之间的差异，暗示在任何一个类别中的每一个个体都是相同的。而事实上，男性个体之间和女性个体之间的差异可能远比男女群体之间的差异大得多。我们所认为的性别特质并不是只有某种性别的人所独有的，比如，男性也可以是敏感温和的，女性也可能具备刚毅果断和争强好胜，但是，性别刻板印象却将人类丰富复杂多样的表现局限化和两极化。有时候，我们会发现，有些特质比如关怀和善良、毅力和抱负等，在男女两性身上都受到欢迎，被认为是好的品质。但是，也有一些特质，人们认为是无法接受的，比如，敏感、细腻和依赖，表现在女性身上大家认为是女性的特质，而如果男性表现出这样的特质就会被认为是不太好甚至是无法忍受的。再比如，对于一个控制欲强、果断严厉的女性，人们的反应要比对于一个控制欲强、果断严厉的男性更加强烈，对于前者人们会更加反感而不能接受。

（二）性别偏见和歧视

性别刻板印象往往与实际情况不相符，有时甚至是错误的，但却对于人们的认知和行为产生重大影响，易使人们产生不合理的性别偏见、性别歧视等。因为性别刻板印象会在社会中被固定和强化，由此变成人们的一种社会期待，即一种性别的人只能干什么，不能干什么，因此，性别刻板印象还往往被用来支持对某一群体的偏见和歧视。正如上文所言，性别关系体现为一种价值关系，性别刻板印象本身就蕴含着男性优势的判断。而且，对于不符合性别刻板印象的现象，社会常常对此产生歧视。

性别刻板印象会使人们把某些行为特征与特定的性别人群联系在一起，并且将其延伸，把那些实际上与性别差异并没有联系的因素也纳入其中，视为是差异的表现，比如，把只有某些女性个体适合从事的工作泛化为整个女性群体，进而断定只有女性能从事这种工作，或者是女性只适合从事这种工作。其结果是，一方面使人们成为性别刻板印象的奴隶，另一方面也很容易使得某一群体在自我期待中失去多彩的个性，无法激发自己的内在潜力。再比如，人们普遍认为女性亲切善良、懂得呵护和关怀他人，男性是刚强果断和有抱负，并认为这是好事，人们不但鼓励他人照着这种标准去做，而且还会把他们作为自己理想的行为准则。那么，如果女性接受了这种观点，认为自己应该像一个女性一样温和善良，她就很难在工作中获取领导权，形成刚毅果断的性格，并且在领导下属的过程中，也因受制于自己的性别观念而不能大胆进行领导，无法获得认可和领导权威，不能有效地发挥影响力。

（三）女性自信心的缺失

性别刻板印象的现实影响就是导致性别差异的最终出现。期待和预言最终变成了现实。这种差异突出体现为自信心的缺失。研究发现：当人们从儿童、青少年学生时期到成人之后，男女心理上一个主要的差异就是女性的自信心较低。这种较低的自信心是由于更害怕失败而导致的相对较低的自尊与不太愿意冒风险造成的。自信心的缺失主要体现在以下方面：

1. 低估自己的能力。女性常常低估自己的能力。有一项实验，让中学生和大学生参加某项考试，在公布成绩之前让他们估计自己的分数。结果发现，男生自信乐观，对自己成绩的估计高于实际水平。女生则相反。尽管实际成绩不次于甚至还高于男生，但对自己成绩的估计却低于实际水平。[①] 塞弗特（Seifert）（1984）曾经做过一项实验，在这项实验里，男性和女性参与者被实验人员引导而认为，他们正在和男性和女性领导一起工作。但是所有的交流（有便条）已经被实验人员事先写好了。研究发现，女性参与者认为她们自己能力不如男性参与者强。当任务结果是成功时，女性参与者更多的是把成功的原因归结为领导而不是她们自己，而男性参与者的反应则不是如此。当他们假想的领导是男性时，男性参与者给予自己的评价较低，而给予他们领导的评价高。当他们假想的领导是女性时，他们给予自己的评价较高。

女性对自我的较低评估会导致女性产生消极片面的自我评价，从而不敢大胆表现自己，不敢大胆发表和坚持自己的意见，自我期望值低。这种心态导致她们在工作中不愿从事无把握的事，在面临困难时，她们往往在

① 强海燕：《自信心的性别差异与女生教育》，《教育评论》1999 年第 2 期。

尝试之前就自我退缩了，从而失去了许多宝贵的成功机会。对于这一心理，著名的女性企业领导人，美国 Facebook（脸谱）网 CEO 谢丽尔·桑德伯格曾有深刻的体验，2013 年，在所著的《向前一步》中，她曾对自己的不自信心态进行了深刻反思。她回忆中学和大学时期，自己和弟弟面对同样事件的不同反应。虽然谢丽尔和弟弟在高中时的某个周末下午，都被约会对象通知取消了约会，但是，两个人的反应却是完全不同的，谢丽尔整个周末都会闷闷不乐，在家里到处打转，想知道自己到底哪里出了错，而她的弟弟却会对女友的拒绝一笑了之，先是说，这女孩儿错过好事了，之后就跑出去打篮球。读大学时，每到面临考试时，虽然对课业进行了充分的准备，她还是会忧心忡忡，对成绩没有把握。与此相反，她的弟弟却完全不同，即使是在没有充分准备的情况下，也总是能自信满满。[①] 当然，近来研究者也发现，随着更多的刻板印象中男性特征纳入女性自我认知中，女性的自信也正在提高。

2. 较低的成就动机。正如上文我们看到的，虽然中小学教育阶段，女生成绩并不逊于男生，有些甚至比男生还要强，但在后续性的学业追求、学术研究和职业追求上，女性常常面临问题。根据心理学家多年来的研究，男女生之间并无智力上的差异，之所以出现男女两性间成就的差异，主要在于两性间成就动机的差异。在解释两性间成就动机差异时，心理学家认为是女性的成功恐惧导致的。

研究认为，一般持“希望成功与恐惧失败”心态者，多半是男性。女性并非如此，女性往往并不“希望成功”，反而呈“成功恐惧”的心态。女性可能对于巨大的成功深感不安，尽管这一问题对于她们而言也是自相矛盾的。这种倾向可能是由于较少的职业定向和较低的竞争欲，同时，也

① 谢丽尔·桑德伯格著，颜筝译：《向前一步：女性、工作及领导意志》，中信出版社 2013 年版，第 25—26 页。

可能是由于希望保持一致，力图避免成为太有影响力的人的心态造成的。

首先提出这一观点的是美国一位女性心理学家霍纳（Horner）。在实验研究的基础上，她于1968提出了这一概念。该项研究所采用的方法，类似主题统觉测验（TAT），实施测验的对象是大学的男女学生。在这项实验中，研究者给受试者设置了一个事关大学男女生学业成绩的情境：

安妮（或约翰）是大学医学院的学生，在第一学期的期终考试之后，安妮（或约翰）的成绩，高居全班第一名。请按照你个人直觉的想法，描述一个故事，用以说明安妮（或约翰）对自己获得成功后的心理感受，以及此后可能演变的情形。

研究者让男性受试者写约翰，让女性受试者写安妮。结果发现，女性受试者对女性成就的看法，与男性受试者对男性成就的看法大不相同。女性受试者以消极心态描述安妮者，有65%；而男性受试者以消极心态描述约翰者，则只有10%。一位具有代表性的男性受试者对约翰所做的典型描述是这样的：

约翰是一位有见识的大学生。平常读书用功认真，而且也很自得。约翰在中学时即以进大学医学院为理想目标，故而得到学医机会后，一直发奋努力。他对自己得到全班第一，庆幸自己平时辛苦，总算获得回报。不过，他在兴奋骄傲之余，深知在医学院求学不易，个人必须更加用功，只有长期努力，始能达成目的。……后来，约翰终于不负初衷，最后以全校第一名的成绩获得学位。

一位具有代表性的女性受试者对安妮所做的典型描述是这样的：

安妮在班上有位男朋友叫卡尔，他们之间的感情已相当深厚。自从得知考了第一名的消息之后，安妮与卡尔两人都很不开心。安妮一直希望卡尔的成绩优于自己，但没有想到出了意外。因此，从第二学期起，安妮决心不再专心于自己的学业，而是帮助卡尔读书。此后在校期间，卡尔的学业大有进步，不久两人结婚，卡尔继续完成学业，而安妮则中途休学，专心操持家务。

根据上述统觉测验式研究结果，霍纳认为，女性的成就动机异于男性，在男女两性竞争的情况下，女性的成就动机是消极的。原因是受长期重男轻女文化传统的影响，培养了女性对成就一事怀有异于男性的价值观。因此，男性多是希望成功，而女性则是恐惧成功。

虽然时光已过去半个多世纪，女性的教育水平、社会地位都得到了极大提升，但这种心理已深入女性内心。今天，这种心理依然存在。很多职场女性她们比很多男性更聪明，更具工作能力，但与男性不同，她们会出现一种“对成功的畏惧”心态，成功对她们而言，有时不是一种荣耀，也是一种牺牲。在成功面前，性别的差异让一切变得混乱，甚至不具有意义。在社会舆论和传统的性别刻板印象中，女人的自尊和自我价值不仅仅表现在事业上，或者是并不主要表现在事业上，而是她们能否承担起传统的家庭角色的责任。一些在职场上与男人一样努力的女性，她们往往在背后被人指指点点，这严重挫伤了她们的自尊心。因此，职业女性有时会陷入一种自卑状态，当男人们沉溺于竞争的快乐时，女人们则陷入了挣扎。笔者曾经访谈过一位来自企业的女性，她直截了当地说：“当我想吸引一个男人时，我会在工作上含糊其词，因为那些对于自己的阳刚之气充满信心的男人很少会对同样社会地位的女性感兴趣，实际上，无论女子在事业上身处于什么样的高位，一个微小的波动就会让她们粉身碎骨。社会的各种压力和指责让女性面临着一个极其强大的敌人，它无形无声，但却像空气一样，无时无刻不在挤压着你。这也是我之所以要放弃的原因。”“如果说女性在刚毕业时还踌躇满志，但到了而立之年，她们往往开始动摇了”，一家大公司的人力资源主管这样说道：“就好像她们感到越是有可能成为母亲，就越应当有愧疚感一样。她们对于提升或者是涨工资的要求越来越少，给自己的男性同事让出了一条康庄大道。”

对此，美国作家柯莱特·道林的畅销书《灰姑娘情结》分析了这种现象。道林认为，女人们都有一种对独立的畏惧，她们更倾向于以与男人的关系定义自己，而怯于追寻内心真正的自我，她们总在渴望白马王子为她们提供安全感，来搭救她们。灰姑娘情结让女人永远处于依附地位。

3. 对冲突的反应。有研究认为，女性与男性在面对冲突时表现是不同的。当面临一个要分享奖励的机会时，男人比女人更可能喜欢竞争，从而独享奖励。相比较而言，女性可能会首先试图合作，只有在别人拒绝了她们最初的合作努力时，基于怨恨，她们才会开始竞争。这也许会影响她们潜能的发挥。拉伍德（Larwood）和伍德（wood）发现，当在工作中有机会面临升迁，同时也可能会遇到障碍时，与男性相比，女性更可能首先在心理上从组织中撤走。

（四）归因的差异

归因是指对自己或对他人行为结果的原因推断。归因是人主动地从行为的结果中提取意义、从因果关系上推断原因的心理过程。人们依据各种信息和线索对所发生的事情和行为结果的原因进行推断，并根据归因对未来行动的结果做出预测，归因作用于今后行为的倾向和强度。成功与失败归因则是指对成败结果所进行的原因推断，它充分反映了人的主观能动性。

早在 20 世纪 70 年代，心理学家的研究发现，男性的归因模式是把自己的成功归为内在原因，尤其是“能力”这个内部稳定因素；而把自己的失败归为外部原因，如“没有运气”等外部不稳定因素。女性的归因模式是，把自己的成功归于外部原因，尤其是运气；而把自己的失败归于内在的原因，如能力差等。

霍根 1995 年的研究发现，在小学，女孩子学习成绩明显好于男孩子，而且很少有纪律问题，但女孩子普遍不自信。女孩子虽然学习成绩好，却不如男孩子敢于接受有难度的学习任务。在完成较难学习任务时，女孩子容易受挫折，不如男孩子有坚持性。霍根认为，这些都是由于男女不同的归因模式造成的。我国对大、中学生的研究也发现了男女归因的不同，即男生把自己的成功归为个性和能力，即内部稳定因素，女生把自己的成功归为运气和条件，如老师教得好或考题容易等外部不稳定因素。而男生把自己的失败归为运气不好，即外部不稳定因素，女生则把自己的失败归为能力不强、智力不高等内部稳定因素，外部归因于负担太重、干扰太大等不可控因素。

以韦纳为代表的归因理论认为稳定性方面的归因（能力，任务难度）与未来成功有直接的关系。如果将失败结果归因于能力弱、任务太难等稳定性原因时，将会产生消极的情感，从而难以克服造成失败的内、外部困难，对未来成功失去信心，成功期望开始降低。反之，如果将失败归因于努力不够等不稳定性原因时，就具有今后改变失败的可能性，成功期望得以增强。成功归因于内部稳定性原因时，更增强今后成功的期望，产生更强的自尊感。按韦纳的观点，能力是内部的、稳定的和不可控制的原因，因此失败归因于能力时会特别有害；而成功归于能力时，会产生自豪感和对成功的信心。

由此可见，男女两性不同的归因模式影响了两性的成就差异和行为差异，使得男女两性在遇到困难时产生不同的心理和行为反应。男性会认为自己有驾驭和征服这些困难的能力，而女性则可能会在困难面前感到束手无策。可以看出，在男性的归因模式中，对成功与失败原因的认识偏向于积极的、乐观的。我们可将这种归因模式称为“积极的归因模式”。而在女性的的归因模式中，对成功与失败原因的认识偏向于消极的、悲观的。我们可以将这种归因模式称之为“消极的归因模式”。如果一个人相信他的成功是由于运气，那么就意味着今后能不能成功很难预料，只好听天由命，努力也不一定有用。如果一个人相信他的失败是能力或智力差，这就意味着他认为自己今后永远不能成功，加倍努力也可能不行。消极归因模式的形成，对女性的心理伤害是严重的，是女性成功的障碍。女性将自己的成功归结为运气，不但不能强化女性的成功，反而还会降低女性的成就期望和自信。女性将自己的失败归结为能力不足，不但不会激发她们进取，反而会造成强烈的自卑感。

女性的归因模式是如何形成的？大量的研究发现，是女性社会化过程诸多因素的影响，形成了女性的“消极的归因”。人在幼儿时，就开始学习进行初步的归因，这个过程常常受父母对其行为结果的语言反馈的影响，随着年龄的增长，还要受其他“重要他人”如教师等的影响，从他们对成功和失败的反应上来学习怎样归因自己的成功和失败。比如，“我昨天把碗打碎了，妈妈向我喊起来，说我怎么那么笨，总是打碎碗”，这个小女孩儿把这个偶然的事件归因于内部稳定因素（笨手笨脚），并断定自己将来可能还会经常打碎东西。妈妈的语言反馈强化了她的消极归因。再比如，一个小女孩儿生病去医院打针，“我在医生面前表现好，打针时没有哭，爸爸夸我很勇敢。我是一个勇敢的女孩儿，以后打针还不哭”。由于父亲对孩子行为的肯定，帮助孩子把自己的成功看作是稳定的内部因素（勇敢），使孩子期待着今后继续表现勇敢，继续成功。这是积极的归因。总之，在性别社会化的过程中，家庭和学校教育、他人的评价、他人的情感反应和行为等都是影响女性原因推论的重要因素。许多研究发现，其中“重要他人”的言行对女性的原因推论影响很大。因此，改变“重要他人”的消极态度和消极影响，对女性进行“归因再培训”将是改变女性消极归因模式的一个关键。

此外，女性追求成功的动机越高，越对成功进行可控归因，越重视自己能力的提高，越倾向于建立目标定向。将成功归因于外部因素，回避失败的动机越强，女性越倾向于注重自己与他人的比较，通过他人的比较来评价自己的能力。而将成功进行外部可控归因、回避失败动机越强的女性因为害怕失败、担心失败，她们关注的不是成功，而是避免笨拙、低能甚至无能的表现，所以，这类女性就往往对测验和评价感到非常焦虑，害怕表现出能力缺乏。

总之，大量的研究表明，两性差异的确是存在的，但只是微小的，而且这些差异完全可以通过后天的学习改造加以消除。很多情况下，差异并不完全是由于性别本身的原因造成的，而是社会文化影响和塑造的产物，在社会规范和刻板印象的强大压力下，男性和女性在社会化过程中的反应和经历是不同的，社会化的结果自然也不一样。

C H A P T E R 0 2

第二章

女性领导与刻板印象

领导是人类历史上最独特也是最复杂的现象。长久以来，领导与性别就有着相互纠缠、相互影响的关系。在人们的刻板印象中，领导与女性无关，大多数和领导联系在一起的特性是男性化的，是控制、权威、果断等。但是，近年来，随着越来越多卓越女性出现在领导职位上，以及领导环境的变化，强调以人为本诸如合作、协调等重要性的领导理念的传播，人们对领导的认识也在发生转变。人们开始认识到，女性和男性一样，具有职业抱负、领导热望和领导能力。当然，尽管如此，女性在领导领域中依然是少数。传统的刻板印象依然影响着人们的认知和行为选择。分析这一现象的背后原因，有助于我们深刻认识这一社会现象，寻求到解决这一问题的有效途径。

一、领导的刻板印象

（一）性别与领导刻板印象

如上所述，人们的性别刻板印象是根深蒂固的，当我们面对一个人的时候，会首先分辨是男性还是女性，之后，性别刻板印象就会自动出现在人们的脑海中，我们会把温柔、体贴、善良等女性刻板印象与女性联系在一起，把坚强、勇敢、果断与男性联系在一起，这种连接影响到我们对人的评价。如果两者是一致的，我们就会给予正向的评价，如果出现不一致的现象，我们就可能给予负向的评价，出现排斥和反感的情绪。这即是我们日常生活中所发生的心理过程。同样，在遇到领导问题时，性别刻板印象会自动与男性联系在一起，刻板印象使得男性在获取领导权时具备了更多的优势。一看他是男性，男性的性别刻板印象就会浮现眼前。

性别对人们获得领导权具有很大的影响。由于在男权社会中男性长期以来被赋予了领导权，人们亦形成了对领导特质的刻板印象，这种刻板印象是以男性的行为特征为价值标准的。对于男性来说，关于男性的性别刻板印象与关于领导的刻板印象是一致的，无论是作为一个领导者还是一个男性，都需要能够负责、能干、强硬、果断、冷静、采取原则性的行动，因此，他被看成是领导者的机会就增加了。一旦人们把一位男性看成是领导者，人们就会赋予他更多与领导权相关的特质，这就使得这位男性在竞争领导岗位时有了优势。在描述男性领导时，人们理所当然地认为，领导者是有支配力和竞争性，敢于冒险，能够独立做出决定，男性领导者是标准的领导者。

与此相反，女性的模式化概念与领导的模式化概念就存在了矛盾。支配与独立常常与男性角色联系在一起，柔顺、被动和养育孩子常常与女性角色联系在一起。从社会文化上定义的女性，是强调给予、不好胜、没有控制欲。男性好的角色特征是果断和勇敢，而女性好的角色特征则是关怀和照顾。显然，由于女性的刻板印象，社会对于女性的性别角色规范与领导的刻板印象被认为是不相一致的。由此，社会对女性担任领导者就会抱有一种偏见和歧视，认为女性是无法胜任领导工作和岗位，不具备领导所要求的特质。这种认识极大影响了人们对女性参与领导的认识。曾有一项有关研究，是对 176 名男性管理者对于女性从事职业生活的态度的调研，研究人员发现，通过对他们态度的因素分析，揭示了他们对女性不适于领导角色的四种认识。即（1）女性缺乏职业适应性，（2）女性缺乏领导潜能，（3）女性缺乏独立性，（4）女性情绪易波动，不稳定。①

研究人员鲍芙曼（Broverman）和沃格尔（Vogel）曾经让100名大学生列出男人与女人在性格、态度和行为上存在的不同。研究发现，男女大学生普遍认为，在事业心和成就动机上，女性进取心不强，不具有冒险精神，决断力，不喜欢竞争，缺乏独立自主，更具依赖性。在情绪、思维模式上，女性更情绪化，容易哭泣流泪，注重他人感受，注重外貌，易于表达温柔细腻的情感，欣赏艺术和文学，较不喜欢数学和科学，思维没有逻辑性，喜欢家庭生活，需要安全感，等等。②

（二）领导刻板印象的形成

为什么我们会把领导与男性联系在一起呢？关于领导的刻板印象是怎样形成的？正如上一章所指出的，伴随着人类社会发展中出现人类劳动的异化现象，两性关系也发生了变化，变成了支配与从属的关系，其性别特征也被赋予了不同的价值。由于社会对不同实践活动的价值取向不同，男性角色开始受到正向的、好的评价，而女性角色由于所从事的是家务、照料等方面的工作而被认为是不重要的。由此，男女两性的性格特征也出现了不同的价值判断。在社会实践活动中逐步形成的种种对于男女两性的要求，经过反复实践，逐渐形成一种社会规范和性别制度，并反过来影响男女两性在社会生活中的经验和感受，人们对待男女两性的不同态度和行为方式，从而使得性别刻板印象得到进一步的维持和延续。由于性别被赋予

---

① Bass & Stogdill's, Handbook of Leadership Theory, Research, and Managerial application, Third Edition, The Free Press, 1990.P711.

② Bass & Stogdill's, Handbook of Leadership Theory, Research, and Managerial application, Third Edition, The Free Press, 1990.P712.

了价值判断，男性被赋予了绝对的社会地位和领导权，由此，领导权以及对领导的刻板印象也与男性联系在了一起。这种联系在世代的文化传承和父系继承制的社会制度中被固化延续下来。

社会地位决定了领导权。在大多数文化系统中，男性的地位要高于女性，领导权自然为男性所掌握。但是也有许多不同的情况。一些社会中男性和女性的社会地位几乎是平等的，如美国人类学家米德在新几内亚岛发现的部落，生活在山地的阿拉佩什部落和生活在河边的蒙杜古马部落，这里的男性和女性的性格和社会地位几乎没有什么差异。也有一些地方，女性的社会地位要高于男性，例如在我国云南泸沽湖畔的摩梭人，他们就崇尚“女本男末”的社会秩序。摩梭人的家庭由最年长或最有能力的老祖母掌握权力，女性在家庭中有着崇高的地位，财产按母性继承，家庭成员的血统完全以母系计算，家庭财产的保管使用、生产生活安排、一般家务及接待宾客则由母亲或家庭中聪明能干有威望的妇女做主。可以看到，当女性的社会地位高于男性时，她们更可能处于领导者位置，成为两性关系中的主导者，女性有选择权，男人则被选择。由于男性的社会地位低于女性，男性的责任就较小，因而更具依赖性。

领导刻板印象的形成也与人们对领导这一社会活动的认识有关。什么是领导？古今中外对于领导的定义众说纷纭，可以说，有多少人研究，就有多少种定义。中西方由于文化差异，定义的方法也不尽相同。在西方，领导学产生发展已一百多年，众多理论流派从不同角度对什么是领导进行过研究和界定。据统计，已经形成了多达上百种不同的分类体系。但归纳起来不外乎两个视角：一是从领导者个体特征的角度来定义，认为领导是个体所拥有的能够使他们引导其他人完成任务的特质或能力。如马克斯·韦伯就认为，“领导是一种影响他人的力量源泉”。二是从领导活动中存在关系的角度来定义，即从领导与组织、领导与被领导者之间，领导活动与领导目标之间的关系来定义。如乔恩·P.豪威尔提出："领导是个人用来影响团体成员，以实现团体目标的一个过程，并且团体的成员认为这种影响是合理的。"这两种定义的区别在于，将领导定义为领导者所具有的特质，意味着领导力只是少数人所具有的一种能力。西方领导学早期对领导的理解大多局限于此。而将领导定义为一种关系或过程，表示领导并不是仅仅存在于领导者身上的特征，而是发生在领导者和其追随者之间，领导者与环境、目标的一种交互活动，这就为突破领导刻板印象创造了基础。

此外，千百年来领导在人们的意识中一直与权力有关，人们倾向于把领导理解为拥有权力的人，理解为使用威胁、惩罚和消极的奖励等手段进行简单的控制或统治，有意地强制和服从，理解为行使权力来改变别人。因此，长期以来，我们才会不断渴求强有力的领导者。我们生活在伟人和著名领袖们的影响之下，并对其产生无与伦比的崇拜。领导学专家伯恩斯曾指出："对领导的男性刻板印象反映了在相当漫长的历史时期里，人们将领导只是看作命令和控制这种错误的领导概念中，随着领导被恰当地看作领导者投身并动员追随者的人性需要和渴望的过程，女性被认可为领导者将会变得更加容易。"[①] 实际上，越来越多的人已意识到，领导是一个过程，是发生在领导者和追随者之间的一种交互活动，它不是一种线性的、单向的活动，这意味着领导者不仅影响追随者而且也受追随者影响。如果我们这样认识领导，我们每一个人都可以获得领导，它就不仅仅是局限于一个群体委派的特定领导者，也不仅仅局限于男性或是女性了。

教育影响、文化渗透、媒体传播以及社会性别制度的强化、公共政策的制定等都促使我们产生了关于领导的刻板印象。在孩子很小时，就被灌输这样的信息，男孩儿主动，女孩儿被动。把精密的军事游戏分配

---

① ［美］詹姆斯·麦格雷戈·伯恩斯著，常建、孙海云等译：《领导论》，中国人民大学出版社 2006 年版，第 44 页。

给男孩子，把布娃娃分给女孩子。男孩儿在篮球足球赛场上竞争，女孩儿在场外做啦啦队加油助威。文化上的普遍性和父母的不经意，常常会强化人们的行为。这种行为保持了传统的性别角色和性别不平等。刻板印象的种子就这样深埋在我们内心，并在以后的漫长人生岁月中生根发芽。因此，对父母和我们的学校教育而言，最大的挑战是，一方面激发和加强女孩子的抱负，另一方面，也要让她们对于依旧横亘在她们前进道路上的障碍做好准备。

尤其是在今天这个消费主义和网络化的时代，男人天生适合领导，而女人天生适合照看的观念正在以另一种形式受到强化，通过流行电影、广告、歌曲和书籍等方式不断重复。作为社会成员，我们经常在不知不觉中接受并传播这种观念。

媒体是怎样传播领导和性别的刻板印象呢？研究发现，媒体通过“不表达”或“少表达”造成女性领导对公众影响微弱，在政治生活中无关紧要的刻板印象，从而导致了女性领导较低的公众知晓率、相对微弱的公众影响力。诚然，在我国党政领导群体中，女性领导在领导层所占比例较低，有影响的正职更少，但即便如此，媒体对女性领导的报道也有失真正客观中立。据冯媛对《人民日报》等 8 家主导报纸的新闻研究发现，在 12535 个 / 组的主要和次要新闻人物中，男性占 84%，女性占 16%。虽然男性所占比例远远高于女性，但基本符合女性领导干部在领导层的现实比例（1995 年 1% 人口抽样调查数字，领导干部中男性比例是 85%，女性 15%）。但涉及新闻人物的言论，对这一现实性别结构的偏离就较大了。在所有 5213 个 / 组有言论被引述的主要和群体新闻人物中，男性占 90.79%，女性仅占 9.21%——男性的言论被转述和引用的机会高于女性。与在媒体“亮相”机会相比，真正对政治生活产生重要影响的是发出声音。而恰恰女性领导在媒体报道中多为“无声的存在”。在对女性领导的有限“表达”

中，如何“表达”也是一个需要关注的问题，媒体对女性工作能力与政绩有意无意地“忽略”，进一步强化了女干部是配角、是陪衬的印象。[①]

我们越是经常听到女性不适合领导职务的言论，就越是容易将这个信息内化。这种自我保存的过程进而决定我们的认知、评价和行为选择。并且，它还会导致我们有意无意对信息进行筛选。研究发现，我们常常存在一种倾向，即能看到刻板印象的所有正例，而忽视所有的反例。比如，当头脑中一旦出现某种刻板印象，如“女性不能领导”，我们往往会想起那些能确认这种刻板印象的事例，而过滤了反面的例子。因此，我们就会更加注意到女性领导在职场上的失败，有时甚至是无意识中在期待这种失败的发生。对男性领导离开工作岗位，我们会解释为是寻找更好的机会，但女性领导离职时，我们的反应常常是，女性不能胜任领导职位。

值得注意的是，随着越来越多的女性进入工作领域和领导岗位，传统的性别观念开始转变。研究者也由原来的关注性别差异，转而开始研究男性化和女性化特征对领导者和领导行为带来的影响。男性的性别特征即人们认为的传统意义上男性要具有的坚定、果断的性格特征，女性的性别特征是传统意义上女性的角色规范，女性要具有的温柔、犹豫等性格特征，男性、女性的性格特征对领导活动有哪些影响？是什么决定了领导行为的有效和成功？大部分学者认为，具有男性的性格特征，即传统意义上所认为的果敢、决断、坚定等特征，决定着领导者的产生和领导活动的高效。也就是说，并不是男性容易成为领导者，而是男性化，即男性的性格更容易成为领导者。美国学者鲍威尔（Powell）和巴特菲尔德（Butterfield）也发现，女性工商管理硕士之所以容易成为领导者，因为她们身上具有的男

① 金一虹:《从公众对妇女参政的认知看传媒对妇女参政的影响》，载《妇女研究论丛》2002年第2期。

性的性格特征多于女性，男性的性格才使她们容易成为领导者。[①]

由美国学者法根森（Fagenson）进行的同一领域的研究也得出了相似的结论。法根森发现，处于组织高层的领导者，无论是男性还是女性，在男性化的程度上都要比低层次的员工更高。由此，法根森将认为，男性个性仍然是成为领导者的一个重要因素。在性格上男性化与女性化兼有的人与男性化的性格较突出的人拥有相同的成为领导者的机会。女性要想成为领导者，只要她在拥有女性性格特征的同时，也拥有男性的性格特征，她们就有更好的机会升至领导者的职位。不过，近年来的研究显示，在任务导向的团队中，男性比女性更容易成为领导者，而在关系导向的团队中，则恰恰相反。在亲和力和凝聚力较高的团队中，具有相对柔性、温和的女性性格比较适合成为领导者。此外，由于社会发展、下属成员的变化以及领导情景的不同，对领导者的性格和领导方法的要求也在变化，男性性别并不是成为领导者的决定性因素。在需要较多配合和柔性领导的团队中，女性比男性更容易成为领导者。[②]

（三）领导刻板印象的差异

整体而言，领导刻板印象是与男性刻板印象联系在一起的，但是，其中也有差异，对不同领域和不同层级的领导者的要求和刻板印象是不同的。例如，在服务领域、基础教育领域和军事领域，人们对领导者的刻板印象是不一样的。尽管人们认为领导者是男性的形象，但是，当想到幼儿园园长、小学校长的时候，他们所具有的特质可能与对女性的刻板印象是一致的。而当想到部队将领的时候，无疑是典型的男性形象。在男性占主

① 舒丽丽：《性别视角下的领导者和领导风格》，载《领导科学》2009 年 7 月上。

② 舒丽丽：《性别视角下的领导者和领导风格》，载《领导科学》2009 年 7 月上。

导地位的环境中，对领导者的看法和对女性的刻板印象差距很大，因此，就更加容易导致人们加深刻板印象，对女性担任领导者职务产生怀疑，即使女性担任了领导职务，依然难以摆脱对女性领导的排斥和抵制心态。比如在高度男性化如军队这种长期以来男性占据绝对主导地位的领域中工作的女性，她们要想取得成功，得到领导职位，建立必要的人际关系网络，获得人们的支持，遇到的障碍和阻力会更加巨大。这里的女性往往需要更多的毅力同人们的传统性别观念做斗争。

对组织中不同层级的领导者，我们的看法有时也是不同的。比如，对于高层领导和组织中的一把手，我们通常认为，他们要具备男性化的特质，要具有战略眼光，果断，能够立足长远，掌握全局，等等。而对于组织中的中层领导，我们则认为需要具有更多的沟通协调方面的工作艺术，因此，对于这一层级的领导者，其要求和高层领导者的要求不同，而对于担任这一层级领导者的女性领导的排斥和质疑也就相应比前者要小。

二、刻板印象对女性领导的影响

在领导的世界里，人们普遍认为，男性领导是典范，他们果断坚强，充满自信，受到尊重，很少有人会质疑关于男性领导者的形象。虽然随着越来越多的女性进入领导领域，在商业组织、政府机构、事业单位打破了领导的性别藩篱，人们的认识已发生了巨大的变化，但是，关于性别的刻板印象和领导的刻板印象，依然发挥着根深蒂固的作用，对女性领导产生很大的影响，主要表现在以下几个方面。

（一）工作中的性别隔离

性别刻板印象经常包含一种观点，即男性和女性适合于从事不同类型的工作。因此，工作类型也影响着个体的认知偏差，并由此造成了工作中的性别隔离。比如，当人们想到理想的护士或者是社会工作者时，他们很可能就想到女性。同样，当人们想到一位有造诣的律师或是医生时，他们可能想到男性。许多研究显示了，一些工作诸如机械制造、军事领域、高科技等被认为是男性的工作，甚至是排斥女性的加入，一些任务诸如照看孩子、服务、人力资源等被认为是适合女性的工作。即便在一个组织机构里，有些工作只是女性来做，而有些工作是由男人来做的。比如在商业领域里，刻板的男性职业倾向于聚集在业务职位上，而刻板的女性职业倾向于在辅助职位上。在人们的心目中，女性在人力资源和公共关系方面表现出色，是这些领域的专业人士。而男性是销售与行政管理的专业人士，他们在这些职位上表现出色。性别隔离的结果是，由女人来做的工作很可能工资低，升迁到领导层的机会不大；它们很可能是暂时的工作，往往在辅助和服务的角色上，不太需要更多的教育培训。人们理所当然地认为诸如护士、秘书或管理助手的工作适合她们。研究发现，强化这种联系是我们文化中的男性价值导向，即男人倾向于从女性那里而不是从其他男性那里接受照顾和情感支持。

一种性别越是掌控一种职业，这种职业的刻板印象与性别的刻板印象就会越一致，突破刻板印象的努力就会越艰难。在医院里，只要大多数护士是女性，对这种职业的刻板印象就会持续下去。只要在大多数机构中领导层是由男人来掌控，高收入、以任务为主、好胜、竞争等这种职业的刻板印象也会存在。从而进一步强化人们的观念。

（二）对女性的质疑和排斥

刻板印象会产生对女性领导的偏见，这种偏见首先是对女性领导潜在工作能力的忽视。持有这种刻板印象的人，在对一个女性领导工作绩效和能力进行预期和评价时，很可能认为，她会是失败的。人们常常担心女性不具备男性化的领导特质，对他们是否能够胜任工作产生怀疑。对领导的评价往往不仅是看其是否已经很好完成了工作任务，人们还会考查其是否有相应的特质和能力。许多成功的男性领导都很谦逊，他们不会因为谦逊受到指责，反而会得到赞美和认可，但是，如果一个女性领导过于谦逊，人们就会对她的能力产生质疑。一方面，人们希望女性需要表现的不要张扬，不要过于强势，不要有控制欲，另一方面，人们对谦逊温和的女性领导又不信任，担心她们无法成为有效的领导者。现实的结果是，女性在领导岗位上不受重用。美国 Catalyst 高级研究员拉查尔·索雷斯（Rachel Soares）在一次访谈中曾指出，大多数企业在选择女性进入企业管理层时都会进行复杂、谨慎的考虑，而且，无论在何种情况下，他们都更愿意继续使用男性高管来掌管公司。

女性领导需要不断证明自己的能力才能得到人们的认可、重视和任用。而男性则不同，对男性领导的选拔、任用和评估，往往是基于他的未来和发展趋势。研究发现，相同条件下，人们对女性领导做出的评价要比男性领导低。美国明尼苏达大学商业管理学教授安·康明斯（AnneCummings）指出，男性和女性可以做同样的事情，但如果他们都表现得很自信，我们对女性工作效率的评价却会偏低，因为，我们认为只有男性才应该表现得自信。而且，研究表明，就那些在实验环境中担任领导的人而言——男女聚集在一起，互相并不认识——对男性的领导效率的评价要比女性高。男女可能取得了相同的工作成果和成就，但是，人们却对他们两者的效率有着不同的看法。在这种情况下，女性要发挥自己的影响力自然就会比男性要困难得多。人们往往会忽视女性的意见和声音，而且，一旦女性领导工作中出现失误，人们就会更加印证了自己的刻板、陈旧观念，并进一步强化这种观念。一位受访的女性领导曾说："我们就像是展示品，人们会拿着放大镜看我们，必须要谨慎小心。"尤其是在男性主导的领域里，这种质疑会更加明显。女性领导要想取得成功，就必须要在这种质疑和排斥中不断挣扎。“从第一天开始，我就难以逃脱别人给我扣上女首席执行官卡莉·菲奥莉娜的帽子。也从来没能逃脱媒体无情的冷嘲热讽。”[①]前惠普首席执行官卡莉·菲奥莉娜在自传中回忆自己的领导经历时，曾感慨舆论对女性的不友好态度。

女性获得成功往往被人们认为是好运气等外在因素，她们的成功被认为是意外的，成就被看作是微不足道的，她们的失败则被解读成命中注定的能力不足。一旦女性足够强大和优秀，男性常常会对这样的女性进入领导领域产生敌意。虽然在实际工作中，很少有男人公开谈论这种敌意，但是，他们依然怀有嫉妒和排斥。“在每一个女性领导背后，都有一个男人，认为女人之所以得到这一工作是因为她是一个女人。”尤其是当竞争同一个工作时，男人很难接受由于不能胜任而失败的结果。他会谴责女性的成功，并为自己的行为找到合理的解释。

对女性领导的质疑还会导致限制女性获得挑战性的工作。我们知道，在艰难繁重的工作中不断历练，取得成功，才能不断提升领导能力，增强领导自信心。但是，在实际的领导实践中，由于刻板印象的影响，人们往往会要求男性负担更多的风险，更复杂的工作责任，以及更高的外部压力，相比之下，在有限的权力范围内，女性领导者却没有这种机会。女性领导看起来已拥有了平等的机会，但是她们被赋予的职责较小，较为不重要，因而，也就降低了她们获得晋升的可能性。总之，女性领导者通过新的工作任务得到发展的机会，但是，这些职责伴随的是缺少支持和资源，因而，其成长发展的空间相对较小。

那么，对女性的质疑和排斥会带来什么结果呢？它更加强化了负面的

① ［美］卡莉·菲奥莉娜著，蒋旭峰译：《勇敢抉择》，中信出版社 2009 年版，第 167 页。

偏见，对女性的成长道路产生深刻的影响。先入为主的，女性不适合担任领导角色的认知一旦形成，就会对她们胜任领导工作的事实产生怀疑，并由此产生歧视。当大家都相信女性不能领导时，女性就退出了领导职位，然后她们的退出就成为女性没有领导能力的证据。而那些取得成功的女性会被边缘化，她们的成就被解释成偶然现象。在这种氛围下，女性的领导能力、她们取得的成绩将永远受到质疑。

这种质疑使许多女性内化了这些刻板印象，产生一种心理上的“玻璃天花板”。从而在工作中更不愿意从事能促进自我发展的工作，在面临危机时，更不愿意采取果断性的行为或是甘愿为之去冒风险。然而，这些历练对承担领导角色是必要的。正如一项关于谈判的性别研究所指出的，“女性不去问问题”、不愿意显得太爱出风头或太难相处、对于自己的较低评价等，常常会阻碍女性为争取她们想或需要的东西而有效地谈判。在工作中，其结果就是，女性领导与她们的男性同事相比，难以为领导角色赢得必要的任务、地位和支持。

很多时候，在社会生活和组织中，对女性的偏见是下意识的。认为女性领导者竞争力较弱的成见，意味着女性在每一个新的环境中都必须反复证明自己，直到她们在此类环境中表现得杰出，才可能真正被分配到带有风险和责任的工作任务。意味着女性领导者必须立场鲜明，并且明确要求担任富有挑战性的工作任务，而不是单纯地接受组织提供给她们的任务。

研究还发现，在以男性为主导，和男性占据多数的工作领域里，女性势孤力单，往往会更加处于不利的地位，在这种情况下，女性的意见和想法往往会被人们忽视。而在一个比例相当的群体中，这种对女性的不利会有所减轻。因此，联合国在 1995 年第四次世界妇女会议上明确提出，妇女在决策岗位上至少应占 30%。

那么，在这种种的荆棘中，我们又该如何行动以减少性别刻板印象的影响呢？研究显示，那些积极为自己争取利益的女性往往会被视为盛气凌人、难以合作和自私自利，但是，如果女性不为自己去争取利益，女性往往又会被忽视，这也是为什么女性总是寥若晨星的原因之一。著名的女性领导，桑德拉·道森曾经任职剑桥大学 Judge 商学院院长，她曾说："当我在任何场合中都是唯一的女性时，我想，男人们往往很难超越这样一种思维——'这是女人在发言'。在大多数董事会中，性别就是最明显的差异，因为大家在文化背景或教育背景上通常没有太大差异。因此，'超越女性看问题'可能是一种挑战。"如果董事会里有两三位女性，也许就会促使男人们采用一种完全不同的视角，他们也许会想，哦，原来女人们的想法也不见得都是一样的。在任何对女性存在偏见的场合，这都是一种观念上的突破，应该注意一个人本身，而不是关注其性别分类或传统的陈规陋习。[①]

对于组织来说，应倡导多样性的战略，尤其是组织决策层的多样性，包括性别多样性。越来越多的研究和实践已显示，领导层的构成多元化可以增加组织的效益。除了使更多有能力的人进入领导层，最大限度地开发人力资源，提高组织的公众形象之外，女性进入领导层可以带来更多样化的领导方式，提高组织的活力、包容性和创造性，在组织面临问题的时候，对于解决问题可以提供更多的视角。尤其是在为女性提供产品和服务的领域，如果有女性加入领导团队，这些组织一方面可以和女性建立更加紧密的联系，另一方面，女性可以提出在清一色的男性领导团队中可能不会想到的观点和解决方案。雅芳集团的前总裁钟彬娴曾经提到，在雅芳的发展历程中，雅芳的领导团队几乎全部由男性组成，由于在计划市场战略时听不到女性的声音，雅芳的市场销售情况受到极大冲击。

---

① 欧高敦:《女性与领导力》，经济科学出版社 2008 年版，第 44—45 页。

（三）同样的行为不同的评价

大多数研究结果表明，男女两性的差异是被认为的，而并非是行为上的实际差异。但是，尽管女性领导可能与男性同行以同样的方式行事，对她们的群体有同样的影响，人们却可能以不同的方式来评价她们。而且，同样的行为，男性得到的往往是积极的评价，而女性得到的却是消极的评价。其原因是刻板印象的影响。刻板印象影响着社会认知中的认同加工，它导致人们对不同群体同样的行为产生不同的结论，从而对同样的行为给予不同的评价。那些被认为是专断的女性总是被负面评价，而那些被认为是专断的男性则受到的是正面的评价。在绩效评价中，相比女性化的行为（感情型、温和、善解人意），男性化的行为（有抱负、自信、独立、果断）被认为是更有价值的，这种情况对女性高层领导者而言更是如此。①

虽然随着社会的发展，性别关系在发生变化，但是传统的性别刻板印象带给女性的依然是双重标准、双重约束和责任。人们更愿意相信男人具有领导能力，更愿意接受男性作为领导者。一个男人所具有的果断，在女性那里就成了粗鲁和粗暴，女性领导常常会被认为是过于女性化，或者是没有女性特征。一方面，她们可能显得太“软弱”——不能或不愿意运用强硬的命令式领导方式；另一方面，那些使用男性领导方式的女性常常会被视为强硬，很难赢得来自同行的尊重、支持与合作。

研究还发现一个有趣的现象，当大家围坐在办公室桌子周围时，“坐在桌子上座”，对于男性来讲，无论周围的人都是男性，还是男女都有，都会暗示他是该群体的领导者。但对于女性来讲，当桌子的周围既有男性，

---

① Bass & Stogdill's, Handbook of Leadership Theory, Research, and Managerial application, Third Edition, The Free Press, 1990.P726.

也有女性时，该女性并不被认为是这个群体中的重要角色，只有当围坐在桌子旁边的群体成员全部是女性时，坐在桌子上座的女性才会被认为是该群体的重要角色。[①]

（四）错误解释女性的成功

性别刻板印象通过提供一种行为预期来影响归因，与刻板印象的预期相一致的行为被归因于内部的、稳定因素，而与刻板印象不一致的行为被归因于外部因素，或者是不稳定因素。由于性别刻板印象对男性成功的预期要比对女性成功的预期强，因此男性的成功被更多地归因于能力强，女性的失败被更多地归因于能力差。而与刻板印象不一致的绩效，如女性的成功或男性的失败，则被更多地归因于运气或任务特征。比如，人们更倾向于将女性的成功看作是整个团队的功劳，尤其是团队中男性成员的功劳。人们还往往将女性的成功归因于她与上司或拥有权力资源的人物间的密切关系，甚至是非正常关系，尤其是那些有着男性上司的漂亮女性，更加容易引起人们的猜疑。[②]

此外，在实行“配额制度”政策的组织中，人们还将女性的成功看作是对女性采取的倾斜政策的结果，女性成功晋升，不是由于女性自身的能力和才干，而被认为是外部因素，似乎是得益于女性属于被特别照顾的“特权”群体。晋升的女性往往会被视为“花瓶”，不能得到重视。无论是国外的研究还是国内的研究都证实了这一点。

但当女性的成就无法否认、不可辩驳，同时又找不到其他解释因素时，

---

① Yoder, J.D., Making Leadership Work More Effectively for Women [J]. Journal of Social Issues, 2001, 57, 4. P817.

② Heilman, M.E., & Stopeck, M.H., Attractiveness and corporate success: Different causal attributions for males and fe-males [J]. Journal of Applied Psychology, 1985, 70. P379 .

人们就只好认为女性是胜任的、有能力的，甚至被认为比男性还能干。但当女性的实际行为与性别刻板印象之间的强烈反差拉大到一定程度时，就会形成反性别刻板印象。这种反性别刻板印象通过引发“抵制效应”，使所谓“胜任”的女性得到“不可爱”的评价，仍然对女性产生不利影响。

反性别刻板印象是指男性或女性在性别角色行为方面的表现，与人们的性别刻板印象不相符，违背了对两性角色的期望和要求。当人们遇到反性别刻板印象的行为时，会竭力抵制或阻挠反性别刻板印象对象的成功，以维护原有的性别刻板印象，此即所谓的“抵制效应”。许多理论解释了人们抵制反性别刻板印象行为的原因，比如图示理论认为，与刻板印象相一致的行为更容易被记住，因为与期望相一致的信息比与期望不一致的信息更优先地在记忆中编码，它们更容易被同化或整合到已有的知识结构中。一旦有反性别刻板印象的信息出现，人们倾向于记忆更加符合性别刻板印象的、也更容易记忆的信息，自然就维护了性别刻板印象。[①]

抵制效应的另一方面是成功的女性得到“不受欢迎”的负面评价。当一位男性领导被认为是胜任的、能干的时候，他既是一位成功的领导者，又是一位男性，而两个角色之间并不存在冲突，一位成功领导者的许多特征是与男性特征一致的。而当一位成功的女性领导者出现的时候，她既是成功的领导者，又是一位女性，两种角色间的不一致对人们的判断就会产生影响。当女性克服了刻板印象中的“不胜任”，成为成功领导者的时候，人们又套用性别刻板印象去判断该女性是否符合头脑中既定的模式。当人们感到成功女性的现实性特征与女性应该具备的特征不吻合时，就会产生排斥心理。相关的研究已经表明，那些被认为是具有男性特征的女性领导者，有着较低的员工满意度。这样的女性通常被形容为“女强人”“铁娘

---

① 刘晅、佐斌:《性别刻板印象维护的心理机制》,《心理科学进展》2006 年第 3 期。

子”甚至是“悍妇”“母老虎”，她们被认为是冷酷的，得到的评价是负面的，因而是不受欢迎的。这些“不一致”“不受欢迎”和“不可爱”的评价，并非只是反映一种无关痛痒的情绪，这些情绪对之后女性的自我认知、绩效评估、升迁都会产生实质性影响。

（五）双重标准令女性无所适从

对于女性领导，人们的刻板印象和传统观念与领导的刻板印象往往是不一致和矛盾的，这种矛盾造成人们对女性领导产生怀疑甚至是抵触，并导致女性无所适从。一方面，人们希望女性表现出女性的温和善良、热情包容、谦逊无私、关怀他人，希望女性具有自我牺牲精神，乐于助人的特点，另一方面，人们又觉得这种女性不具备领导能力。这些特点可以让女性领导得到人们的喜爱，但是却赢不来尊重。一方面，人们要求女性作为领导者表现出刚毅果断、强势和能力，人们认为领导者应该果断自信，能够影响他人；另一方面，人们又不喜欢看到女性身上出现这种行为。这种对女性领导的双重要求使得女性常常无所适从。在这种双重的要求下，女性如果表现出女性化的特质而避免强势专断的行为和发号施令。这种办事的风格会令人们对她们的领导能力产生怀疑，从而削弱她们的影响力。女性如果太直接，强势，支配欲强，而会招致人们的讨厌。研究发现，当女性运用控制、发号施令、强硬的领导方式时，她们往往会受到抨击和抵触。

总之，女性在追求领导职位的过程中遇到的障碍和困难要比男性多得多。自信有能力的女性常常会遭到抵制和排斥，而这会导致歪曲对女性能力和性格的评价、对她们的成就和贡献视而不见，甚至是遭到人们的攻击，从而难以发挥自身的影响力。女性只有受欢迎才能充分发挥自己的领导力，然而，男性却没有这样的担忧。与男性不同，她们必须做社会没有期待她们做的事情，同时做那些社会期待一个女人要做的事情。总之，在现实的领导实践中，女性要么受欢迎但没能力，要么事业成功但不受喜爱。女性常常面临困境，即作为女人，她应该怎样做？作为一个领导者，她又应该怎样做？当女性领导者面临着社会对她们作为一名领导者的角色期待和作为一名女性的角色期待存在分裂的时候，她们自身也深陷这种困境之中，难以进行有效的行为选择，难以形成角色的一致性。

（六）对女性的过度解读

女性有足够的胆量和才智去争取领导权，但是，她们却经常受到其他因素的困扰，诸如长相、时尚感、家庭关系等，而这些和她们的人生经历毫不相关。潜意识里，人们不愿意承认女性的成功，表现在现实生活中，就是热衷于关注她们的失败或挫折。一旦女性失败了，她们就会在第一时间成为各大报纸杂志、网络新闻的头版头条，成为人们热议的话题。在今天这个媒体娱乐化的时代，更是如此。在纷纭的议论中，常常会夹杂着对女性的讽刺和幸灾乐祸，一个女性的失败甚至有可能波及女性领导群体，也许会再一次暗示，女性难以担当重任。

惠普公司前首席执行官卡莉·菲奥莉娜（Carly Fiorina）就是一个典型的例子。菲奥莉娜曾经是美国惠普公司的领导，掌管着一家总资产和年营业额都超过 750 亿美元的企业帝国，统领全球 14 万名职工，业务遍及全球 170 多个国家，集智慧、权力、财富于一身。她曾经多次被誉为“美国最有影响力的商业女性”，多次蝉联“世界第一的女性 CEO”。卡莉·菲奥莉娜早年就读于斯坦福大学，之后考入马里兰大学商学院。当她从马里兰商学院毕业后，她在美国电话电报公司 AT&T 工作，凭借自己的智慧和努力赢得了成功，1995 年，她成功把朗讯科技上市。使这家有 12 万员工的电话设备公司从 AT&T 中分离出来，并开始快速发展。在 AT&T，她因“流利的口才和钢铁般的意志”而闻名。1999 年 7 月，经过了 900 多个性格测试问题和漫长的面试后，45 岁的卡莉・菲奥莉娜打败竞争对手从朗讯公司“空降”惠普。卡莉・菲奥莉娜的加入，在当时引起了不小的轰动——她独特的女性身份彻底颠覆了惠普公司高层主管由男性当家的传统。“她是一个时尚的令人过目不忘的女人，她是一个巧舌如簧并拥有着钢铁般意志的女人，她是一个既迷人又可怕的女人——卡莉・菲奥莉娜（Carly Fiorina），现任卡莉・菲奥莉娜公司的总裁。”在当时的《财富》杂志上，曾这样报道这位女性企业领导。

这时的惠普，已陷入经营困境，销售增长缓慢，资金疲软，员工士气低落。随之，卡莉・菲奥莉娜以她鲜明的个人风格和商业新思维，开始了大刀阔斧的改革，为缺乏活力而因循守旧的惠普公司塑造新的愿景。但是，改革也带来了剧痛，她狂飙突进的改革举措，触动多方利益，并引发了与公司董事会的激烈冲突和难以调和的矛盾。卡莉・菲奥莉娜的经营理念跟惠普公司创始人比尔・休利特和戴维・帕卡德从一开始就灌输给惠普员工们的而且广为人知的“惠普之道”和诚信为本的公司理念频频地发生冲撞，这些冲突在之后她主持的改革计划——坚持与当时的竞争对手康柏公司合并中集中爆发。很多人都认为，她的改革举措并没有显著改善惠普公司的时运，大量员工失业，合并两种完全不同文化使公司失去了方向，合并后的公司笨拙无力。2005 年，在董事会决定下，卡莉・菲奥莉娜被迫辞职。①

卡莉・菲奥莉娜拥有着非凡的激情、自信、勇气和毅力，在巨大的压力和挑战面前，依然相信自己，不懈奋斗。但是，在美国保守和男权主义的文化中，她始终处于舆论的风口浪尖。1999 年，当卡莉・菲奥莉娜就任惠普公司的董事会主席兼首席执行官时，这个消息曾惊动了全球，有的报纸甚至惊呼：“嘿，快看啊，老总是位穿裙子的。”

---

① ［美］卡莉・菲奥莉娜著，蒋旭峰译：《勇敢抉择》，中信出版社 2009 年版。

“从我担任惠普首席执行官的第一天开始，到我离开惠普的最后一天，既有大量批评我太爱在媒体抛头露面，也有人批评我对媒体过于冷淡。从我受聘成为惠普首席执行官的故事到我最后被解雇的报道，和其他任何首席执行官相比，媒体对我使用的措辞更为苛刻，批评更为激烈。这些报道更加注重对我个人的描写，对我的个性、外表、服饰、发型和所穿鞋子都大肆品头论足。……尽管对《名利场》杂志一再提出警告，因为他们多次无中生有地对我进行歪曲报道，但是他们还是继续报道我在旅行时经常带上自己的发型师和化妆师。还有一个经久不衰的传言，本地的媒体在其中不断推波助澜，说我在办公室里建了一个用粉色大理石砌成的浴缸。实际上，我只是简单地搬进了前任的办公室，没有新建什么浴缸，也没有添置任何东西。……报道在形容我时，常用‘喜好张扬’‘妖里妖气’或‘钻石富婆’这样的字眼，往往让人以为我这个人很肤浅。……

“一路走来，我就是要让别人正视我的成就，可当我最终摘到王冠之后，对我的报道却更多地集中在我的性别、外表和个性上。这让我很失望。我总是认为行动胜于雄辩。不过，在这个日新月异、纵横交错的信息时代里，事实、虚构和观点似乎都有同样的分量。而我那行动比言语更雄辩的观念已经不正确了。毫无疑问，别人说过和写过的恶言恶语使得我的生活和工作更加困难。……”[①]

在我国，女性领导同样面临这一严峻的现实。今天由于女性被商品化和娱乐化，使得女性被对象化和物化，导致美对女性生存发展的意义被夸大到几近荒谬的地步，这一浪潮不仅向低龄女性群体和高学历女性群体蔓延和扩张，也悄然间波及女干部群体，使公众表现出对女性领导外在形象前所未有的苛求。当一个女性领导尤其是党政领导出现在视觉媒体上时，

---

① ［美］卡莉·菲奥莉娜著，蒋旭峰译：《勇敢抉择》，中信出版社 2009 年版，第 169 页。

人们首先评价的，是她的外在“形象”，如果不够漂亮，就会说：“我们这么大的一个城市就选不出一个漂亮点的女人了吗？”如果她漂亮，又会被视为“花瓶”。学者金一虹在调查访谈中发现，被访问的人无论男女都表现出对女性领导相貌、穿着、气质的格外挑剔，“女干部作为一个女人，她必须有气质，不然摆在那里让人看着都难受”。一个高校的男教师这样说：“对男干部形象也不是没有要求，形象不好也会给人说：‘像个乡镇企业家！’但男的形象差点可以容忍，女的形象不好就没法容忍了。”

每年3月，是新闻中对我国女性报道比例最高的月份，这是因为“三八妇女节”和“两会”的缘故。但是“两会”新闻习惯用身穿民族服装的妇女照片来衬托“两会”的繁荣景象，对反映妇女参政议政的行为和能力的报道往往忽略不计。女性领导不仅在一般新闻报道多“一闪而过”地“亮一下相”，更重要的是媒体对她们的政绩、她们的智慧、她们的能力、她们的人生追求很少报道和表现。而一些妇女杂志、生活杂志在做女性领导的人物专访时，又多侧重表现女性的传统角色。①

金一虹通过研究发现，媒体的商业化运作机制，使媒体和媒体从业人员把追求高收视率作为最主要的目标。可视性和娱乐性成为媒体普遍的追求。煽情、轰动、耸人听闻以及性与美色成了获得高收视率的基本要素，而女性领导恰恰是一个最不具备以上商业化元素、最没“卖点”的职业群体，因此也就遭到媒体的冷遇。而且在报道女性领导时，在商业化浪潮冲击下，报纸杂志越来越倾向于走“柔性化路线”，侧重于描述她们的私人生活、情趣、爱心、女人味儿等。金一虹曾设计了一份关于媒体与女性参政问题的调查问卷，其中一项是媒体人在遇到要采访女性领导的任务时，

① 刘伯红：《大众传媒中的女性形象研究》，载李秋芳主编：《半个世纪的妇女发展——中国妇女五十年理论研讨会论文集》，当代中国出版社 2001 年版，第 520—525 页；卜卫：《媒介与性别》，江苏人民出版社 2001 年版，第 31 页。

怎样挖掘有意义的题材这一问题，她发现，调查问卷中回答将第一聚焦在女干部的日常生活、情趣、品位、爱心、亲情、爱情上的占到59.26%，第二选择冲破性别偏见的有48.15%，第三是重点渲染女干部的角色紧张，占25.93%。[①]

三、女性领导的性别身份认同

女性领导的性别身份认同在领导行为中起着重要作用。从自我认知的角度探讨女性领导，了解她们如何看待自己的性别角色、人格特征、如何评价自己，她们的性别角色和领导角色之间可能出现的差异和冲突，以及这种不一致对女性领导行为的影响。一方面，可以使女性领导更好地认识自我，区分是领导知识和技能还是性别角色认同影响了领导效能，从而采用相应的领导力发展方案，审视自己的性别观念以减少角色冲突；另一方面，从社会的层面上看，可以有助于创造更好的环境，促进女性构建更加和谐一致的自我认同体系。

（一）认同与性别身份认同

认同是一个从心理学引入社会科学的概念，其原意是个体所有的关于他的自我确认的意识。通常我们在汉语中所使用的“认同”一词，表达的是英文中identification和identity两词的联合意义，也即身份认同。身份认同即个体在发展中对自我在社会群体中的身份或角色加以认知、识别或内化的过程以及相应的情感倾向和行为选择，身份认同在很大程度上影响着一个人的社会行为和心理。它要回答的是“我是谁？”“我在哪儿？”“我

① 金一虹：《从公众对妇女参政的认知看传媒对妇女参政的影响——一项有关传媒与妇女参政的实证研究》，载《妇女研究论丛》2002年第2期。

要去哪里？”的问题。

人是社会关系的总和，在高度分化的现代社会，自我在不同的社会环境下会扮演不同的身份和多重角色，并按照不同的身份对自我进行整体性界定。斯图亚特·霍尔说：“我们包含相互矛盾的身份认同，力量指向四面八方，因此，我们的身份认同总是一个不断变化的过程。”① 人们更经常用多变、多元、不确定等来描述身份，身份认同被看作是不断建构、选择和妥协的过程，总是处于未完成的、暂时的状态。当一个人面临多个身份角色时，他会扮演哪个角色，取决于主体对角色重要性的认知和感受。个体之所以用特定的方式将自己归类，不仅仅是因为他们需要有自我价值感，还因为他们需要肯定自己的能力和自我效能感。在认同过程中包含了个人对其身份的心理建构和实践建构。一种认同的形成，需要具备两种要素，即认同者与认同对象，也就是自我和他者。如何认识自我和他者之间的关系，就需要把这种关系放到一定的环境之中，加以考察和体认。因此，身份认同不是社会成员被动地接受某个身份的过程，而是个体主动地寻找自己社会行为的意义，从而建构自己的身份。无论是对于具有情感的个人，还是作为文化载体的群体来说，正是这种对身份的确认（认同）将自身与“他者”区别开来。此外，在不同的角色和身份之间，个体的认同也许是一致的，也许会出现不一致的现象，当不同角色和身份认同之间出现冲突时，自我社会生活的建构就会出现问题，导致产生心理上的焦虑感，行为选择和动力也会由此受到影响。因此，认同一致性问题是身份认同中的重要问题。

在身份认同中，性别身份是一个人身份认同的重要内容。性别身份认同是个体对自我所归属性别的觉知，它是个体基于生理特征、社会期待、自我

---

① 何成洲主编：《跨学科视野下的文化身份认同：批评与探索》，北京大学出版社 2011 年版，第 2 页。

觉知和经验等形成的性别角色认知。性别是人类社会成员一项最持久和最深远的身份特质，它是形成人们认识的重要因素。不管是否意识到，它一直是每一个社会成员一生都在面对的问题，涉及我们每一个人怎样看待自己、怎样评价他人。基于性别而产生的认识、心理和行为广泛深入地影响着我们。

（二）女性领导性别身份认同的类型

性别身份认同源自对自我和外在规范、要求的认知，如果个体具备某种性别特质，有清晰的觉知并积极悦纳这种特质，或者个体具备某种性别特质，但是，从内心深处并不认同这种特质，又或者个体具备某种性别特质，但对此并没有清晰的觉知，这些都会影响到个体的行为选择和心理。

女性领导的性别身份认同由于受到领导和性别双重因素的影响，而呈现出多种形态。一是具有明显的女性化特质，这类女性领导会非常重视自己作为女性的特点，并且作为女性的一员，个体觉得舒适和满意，对自己身为女性持积极态度，具有较强的性别自信，她对于领导角色的理解和女性角色的理解具有相符性。一是具有明显的女性化特质，但是并不认同这种特质，缺乏性别自信。这类女性领导有清晰的女性性别意识和行为表现，但是，由于女性角色与领导角色在认知上的不一致性，对自己能够有效开展领导活动缺乏自信心，并进而对自己的领导角色和性别角色不认同，在领导行为和心理上产生退缩。一是具有明显的男性化特质。这类女性在行为和心理上认同男性化的人格特征，并具有较强的自信。一是具有双性化的性别特质。这类女性领导更富创造性、自尊感较高、更独立、善于处理各类环境中的事务。她们同时富有男性和女性的气质特征，在适合男性气质的领导情境下，她们能够表现出果敢、创新、刚强、权威；而在适合女性气质的领导情境下，她们又能善解人意、柔和体贴、细致敏感，能够以一种柔性的方式领导团队。

（三）女性领导的性别身份认同与领导行为

性别身份认同是社会历史文化、国家制度和教育等作用下的产物，然而它一旦形成却会对人的行为选择起重要作用，并进而影响人的心理和情感倾向。

1. 影响女性领导的领导效能感

领导活动充满风险和挑战，需要具备较强的领导动机和愿望，领导自信心和抗压能力，也即领导效能感。领导效能感是指个体对自己所拥有领导能力的信心和信念，是个体对自己领导一个团队能力的主观判断。领导效能感对女性领导提升领导能力、发挥领导效力具有重要意义，是其开展领导工作的动力来源。

领导效能感对女性领导的影响体现在以下几个方面：首先，领导效能感影响女性的行为选择。研究显示，人们会回避那些他们认为自己能力难以达成的任务，而选择那些他们认为自己可以胜任的方面。人们往往面临各种各样的机会，在领导活动中这些机会也许还是挑战，一个领导效能感强的女性在领导活动中往往勇于承担重任，不畏困难，从而能够抓住机会。其次，领导效能感影响领导行为的持久性和坚持性。当面对困难时，那些对其能力怀疑的人会放松努力，或完全放弃；而具有很强领导效能感的人则以更大的努力去迎接挑战。最后，领导效能感影响人们的思维模式和情感反应模式。领导效能感高的人会将注意力和努力集中于任务上，并在面对困难时激发出更大的努力；领导效能感低的人会更加关注可能的失败和不利后果，而不是专注于有效地发挥其能力以实现目标。

性别身份认同对女性领导效能感有重要的影响作用。女性领导的性别身份认同不同，她们的领导效能感和领导行为选择往往也会呈现出差异。比如，具有明显的女性化气质且具有性别自信的女性，其性别身份认同使得她对于组织的理解，对于认识领导的使命上，相对于一个男性气质类型或是双性化气质类型的女性而言，显然是不同的，她们在领导活动中会经常想到自己是女性，并且以一种女性的柔性领导方式开展工作。美国著名的女性企业领导玫琳凯·艾施就是其典型的代表。玫琳凯·艾施是当今世界为数极少的对世界商业形态产生重要影响的企业家，也是一位伟大的商业女性，她倡导坦诚、关心、信任的企业价值观以及以人为本的领导方式，并得到了企业界广泛的认同。她以不断的鼓励及物质报酬来提升妇女的自尊和自信，她不仅成功地建立了一个自己的商业王国，创造了玫琳凯这个化妆品直销的品牌，而且开创了女性发展自己事业的新天地。自 1965 年创立迄今，玫琳凯已成为全球领先的美容品牌和直销商，每年在全球的年销售额逾 40 亿美元，业务遍布全球超过 35 个国家和地区，拥有超过 350 万名员工的销售队伍。

英国著名企业领导安妮塔·罗迪克（Anita Roddick）也是这一类的典型代表。安妮塔·罗迪克是英国著名美容美体店（The Body Shop）的创始人及首席执行官，这是一家总部设在伦敦，连锁店遍布全球的健康及美容品牌企业。安妮塔·罗迪克为自己身为女性而骄傲，并为她的以女性为主要目标客户的企业确立了运用“女性原则”进行领导的理念。所谓“女性原则”，即是富有同情心，凭直觉做出判断，使人们不会因为阶层感到不安，也不拘泥于那些在商业学校学到的说教式的管理理念；将工作当作生活的一部分，而不是把工作与生活截然分开；去做自己喜欢的事情；合理分配自己的所得，做个对世界有贡献的人。作为这家成功企业的女性领导者，她的女性化的领导理念和方法使她赢得了员工的忠诚，也赢得了消费者的信任。

再比如，具有明显的女性化气质，但其对性别角色和领导角色的认知是不相符的女性领导，她会更倾向于使用社会认可的女性的方式领导组织成员。但是，由于传统的性别观念、组织文化、制度政策等的影响，往往会导致女性对自我的能力产生怀疑，从而丧失进取和竞争的信心和勇气，由此，在领导活动中她也许会选择放弃竞争和机会。尤其是当女性和领导两个角色发生冲突，角色不一致时，由于对两个身份角色的价值取向不同，这类女性往往会选择扮演前者，成就的动机不强。而这会影响女性领导的行为和认知并进一步强化女性领导的性别角色和领导角色的不相符性。

2. 影响女性领导的心理发展和领导方式

研究发现，持有不同性别角色认同的女性领导，她们的领导方式和方法具有显著差别，女性化倾向程度高的女性领导往往会采取柔性的领导方式，善于沟通协调，能够敏感体察下属情绪，靠激励、协商、合作、引导等软性手段影响下属，从内心深处来激发下属的内在潜力、积极性，从而实现组织目标。男性化倾向程度较高的女性倾向于任务导向型，这类女性领导往往具备更多的男性化的特质，不是依靠亲和力、人文关怀，而是更多的个人权威、任务导向来实施领导。当然，方式无优劣之分，只有适合不适合之分。

但是，问题的关键是，人们对其上述领导方式往往持质疑和排斥的态度。如上所述，如果一位女性领导采用了具亲和力的、参与式的领导行为，人们会认为她没有能力。然而，当她使用专断的、命令式的领导行为，人们又会认为她太好强，太男性化了。与男性相比，女性领导要成功的话，她必须显示她们的坚强与独立，她也必须关怀他人；她要比一般女性优秀得多，她还不能丧失女性的特征。总之，在现实的领导实践中，女性常常面临上述困境，即作为女人，她应该怎样做？作为一个领导者，她应该怎样做？当女性领导者面临着社会对她们作为一名领导者的角色期待和作为一名女性的角色期待存在分裂的时候，她们自身也深陷这种困境之中，难以进行有效的行为选择，难以形成角色的一致性。

其实，这种女性领导面临的内心冲突和挣扎由来已久。对于20世纪二三十年代的女性领袖，她们感受到的也许更加强烈和深刻。在一些历史资料中，就记载了当时中国共产党第一任妇女部主任向警予精神上感受到的压抑，研究发现，向警予对自己的女性身份很敏感，以至于对于被任命为中国共产党妇女部主任也很是排斥，一开始并不乐意组织开展妇女运动方面的工作。因为当时普遍存在着“女同志不如男同志”“女子程度低”的社会意识，在当时的向警予看来，即使做到妇女部长，也不过是妇女领域的头儿，她渴望的是在男人世界里开创惊天动地的伟业。不仅如此，对于家庭生活和女性的家庭角色，向警予也认为是阻碍革命事业的包袱。向警予对自身性别角色的质疑和抗拒，充满了对传统女性及其家庭角色和性别规范的排斥，她积极参与民族革命活动，担负拯救国家危亡的职责，拒绝接受传统的家庭角色，积极认同男性气质，希望跨越性别界限。在向警予的身上，存在强烈的对自身女性性别身份的质疑。这种排斥和质疑也使得向警予在精神和心理上处于紧张、矛盾和压抑之中。①

四、领导的性别差异

当女性出现在领导位置上，她们的下属接受或跟随的程度怎样？她们的上级怎样来评判她们的成绩？由她们所领导的群体绩效与男性领导相比有哪些不同？领导者的性别是否导致在领导目标的实现，领导活动的效果上出现了差异？

---

① 张素玲：《革命与限制：中国共产党早期妇女领袖（1921—1927）》，河南大学出版社2011年版，第152—157页。

（一）下属满意度

早期研究显示，即便是女性下属，一般而言也喜欢男性上司。一项1971年对职业妇女的调查显示，她们更喜欢男性老板而不是女老板。但是，到了20世纪80年代，对大学女生的研究认为，女性喜欢女性作为自己的老板。[①]《哈佛商业评论》曾对1000名男性和女性进行采访，其中2/3的男性主管和1/5的女性主管表示如果有一个女老板，心里会觉得不舒服。只有大约9%的男性主管和15%的女性主管能够接受并乐于在一个女老板的手下工作。在中国，一项相关的调查也显示，有43%的人对女老板持否定态度。有研究发现，36%的男性被访者拥有女上司，其中的23%对女上司存在负面印象，原因包括“琐碎”“过分算计”以及“无法勇敢地面对和承担风险”等。但所有的男性对自己的女同事或女下属的评价都是中立或肯定的，不像对女上司那般苛刻。

上司与下属两者的性别也影响组织的绩效。人们常说，男女搭配，干活不累。但是，研究发现，在一些短期的领导行为中，同性领导者的小组比异性领导下的小组能够发展出较好的组织气氛。当领导者是女性时，女性下属在机械制造、数学、工程等方面的工作要做的比男性领导的女性下属好。赖斯·本德尔和维特的研究发现，对于具有传统观点的男性，当他们是由女性领导的时候，整个团队的士气是低的。当小组是由女性领导的时候，具有传统性别刻板印象的下属成员会把他们小组的成功更多地归因于运气，而很少认为是由于领导者的同心协力。对于那些对女性持有开明态度的下属而言，领导者的性别并不重要。对于女性领导具有赞赏态度的男性则认为，领导活

---

① Bass & Stogdill's, Handbook of Leadership Theory, Research, and Managerial application, Third Edition, The Free Press, 1990.P728-729.

动的成功是由于多方面的因素造成的，诸如能力、努力，他们避免把成功只归因于运气和任务的难易程度。这些特征不同于那些更传统的男性，他们认为女性的成功是因为好运气、工作容易或者额外的努力。[1]

Catalyst[2] 的研究发现，相对于男性领导而言，下属对女性领导的领导能力的评价更为严厉。其原因可能是下属性别刻板印象的消极影响，使他们对女性领导的能力持怀疑态度。虽然下属们可能观察到了男性领导和女性领导相同的行为，但是经过刻板印象思维的过滤，仍认为女性领导是不太胜任的。比如说，如果下属观察到，一位女性领导花时间去思考决策，他可能就认为这位女性领导是犹豫不决的，并将这种认识推广到所有的女性领导。然而，如果他观察到男性领导的同样行为，他就可能认为，这种行为是合理的，这位男性领导是一位慎重的领导者。其影响结果是，如果领导团队和下属并不认同女性领导解决问题的能力，他们将没有动力去跟随她所带领的方向。在领导过程中，女性领导不得不花费比男性领导更多的时间来获得团队成员的认同。

不过，进入新的历史世纪，女性正显示出明显的喜欢女性领导的倾向，更多接受过高等教育的下属与那些教育程度较低的下属相比，已经有更喜欢女性领导的倾向。笔者 2016 年对中国女性领导进行的问卷调查研究也发现，女性领导认为与自己的女上级更好相处。但是，男性下属抵触女性上司的态度依然不容乐观。

（二）价值观与思维方式的差异

价值观和态度对领导行为有重要影响。与男性相比，研究发现，女性

---

① Bass & Stogdill's，Handbook of Leadership Theory，Research，and Managerial application，Third Edition，The Free Press，1990.P731-732.

② Catalyst 是一家专注于研究女性及全球商务动作的美国非营利性组织。

一般来讲更加赞成和平，关注照顾和责任。男性的竞争性使他们更注重公平和正义。女性关怀伦理学家卡罗尔·吉利根曾经对 187 名面临真实生活两难困境的人进行调研访谈，通过大量的访谈和分析研究，结果发现，在两难处境中做出抉择时，92%的女性和62%的男性显示出了对他人的关心。所有的男性都关注公正，而对此关注的女性只有 23%。卡罗尔·吉利根在其著作《不同的声音：心理学理论与妇女发展》中指出，男性把自我看成是独立和自主的存在，忽略了个体与他人、个体与集体、个体与社会之间的联系，把道德视为个人的权利，奉行一种重视准则和权利的公正伦理。女性则倾向于把自我看成一种相互关系中的存在，把道德视为对他人的责任，强调人与社会、人与自然和谐共生的价值观，奉行一种重视关系和责任的关怀伦理。卡罗尔·吉利根发现，对男孩子来说“发展意味着越发地把其他人看作是与自己平等的”，对女孩子来说“发展跟随着把自己包括在一个不断扩展的联系网中”。[①] 在女性的心理发展和人格发展中，伴随着对他人的一种自觉的关爱，更重视自我和他人的联系，而男性更重视个人的独立，女性关心的是看到没有人受到伤害，使每一个身处关系的人都能够满意，而男性更重视层级关系和个人权威。

价值观的不同体现在对人际关系的认知和态度上也存在差异。女性更加注重人际关系，喜欢建立和谐的人际关系，更喜欢强调平等和与同伴的紧密关系，并倾向于低调处理身份差异，在她们看来，强调身份差异将会使她们看起来傲慢和自大，这将会对她们所注重的关系产生消极影响。研究者以“道歉”为例子，来诠释男性两性领导者对关系认识和态度的差异。研究发现，女性倾向于将道歉视为一种仪式化的维持互动平衡的方式。女性所说的“对不起”，可能意味着“对于发生的事情感到

① Carol, Giligan, In a Different Voice: Psychological Theory and Women, s Development [M]. Cambridge, Mass: Harvard Uni 2 versity Press, 1982.

抱歉”，而不是“我应该对所发生的事情负责和道歉”。男性领导更乐意强调身份差异，他们希望层级明显和清晰，他们积极在组织内寻找职位较高的人来帮助他们，利用职位低于他们的人来巩固他们的努力。道歉将他们置于低下的地位，因此，他们只有在能够确认和确保他们处在命令位置上，他们才会表达歉意。

女性视关系为发展性的，而男性往往视关系为工具性的。女性往往会关心他人，建立和维持亲密性的关系，并致力于他人的成长。如果关系能够给他人带来福祉和发展，她们会认为这是理想的关系。然而，男性建立关系的目的，倾向于能够在组织中成功或进步，帮助他们接近新的或更多的资源、影响和权力。对于女性领导而言，在工作和任务中，建立融洽的关系可能是首先考虑的目标，从这个角度来看，在面临困难，解决任务的时候，女性可能更具有开放性和包容性，以更加灵活的态度和视角对待任务，去触及工作的各个方面，根据她们建立关系的意图重新建构任务。相比之下，男性则可能聚焦在任务，始终以任务为目标。

与此相联系，由于教育方式和角色规范要求等社会化的不同，男性的思维方式是线性的、集中的、讲究目标明确的，他们在解决问题时常常有的放矢、按需行事，理性的成分比较大。而女性的思维方式是网状的、发散的，中途可能转向，比较随心所欲，起点的原因和终点的结果未必相互匹配，这样从旁人看来，她们的行为常常难以预测。但这种思维方式其实使女性更具灵活性和应变性。

（三）表达与交流的差异

一般认为，由于社会化的原因，男性和女性的表达和交流以及刻板印象也存在差异。人们一般会认为女性较擅长交流，而在学者的研究中似乎也证实了这一点。凯思（Case）（1985）曾研究了各种男女混合的由管理学专业的学生参与的会议，发现果断和具有权威的演讲是男性风格。这种风格的特点是简短的发言、命令式的语气、感叹语、充满竞争性和好胜的话语，使用俚语，不带个人色彩，运用第三人称。女性演讲的风格是个人化，流畅，加强语气，运用连接词，被动认同，富于问题，从个人经验中寻找证据。结合了两种演讲风格——从语言上讲是合作的和肯定的，这种演讲是最有效的。美国学者霍华德（Howard）和布雷（Bray）曾经对 422 名 A t & T 公司管理者进行研究，测评报告显示，女性在口头表达上是出色的，在口头表达能力的测试中得分要比男性高得多。[①] 此外，许多观察和研究也发现，女性在书面交流中也优于男性，女性更敏感和主观，在把非语言的暗示进行编码和解码时，女性也优于男性。女性对于非口语暗示更加敏感，在社交中，她们试图用非语言行为减小她们的社交距离，而男性常常会用非语言行为来保持社交距离，明确他们的地位。为了保持他们的社交距离和地位，男性常常是单方面与女性接触，以此来宣布他们的控制权或较高的地位。在人们的交流中，女性比男性更为关注讲话者。但是，在相互凝视之后，女性会首先低下她们的眼睛。男性更经常的是用直直的凝视来进行威胁，女性则会更多用微笑和对方交流，而微笑常常是服从的姿态。

（四）自信心的差异

大量的研究发现，与男性领导相比，女性领导缺乏自信心，更加保守，不太愿意冒险。正如上一章所述，女性也可能对巨大的成功深感不安，尽管这一问题对于她们而言是自相矛盾的。研究者对我国企业家的性别差异研究也证实了这一点。在所有接受调查的企业家中，有 2.86% 的女企业家

---

① Bass & Stogdill's, Handbook of Leadership Theory, Research, and Managerial application, Third Edition, The Free Press, 1990.P719.

觉得，她们目前面临的问题在于，对自己的领导能力缺乏自信，而在所有调研的男性企业家中没有一个人认为自己缺乏自信。女性对自己领导能力的不自信还体现在对企业领导者的性别定位上，在所有接受调查的女企业家中，竟然没有一位认为女性比男性更加适合担任企业领导者。而男性在这个问题上就显得比较自信，有 41.67% 的男企业家认为，男性比女性更加适合担任企业领导者。女企业家对于担任领导职务的不自信，可能源于对理想职业的看法。在所有接受调查的企业家中，有 44.44% 的女企业家承认，企业领导者并不是自己的理想职业，比如光明乳业股份公司的董事长兼总经理王佳芬就坦言，自己的理想职业是做一名教师。

两性领导在归因上也存在差异。缺乏自信导致女性领导倾向于把她们的失败归咎于没有能力，而不是运气和外部因素。无论是女性还是男性，都会把女性的成功归因于机遇或外部因素，而很少提及内在能力或努力工作。而男性领导则相反。女性不会像男性那样认为个人功劳是取得成功的主要原因。女性的认知归因会减弱她们用自身的能力去创造更辉煌的成绩。如果总是感觉自己的下一步必须从第一级阶梯开始，那么，要想爬到公司、军队或政治阶梯的顶端无疑是很难的。在对男女企业家的调研中，无论是男企业家还是女企业家，在回答如何成为一名企业领导者时，都将“勤奋努力”看作最主要的原因，但比较男女企业家的其他选择，男性更多地将取得目前的成就归因于个人的努力，有 17.65% 的男性认为，能够成为企业领导者是自己的天分，比例较女性高出 8 个百分点。而有 28.13% 的女企业家却认为，能够成为企业领导者是“机遇”使然。

大量的研究发现，那些拥有了必要的资历和经验，但是却遭遇了职业失败和不能顺利升迁的女性领导，其主要原因是，这些女性不愿意承担不断增加的责任，面临挑战时主动退缩，不愿意冒风险。她们的自信心低，她们在做事时最需要的是安全感。她们把同事看成家人，升迁会造成她们与同事之间的矛盾，因为它可能意味着割裂与朋友之间的关系。有学者曾经对财富前500强公司进行研究，通过对员工和指导者的大量访谈，他们发现，女性升迁的概率低不是源自歧视，而是女性自欺欺人的结果。他们发现，升迁直接依赖于男性或女性的进步动机。①

（五）权力与权力使用上的差异

权力是一种能够影响他人的能力和潜能，一种用来引起人们变化的资源。当人们具有影响他人的信仰、态度和行为过程的能力时，他们就具有了权力。例如医生、教师等，都有影响我们的潜能，一旦他们发挥这一潜能，他们就使用了自己的权力。领导主要有两种权力：即职位权力和人格权。“职位权力”，指的是领导在组织某一特定位置上而获取的权力。在职位权力中，人们运用具体的头衔，比如主任、经理等来激励他人。职位权力和支持、奖赏、辅导等行为相连，因为这些行为都需要权威地位及其所控制的人力、财力等重要资源。人格权力是指一个领导者从其他追随者那里所获得的权力。当领导者用对追随者来讲很重要的方式行为时，就给了领导者以权力。这种权力并不依赖于领导者所控制的奖赏或资源，而是依赖于领导者的专业知识和魅力。领导者运用他人对自己专业知识的敬佩，来激励个人和团队去达成组织目标。因此，专业知识、专业技能和较强的解决问题的能力，是产生人际关系权力或影响力的源泉之一。

现代社会，人格权发挥着越来越重要的作用。能够凭借专业技能也就是专长权而博得尊重的领导，就可以用这种尊重去影响下属个体和团体。

---

① Bass & Stogdill's, Handbook of Leadership Theory, Research, and Managerial application, Third Edition, The Free Press, 1990.P716.

但在人们的刻板印象中，与男性相比，女性的专长权较弱，因而也就削弱了她们的人际权力，从而导致女性较低的领导影响力。而男性领导却很容易使用权力去引导成员服从组织标准，而不用担心失去下属成员的支持。缺乏人际权力，女性领导就只能依赖于职位权力。然而，女性又常常没有高层职位来为职务权力提供扎实的基础。她们承担的责任小，被赋予的权威也弱，她们也可能难以收到上级富有建设性的反馈意见，这些都削弱了她们的职位权力。

（六）认知、心理发展与人际交往的差异

男女性别差异最主要体现在生理结构上。女性体能劣于男性。但是，越来越多的研究和观察显示，女性领导在自尊、动机和智力上与男性同行几乎没有什么差别。但是，成功的女性领导者不同于一般的女性，她们可能很少具有传统女性的性格特征，她们在待人接物或脾气性格上更可能具有刻板印象中男性的个性特征，较强的分析能力，理性，具有竞争性。在一项女性职业兴趣的研究中发现，女性领导的兴趣与那些不是领导的女性有着极大的不同。前者显示了对出众、思想自由、应对危机和挑战、人际交往方面的偏好，而后者则喜爱艺术活动和家庭生活。

由于生理特点，女性要经历结婚和繁衍后代的过程，这个过程对大部分女性来说无疑有着深刻影响。这种影响主要体现在，女性的精力会更多地转移到家庭生活中去，减少在技能和岗位培训上的投入，从而影响其知识更新，导致其创新能力下降，思维的活跃性较婚前减弱，这就会限制女性向更高职位的流动和领导力的发挥。女性领导者和男性领导者最大的差异表现在对家庭和事业平衡问题上。女性领导者面临的最大的障碍是处理职业和家庭之间的冲突和矛盾。已婚的女性领导常常要处理繁杂的家务，养育孩子，照料老人，她们常会感到时间和精力不够。因此，来自丈夫的

支持度对女性领导来说至关重要。但是，对于男性来说，工作与生活的平衡这一问题似乎是不存在的。对于男性而言，婚姻会提升他们的成就动机，而对于女性而言，婚姻却降低了女性努力升迁的动机。一项对位于世界不同地域的 1200 位领导人的调研发现，与男性相比，绝大多数女性降低了她们的职业热情，以此照顾家庭。

在生育问题的选择上，性别差异也是显著的。与男性相比，更多有资质的女性把协调工作与家庭责任的问题看作是严肃的问题，在不要孩子方面，女性比男性的百分比更高。调研发现女性领导在推迟婚姻或推迟养育孩子，从而发展职业生涯方面，百分比是男性的两倍。

由于女性领导者不得不去处理和克服障碍、矛盾以及不利的刻板印象，她们在工作中更是困境重重，更要卖力工作。因此，女性面临的压力更大。库珀（Cooper）和戴维森（Davidson）曾经对 135 位英国高层领导人的研究，发现，与 500 名男性同行相比，她们表现出更多的压力症状，诸如偏头疼、肠胃不适、服用药片以及婚姻出现问题等。[①] 笔者 2015 年和 2016 年曾经连续两年对中国女市长进行问卷调研，调研发现，有 27% 的女市长认为，“在工作和家庭之间有些冲突，难以兼顾”。有 18.2% 的女市长对自己的情绪控制能力不满意，42.8% 选择了“压力很大”或“压力较大”，90.5% 的女市长认为，“一路走来很不容易”。作为具有多重社会角色的群体，女性领导在发挥自身独特作用的同时，也承受着传统文化期待带给她们的种种困惑、内心冲突，使她们面临巨大的压力，在一定程度上阻碍了她们更好地成长与发展。其中，家庭与事业的矛盾是女性领导发展中面临的重要问题。今天，社会的快速发展和多元化更加凸显了女性的多重社会角色，使女性领导在角色定位上更加处于两难纠结的状态。她们必

---

① Bass & Stogdill's, Handbook of Leadership Theory, Research, and Managerial application, Third Edition, The Free Press, 1990.P717.

须肩负事业与家庭的双重担子，她们既要为事业倾注全力，又要为家庭尽职尽责。否则，不仅自己内心愧疚，也会招致社会的谴责。大多数女性领导要比男性同行付出更多艰辛和努力，要承担来自家庭、社会和自身的多重压力。家庭、事业的超负荷运转和巨大的精神压力，造成一些女性领导身心疲惫。

人们认为女性领导往往过于重视目前的任务，而不是工作未来发展的意义。对此，有学者解释说，其背后的原因，依然是刻板印象和期待的结果。她们专注于当前的活动，既由于她们自己还没有学会设立目标，也是因为她们认为她们不可能得以提升。此外，她们比男性更关心她们的人际关系，是由于社会化，也可能是由于她们保持在同样的“一成不变”的位置上。[①] 此外，由于女性常常被分配在辅助和不太重要的位置上，领导岗位的不同也决定了女性领导思维方式和行为习惯的不同。

在社会交往上，与男性相比，女性的社交和团队活动较少，社交活动和经验的缺乏也限制了她们的领导能力。女性通常被职业社交圈排除在外，而在组织机构中正式的、非正式的关系对职业发展至关重要。巴斯（Bass）研究发现，一般而言，尽管女性在工作中与他人联系的数量、她们在正式的工作关系中出现的频率与男性并没有区别。然而，她们还是不能很好进入男性的工作和社交圈子，包括组织机构的主流人际圈子。因此，女性的影响力相比男性较小。由于男性的人际关系网络更加广泛，也使得女性领导者很难得到必要的信息，从而有效地完成领导者的职责。[②] 与男性相比，女性过于看重教育和工作努力，并视这些为升迁的先决条件，但

① Bass & Stogdill's, Handbook of Leadership Theory, Research, and Managerial application, Third Edition, The Free Press, 1990.P733.

② Bass & Stogdill's, Handbook of Leadership Theory, Research, and Managerial application, Third Edition, The Free Press, 1990.P710.

低估了政治意识的重要性。女性一般意识不到在组织内部的政治游戏。然而，男性对游戏规则却更熟谙，感到更加适应。

（七）绩效与能力评价

学者对男性和女性领导者的领导绩效和领导行为方式进行研究，发现，从总体上说，男性和女性领导者在领导能力和绩效上并不存在差异。但是，在不同的领导环境中，男女两性的领导能力和绩效表现出差异。在男性占绝对多数的环境下如军事等，男性的领导能力和绩效要高于女性，但在男性不那么集中的环境中，如教育业、政府部门以及社会服务部门，女性表现出相对较高的领导能力和绩效。在商业环境下，无论是男性或是女性，所表现出的领导力都大致相同。之所以出现这种差异，主要原因可能还在于性别的刻板印象。性别刻板印象会造成工作的性别隔离，由此，产生对女性领导不同的评价。使得在男性职业里工作的女性领导，处于较低的评价中，而在女性职业里工作的女性领导，则能获得更多的认同。在刻板女性职业中，人们对女性领导的问题解决能力要高于对男性领导问题解决能力的评价。而在刻板男性职业中，人们对女性领导的问题解决能力的评价，就要低于对男性领导问题解决能力的评价。

不管女性领导的真实能力和领导绩效如何，人们总是认为女性领导在传统男性职业中的工作有效性要低于在女性职业中的工作有效性，当女性执行男性任务时，常获得较低的评价。在人们看来，相比那些军队、钢铁行业或建筑领域的女性领导而言，科教文卫保健系统或是化妆品公司的女性领导更为有效。

当然，随着社会的发展，女性领导在刻板男性领域里也已开始获得认同，女性特质在男性色彩比较浓的高科技行业同样能发挥影响力，而且这种趋势似乎愈加明显。像全球最大的通信设备制造商朗讯公司董事长兼CEO帕特丽夏·鲁索（Patricia Russo），就受到认可并被临危授命拯救朗讯亏损局面。“在市场营销方面的确很强，她非常善于揣摩顾客的需求，并让他们对朗讯的所作所为感到满意，还有令人生畏的谈判技巧。”朗讯对这位女性领导给予了极高的评价。和帕特丽夏·鲁索一样，脸谱网CEO谢丽尔·桑德伯格同样以自己的能力和智慧赢得了辉煌的事业成功，她为人处世的方式似乎改变了人们对女性领导的印象。

对由于政策原因而出现的女性领导的评价，也许会更加苛刻。随着人类文明的进步和社会发展，性别不平等逐渐受到关注，各国政府以及企业和事业机构也都积极推动和倡导提高女性参政的理念和政策，其中在组织机构的领导职位中给予女性领导一定的配额，是重要的促进男女平等的举措。但是，研究发现，有些时候，配额制似乎并不能从根本上解决促进女性领导发展的问题，相反，还带来另外一些新问题。

对由于政策原因而得到领导职位的女性，人们有一种刻板化期待，当工作中有许多男性和少数女性时，人们希望女性进入服务和助理的角色。而且，对其有不公正的评价。人们会认为，她们具有的是象征性特征，特别是假如女性是一个群体中唯一的成员，人们会对她们的成绩抱更怀疑的态度，可能把这个女性的成功归因于她的性别，会认为她在领导位置上是由于政策原因，而不是由于她的资质和能力。因此，她们会有更多的压力，要适应之前已经存在的对她们这一性别的刻板化模式，会试图使自己与对于女性的刻板化期待保持一致。这样，女性与男性之间的差异就会更加被扩大化了。

当一个女性置身于与之不同的性别之中，这种与同性的分离尤其会限制女性，进一步阻碍了她们与工作圈子的联系。她们更不太可能提出建议，她们会被经常打断，她们会经常被忽视。有学者建议，在这种位置的女性要学习用幽默，用努力和富有成效的工作，用依赖于外部的支持系统来处理她们的疏离感。有时，成为显眼的人物也有它的好处。假如这个群体的任务与女性的经验有关，那么，作为这个位置上的女性领导，对于这个群体的大部分男性领导而言，她可能成为这一问题的专家。任务的选择会导致一种偏见，而这种偏见也许会有利于这种情形里的女性。但是，总的来说，女性还是会被各种各样的附加给她们的不利的刻板印象和期待所困扰和阻挠。总之，在一个由男性掌控的组织里，对于那些由于政策原因而设立的领导位置上的女性，会产生许多问题。在这类女性领导那里，她们的醒目位置会带来多少不安全感和敌意，又会带来多少压力，她们要付出多少努力来消除来自大部分男性的排斥，这些问题依然是大多数这类女性需要面对和克服的问题。

正如上述所言，由于性别刻板印象的存在，人们对男性和女性领导者能力和绩效的评价不同，人们在评价男性和女性时关注的信息不同。其结果是，在无意中，评价男性和女性时可能运用不同的绩效标准。针对对女性的刻板印象导致负面评价的不利影响，有研究者建议，在组织中，应该确立清晰的绩效评价标准，详细明确地表述哪些行为和结果体现的哪些解决问题的能力，组织的评价过程越客观，评价指标越具体，他们在判断时就越有可能减少偏差，对女性的不公正评价就越有可能减少。

上述我们谈到女性与男性领导之间的差异，但是，也有大量的研究显示，女性与男性领导之间几乎不存在差异。国家行政学院的胡月星教授就对此做过详细的研究。他主持的以宁波为例的《中国基层县处级党政领导干部胜任力实证调查研究》课题历时三年，其中有一项是性别差异的比较研究，通过在核心胜任特征、成就动机及归因、情绪智力、工作满意度几方面的比较研究，发现男性领导关键心理品质前三位依次是前瞻性、务实精神、结果导向，而女性领导认可度最高的关键心理品质依次是结果导向、务实精神、前瞻性。从工作满意度可以看出，人际氛围和工作待遇两个维度女性显著高于男性，女性的薪水满意度显著高于男性，而其余维度男女没有显著差异。所以，胡教授的研究表明，“宁波市领导干部胜任力水平在男女性别上没有显著差异；在具体胜任力要素上，除了把握机遇能力和决策能力外，其他各个因素没有达到显著性差异”。①

当然，关于女性与男性领导差异的讨论还会继续下去。需要思考的问题是，这些差异能帮助我们说明什么问题呢？我们能就此判断女性领导与男性领导真的在领导行为上存在差异吗？而且，我们能更进一步地判断在两种人群之间的这些差异，孰优孰劣吗？我们需要进一步追问的是，女性的选择，女性和男性领导的差异在何种程度上是由社会建构的，受社会影响和限制而形成的。分析和阐释常常聚焦于女性的倾向，而忽视了潜在的、常常是无意识的偏见，这些形成了女性在选择中的偏好，从而使女性退出领导岗位，失去对于领导职位的关注和争取，并限制了那些致力于此的女性获得平等的机会。在过去的二三十年里，大量的女性和男性一样渴望成为领导者，她们和男性同胞一样做出了同样的选择，但是，她们要面临更多的障碍。而今天，我们的公众和政策制定应当更多地注意到这些障碍。

总之，随着社会的发展，人们的性别刻板印象也在不断发生着变化，尤其是在各行各业的领导岗位上，出现了越来越多的成功女性，她们不仅改变了自己的命运，而且也在改变着整个社会对女性的认识，果断、自信、勇气、理性、有活力和激情，这些过去被认为是男性的特质，也正在成为女性领导者的特质，并且被人们所接受。大量的事实已显示，如果能给女性信任和机会，她们在领导职位上就能获得成功。然而，这种观念还没有

① 胡月星:《宁波市领导干部核心胜任力调查》,《决策》2007 年第 5 期。

真正融入我们的教育中，我们平时吸收的媒体信息中，也没有融入女性对自己未来人生的抱负和期望中。因此，我们必须挑战传统的性别刻板印象和领导刻板印象，并且树立新的认识，深信男性和女性都具有同样的领导潜能。总之，通向领导的路途依然是长路漫漫，但变化正在发生。

CHAPTER 03

第三章

女性领导风格

女性领导风格不同于男性吗？女性领导风格与男性领导风格是否存在本质、显著的差异？女性领导是否有其独有的领导特质？是否存在好的女性领导，又或者女性领导本身就是好的，性别视角能否增进我们对领导行为的理解和认识，能否逐渐缩小领导中的性别鸿沟？目前，对于这些问题的回答在学术界亦是见仁见智，争议不断。本章我们主要就这些问题进行分析。

一、领导风格及类型

（一）领导风格的含义

领导风格是在领导活动中领导者的思考与行为方式，特别是针对下属的领导方式。领导风格是一种习惯化的领导方式，是个体在长期的个人经历、领导实践中逐步形成的，并在领导实践中自觉或不自觉地起稳定作用，具有较强的个性化色彩。现实生活中，每一位领导者都有其与工作环境、经历和个性相联系的风格，这种风格使其与其他领导者相区别。

（二）领导风格理论研究的起源与发展

1. 领导特质理论

西方国家对于领导问题的思考和研究，可以追溯到数千年以前，而对领导风格进行比较系统的研究，则始于20世纪40年代，是在对领导特质理论的反思和批判之下形成和发展起来的。领导特质理论在20世纪早期，是学者们非常感兴趣的一种领导理论，也是最早对领导进行系统研究的尝试之一。领导特质理论主要是关注确定成为领导者的决定因素，有效的领导者应该具有什么样的特征，它阐述的重点是领导者与非领导者之间在个人特征方面的差异。学者们致力于探索在有效领导者与无效领导者之间、高层领导者与基层领导者之间是否存在着个人特质上的差异。但是经过多年的研究，多数研究人员仍未能在有效的领导者应该具有的不同才智、个性、身体等方面的特征上达成共识。领导特质理论经历了传统领导特质理论与现代领导特质理论两个阶段。

传统领导特质理论认为，领导者天生具有领导的特质，天生没有这种特质的人是不可能成为领导者的。这一时期的研究主要是以社会政治、经济以及军事等方面的领导者为对象，研究是哪些与生俱来的特质和特征使他们成为领导者。不同的研究者提出了不同的领导者特质。

美国心理学家吉伯（C.A Gibb）在1969年的报告中指出，领导者应该具有7项天生的特质：善言辞，外表英俊潇洒，智力过人，具有自信心，心理健康，有支配他人的倾向，外向而敏感。

斯托格迪尔（R.M.Stogdill）于1948年与1970年进行了两次研究，在这两次研究中，他全面总结了领导特质方面的文献与对领导者的特质的研究，进一步认识到，特质是如何影响人的领导过程的。在第一次研究中，他确定了一组重要的特质，认为各种群体中的某些人为什么会成为领导者与这些重要特质有关，担任领导角色的人与一般人相比，在以下几个方面表现出很大的差异：智力水平、应变能力、洞察力、责任感、创新精神、坚韧性、自信心、社会交往能力。在第二次研究中，他也确定了与领导行为有密切联系的特质，认为主要包括以下10个方面：责任和完成任务的积极性、精力和对目标的执着的追求精神、解决问题所具有的冒险精神和创新精神、社会情境中的实践创新的积极性、自信心和自我认识能力、勇于承担决定和行动的后果、乐于减少人际紧张、愿意承受挫折和延误、影响他人行为的能力、为实现目标而建构社会相互作用系统的能力。

德鲁克（Peter Drucker）认为，一个有效的领导者，必须具有以下5个主要习惯：善于利用时间，注重贡献、确定自己的努力方向，善于发现和用人所长，分清主次、集中精力，做有效的决策。

现代特质理论认为，领导者的特质是在实践中形成的，可以通过训练和培养加以造就。现代特质理论研究者密切联系领导实践，关注从动态的角度深入研究领导者的特质。其中以罗伯特·豪斯（Robert House）为代表的一批学者集中于研究领导魅力理论。这种理论认为，领导者是以个人的号召力来影响下属的行为，其才能可以通过训练获得。豪斯认为魅力型领导者的特点是：极高的自信、支配力以及对自己的坚定信念。瓦伦·本尼斯（Warren Nennis）研究了90位美国最杰出和最成功的领导者，发现他们有4种共同的能力：有令人折服的远见和目标意识；能清晰地表达这一目标，使下属明确理解；对这一目标的追求表现出一致性和全身心的投入；了解自己的实力并以此为资本。加拿大麦吉尔大学的康格和凯南格（J. Conger 7 R. Kanungo）认为魅力型领导者的关键是自信，有远见，清楚表达目标的能力，对目标的坚定信念，不循规蹈矩的行为，激进变革的代言人，环境的敏感性。①

在领导特质理论研究中，美国学者詹姆士·M. 库泽斯（James M.. Kouzes）和贝瑞·波斯纳（Barry Z. Posner）也是突出的代表，并在实践领域产生了极大的影响。在对近千家政府行政部门和企业进行人量的详细调

① 胡月星：《现代领导心理学》（第二版），山西经济出版社2006年版，第30页。

研后，他们指出，领导者排在前四位的特质是：（1）诚实。这是领导者和下属关系中最重要的因素。绝大多数人期望领导者要诚实，讲信用，有道德，坚持原则。只有这样，才能赢得下属的衷心追随。（2）有远见。也就是要有目标、计划、眼光和梦想。如果领导者要吸引别人加入自己的行列中，首先必须了解自己的目标何在，前景如何。（3）懂得鼓舞人心。下属期望领导者要拥有满腔热情，充满活力，尤其是在困难时期对未来感到乐观。领导者如能表现得极其热忱和兴奋，显示出他个人对所追求目标的投入，就更能收到鼓舞人心的效果。（4）能力卓越。这是实施领导行为的核心所在，领导人必须具备为他的职业带来某些附加价值的能力。在两人合著的《领导力》一书中，他们通过深入研究领导力的内在机制，发现，卓越领导者的个人事迹中存在着五种共同的行为。领导能力体现在这五种共同的行为中，领导力的大小也取决于这五种行为的状况。即（1）以身作则。领导者必须以身作则，即使在很简单的事上也是如此。他们通过直接参与和行动，为自己赢得领导的权力和尊重。先让人们追随自己，再做计划。（2）共启愿景。领导有远见，对未来有梦想，并且相信，他们有能力让奇迹发生。为了让人们接受愿景，领导者一定要了解其追随者，用他们的语言说话。领导者在激活他人的希望和梦想时，让他们看到他们完全有可能抓住这样的未来。领导者要不断告诉其追随者，这个梦想符合大家的利益，这样才能使大家努力向着目标迈进。（3）挑战现状。领导者要大胆出击，寻找机会，接受挑战。领导者愿意步入未知世界，他们寻求改革、进步和提高的机会。（4）使众人行。单靠一个人的力量，伟大的梦想无法变成现实。卓越的领导者能让其他人行动起来，他们培养合作精神，建立信任的氛围。（5）激励人心。攀登顶峰的路程艰难而漫长，人们会感到筋疲力尽，有挫败感，不再往前走，他们总想放弃。领导者要鼓舞其追随者前进，用真诚的行动让他们鼓起干劲，奋发前进。

2. 领导行为和领导风格理论

领导特质理论尤其是传统领导特质理论自 20 世纪 30 年代逐渐受到人们的质疑。首先，领导特质理论没有把环境因素考虑进去。许多西方学者在调查研究中发现，领导活动的有效性与领导者在领导过程中所采取的领导行为存在密切的关系。正如斯托格迪尔所指出的，要把一系列领导者特质完全隔离开来，而不考虑环境因素，是非常困难的。一个人能不能成为领导者，并不仅仅取决于他或她是否具备某些特质，同时还要看这些人所具有的特质是不是与当时的情景有关。有些人具有某些特质，这些特质使他们在某一个特定的环境中成为领导者，而在另一个环境中不一定仍能成为领导者。某些人具有一些特质，这些特质有助于他们获得领导地位，但是他们却不具有另一些有助于维持他们领导地位的特质。也就是说，领导行为并不是一种被动的行为，而是来自领导者和其他成员的一种工作关系。情景影响领导过程，离开了领导过程发生的背景，就很难确定普遍的领导者特质。其次，这种理论的主观决定性很大。例如某个作者可能会把具有一定的抱负和创新精神作为领导的关键特质，而另一位作者则可能将权力和成就欲作为关键的特质。在这两种情况中，领导者特质是根据作者的自身经历和观察而得出的，并不是建立在值得信赖的研究基础之上。另外，领导者特质理论重视确定领导者的特质和能力，但它没有研究领导者的特质和能力究竟是如何对群体成员以及对他们的工作产生影响的。

于是，从 20 世纪 40 年代开始，领导有效性的研究转向了行为理论，集中研究领导者的工作作风和行为对领导有效性的影响，即从领导者的行为方式来探索成功的领导模式。领导特质理论强调的是领导者的个性特征，与领导特质理论不同，领导风格理论则强调的是领导的行为。在对领导行为的研究中，按照领导行为的基本倾向，提出了不同的领导方式和领导风格理论。

在领导风格理论研究中比较有代表性的是两维理论，勒温的领导类型理论、菲德勒的领导权变理论以及伯恩斯的交易型和变革型领导理论。

（1）两维理论

在这方面，美国俄亥俄州立大学和密歇根大学进行了大量的研究，确立了有效领导行为的两个维度，即抓任务和关心人。他们的研究认为，领导者的风格基本上由两种主要的行为组成，任务行为和关系行为。任务行为促进目标的实现，他们帮助群体成员达到他们的目标。关系行为帮助下属对自我、对他人、对他们自己所处的环境感到舒服自在。这两种行为是领导过程的核心，无论何时，只要有领导者出现，领导者就会进行着任务行为和关系行为，在某些情境下，领导者具有更多的任务导向，而在其他一些情境下，他们则需要更多的关系导向。同样的，一些下属需要领导者提供更多的指导，而另一些下属则希望得到更多的支持。成为一个有效的领导者就在于如何平衡这两种行为。[①] 而且这两个维度是独立存在的，一个领导者可能在这两个维度上都取得高分数，或都取得低分数。也可能在一个维度上取得了高分数，在另一个维度上取得低分数，由这两种维度形成了不同的领导方式和风格。

（2）领导类型理论

勒温（K.Lewin）的领导行为和领导风格理论认为，存在着 3 种不同的领导方式：专断型、放任型和民主型。专断型领导中，一般以考虑工作为重，注重组织的结构、组织的规章制度以及组织内正式的沟通程序，他们专断独裁，把权力集中在自己手中，支配着群体的决策过程。他们发号施令，要求下属服从，忽视下属的意见，凭借奖惩和权力来进行领导。这

① ［美］彼得·豪斯：《领导学：理论与实践》（第二版），江苏教育出版社 2004 年第 2 版，第 22—24 页。

种类型的特征是：决策权完全掌握在领导者手中，承担全部责任，被领导者对下达的命令是绝对地服从，没有讨论和辩论的余地，领导和被领导者之间交流少，领导者与下属保持着相当的心理距离，等等。这种领导风格的优势是领导活动效率高，办事迅速。但是其最大的缺点是，上下级之间缺乏交流，被领导者的主动性和积极性难以发挥，容易产生恐惧和挫折感，不利于组织团队的成长。

放任型的领导风格是一种回避权力和责任的领导方式。领导者让下属自己来建立自己的目标并解决问题，给予下属独立自主的权利，对他们采取放任自流的态度，不加以约束也不加以指导。群体成员是自我培训和自我激励的，领导者的作用是次要的。下属自己决定目标以及实现目标的方法，领导者的作用仅限于对下属提供信息，充当群体与外部环境的联系人。与专断型领导恰恰相反，这一类型领导方式的特点是领导者放弃一切领导权力，对下属采取自由放任的态度，集体的决策多由下属自行决定，领导者不参与、不干预集体的一切活动，对下属的功过是非，不加任何赞扬和批评。

民主型领导也称参与型领导。采用这种领导方式的领导者，既注重正式组织结构和规章制度的作用，又不完全大权独揽，注意让下属参与决策。这种类型的领导方式的特点是，领导者鼓励下属参与集体讨论和制定有关的政策，决策权由上下级分享。在讨论问题或执行任务的过程中，领导者采取一切公开的态度，与下属分享情报资料，下属的工作由特定的有自主权的部门来检查和监督。领导者根据客观事实，对下属给予表扬和批评，领导者积极参加一切集体活动，与下属没有心理距离。在这三种领导方式中，专断型被认为是以事为重，是抓任务、抓工作型的；放任型被认为是以关心人为重，强调对人的体谅与关心。民主型是对人和对事两头兼顾。勒温认为，这三种不同的领导风格会形成三种不同的团体氛围和工作效率。并且，他们最初认为民主型的领导风格似乎会带来良好的工作质量，同时，群体成员的工作满意度也会较高，因此，认为民主型的领导风格也许是最有效的领导风格。但是，在后来的研究中，发现结果似乎更加复杂。民主型的领导风格在有些情况下，会比专制型的领导风格产生更好的工作绩效，但是在另外一些情况下，民主型领导风格所带来的工作绩效可能比专制型领导风格所带来的工作绩效低，或者仅仅与专制型风格所产生的工作绩效相当。在群体满意度方面，通常民主型的领导风格的工作满意度要比专制型领导风格所产生的工作满意度高。勒温认为，在实际的组织领导中，很少有极端型的领导，大多数领导都是介于专制型、民主型和放任型之间的混合型领导风格。

（3）情景与权变领导理论

在关注领导行为的研究中，人们总是在努力寻找一种合适于所有人的最佳的领导方式，但是这种愿望始终没有实现。于是人们渐渐地认识到，情景因素对于领导有效性起着重要的作用，领导的各种权变理论便应运而生了。它们强调领导是由任务和关系两个维度构成的，每一个维度都应被恰当地应用于一个给定的情景，领导是一个动态的过程，领导的有效行为应随着被领导者的特点和环境的变化而变化，其着眼点在于具体情景中的领导。在领导情景与权变理论中，主要有菲德勒的权变理论、赫塞的情景领导理论等。

菲德勒认为任何领导行为都可能有效，其有效性取决于所处的环境是否合适。他指出，影响领导行为有效性的环境因素主要有三个：一是领导者与成员的关系。领导者是否受到下级的喜爱、尊敬和信任，是否能吸引下级并使下级愿意追随他。二是职位权力。领导者所处的职位能提供的权力和权威是否明确、充分，在上级和整个组织中所得到的支持是否有力，对晋升、用人、奖励等的影响程度是大还是小。三是任务结构。指工作团队要完成的任务是否明确，有无含混不清之处，其规范和程序化程度如何。菲德勒根据上述三个变量，来评估领导情景，即领导者与成员关系或好或坏、任务结构或高或低、职位权力或强或弱，这三项权变变量综合起来，得到 8 种不同的情景，每个领导者都可以从中找到自己的位置。菲德勒认为，领导风格是与生俱来的，人们不可能改变自己的风格去适应变化的情景，因此，要提高领导行为的有效性，实际上只有两种途径，一是替换领导者以适应领导情景，二是改变情景以适应领导者。他还提出了一些改善领导者成员关系、职位权力和任务结构的建议。比如可以提高下属的专业技术和文化水平、可以详细布置工作内容、使工作更加具体明确、可以通过变更职位充分授权等。

赫塞的情景理论将下属的成熟度作为一项权变变量来考察。这个理论的要点是，领导者的行为要与被领导者的成熟度相适应，才能取得有效的效果。所谓成熟度就是个体完成某一具体任务的能力和意愿的程度。在一个组织中，下属的成熟度的平均水平有它的发展过程，即不成熟——初步成熟——比较成熟——成熟。在这四个阶段中，领导方式不是一成不变的，而是要随之改变，要根据不同的情况采取授权式、参与式、推销式或指导式的领导方式。

（4）交易型与变革型领导理论

20 世纪 70 年代著名政治学家、领导学大师詹姆斯·伯恩斯（James MacGregor Burns）在其著作《领袖论》中首先提到了这种理论，即交易型和变革型领导理论。他认为，交易型的领导行为是以奖赏方式来领导下属工作，当下属完成特定的工作后，便给予承诺的奖赏，整个过程好像一场交易。这种类型的领导是通过明确角色和任务要求而指导和激励下属向着既定的目标活动，在实现组织目标时给予奖励，在未能达到目标时纠正错误，通过与追随者建立交易关系满足其自身利益。变革型的领导除了引导下属完成工作任务外，还会以领导者的吸引力，通过对下属的激励，刺激他们的思想和对他们的关怀，变革他们的工作态度，对工作的信念和价值观，使他们为了组织的利益而超越自身利益，从而更加投入地工作。变革型的领导方式可以使下属产生更大的归属感，满足下属高层次的需求，获得高的生产率和低离职率。

到了20世纪80至90年代，社会组织环境发生了极大的变化，科学技术迅猛发展进步，组织的任务更加复杂，信息化的剧烈冲击，伴随这些变化而出现的是劳动力多样化、激烈的竞争压力和组织全球化。在这种新形势下，传统的管理方式已经失去了其固有作用，领导者和下属成员之间出现了新的、更复杂的相互依存关系。

面对领导实践活动出现的挑战，一些领导学学者对这种理论又进行了详细的阐述，他们研究面向未来而非侧重现在的领导风格，以及研究通过鼓励追随者对组织的承诺和提高为组织做出创造性贡献的能力而强化组织的领导风格。并认为变革型的领导风格所倡导的尊重、信任、关怀，这种重视与追随者建立良好关系以实现目标的理论是当今社会所需要的。具有变革型的领导人通过得到追随者的信任和获得自信，将自己树立为榜样人物，他们描绘组织目标、形成达到目标的计划并激励追随者，通过指导和授权，鼓励下属发挥潜能，所有这些都能更有效地为组织做出贡献。于是，变革型领导作为一种全新而富有生机的领导理论开始进入领导实践领域，并在领导理论研究中迅速传播开来。

（5）服务型领导理论

服务型领导理论是由美国学者鲍勃·格林利夫（Greenleaf）首先提出的。在1970年出版的《服务型领导》（The Servant as Leader）一书中，格林利夫明确提出了服务型领导概念，他的这一思想后来被称为服务型领导思想。他认为："服务型领导首先是一名服务者，他始于乐于服务的天性，仅仅是去服务，然后才是有意识地选择去领导他人。检验一个人是否是服务型领导者的最好办法是：在他的领导下，得到他服务的人是否真正在进步，是否变得更健康、更自由、更聪明和更加自主。”格林利夫的服务型领导的构想，来自诗人赫塞所著《东方之旅》一书。这本书的内容是描述一群人筹划一次神秘的东方旅程，整个旅程中关键人物乃是大众的仆人里奥，他听从主人们的吩咐，打理琐事，常穿梭在不同主人间扮演协调沟通的角色，逐渐地，主人们习惯听从他的安排，有一天里奥突然失踪，众人便陷入了空前恐慌当中，此时各人才深深察觉到，里奥已成为攸关全局的重要人物，没有他的领导，众人根本无法成事。里奥表现的“仆人式领导”，就是甘于隐藏本身，透过具体协助别人，从而达到整体的使命。

服务型领导在本质上是对传统领导的超越，是现代领导的核心。没有服务精神，不愿意承担服务的人，绝不会成为一个合格的现代领导者。从根源上说，领导的服务本质不是由领导者个人的品质和个人的行为决定的，它是社会发展到一定阶段后出现的诸多因素的必然结果。从领导活动发展的规律看，现代社会领导者要更加注重组织的人文环境。随着时代的变化，领导方式也要发生变化，知识社会的出现以及信息网络的高速发展，人民群众受教育程度越来越高，他们的自主性和胜任能力越来越强，知道在合适的时候去做合适的工作，知道干什么，怎么干，知道自己的使命和责任，甚至知道如何去“享受”工作，他们要求有更加宽松的工作环境，受到尊重和关怀。在这种环境下，过去的那种死板的官僚主义的领导方式，命令加控制的方法就难以奏效，正如惠特利曾经说过的，在不同的时代，对领导者有不同的要求，不同时代的领导者需要具有不同的领导风格、不同的行为类型。但我在服务型领导理论中发现了现在的世界所缺乏的东西，即对于人类自身最基本的尊重。[1]服务型领导理论强调，在服务型领导中领导者的作用在减弱，被领导者的作用在增强，领导者的权力影响力在减弱，非权力影响力在增强。在这种领导环境中，领导者就不能总是处在领导活动的中心和舞台，去决策、去指挥、去组织、去动员、去先觉觉后觉，而是要处于领导活动的“边缘”，去远景规划、去战略选择、去辅导、去协调、去沟通、去服务、去提供必要的条件和环境。此时，处于领导活动中心的则是被领导者，他们自我设计、自我领导。

服务型领导在今天得到了越来越多的支持和赞同，在他们看来，只有领导者从中心退到边缘，才可以有更多的精力更好发挥服务作用，从纷繁复杂的事务性工作中解脱出来，多一些服务，少一些命令；多做决策，少具体操作；强化大事，弱化琐事，才能充分调动群众的积极性和创造性，变原来的“让我干”为“我要干”“我能干”“我敢干”。领导者只在员工需要帮助的时候才出现，员工是在一种“享受”工作中接受领导，完成任务，心悦诚服地改变思想和行为。

服务型领导理论自20世纪70年代兴起，迄今已拥有极大的影响力，尤其是近年来，该理论在西方受到广泛的关注。每年都有大量相关著作问世，有的大学还设立了专门的“服务型领导”课程，大量的组织机构视其为领导理念和行动指南，如西南航空公司、星巴克咖啡公司等也视其作为组织的理念。可以看到，服务型领导是对全能型领导和权威式领导的批判、反思和超越。这种理论认为，伟大的领导者首先应当是服务者，他们要把自己放在底部，激发他人的能量、才能和热情。它的核心要义是以下属为中心，领导者不是靠前，而是靠后，不在中心，而在边缘。领导首先要怀有服务他人的意愿。上下级的关系不是领导者与被领导者的关系，而是领

---

① ［美］拉里·C. 斯皮尔斯、米歇尔·劳伦斯编著：《服务型领导：卓有成效的管理模式》，人民邮电出版社2006年版，第158页。

导者与追随者的关系，追随者不是出于对权力的服从，而是出于对领导者非权力因素的感召。同样，对于政府在公共行政中的角色，也应加以改变。公共行政在公共治理系统中要扮演服务者的角色，政府起到的不是控制、驾驭而是协商的作用，是凝聚社会的力量，促进公民的参与和表达，帮助民众实现社会共同利益。

从服务型领导产生的根源来看，它其实体现了社会发展的趋势，是现代社会对领导的必然要求，是不以领导者的主观意志为转移的，这种变化要求无论是领导者还是政府都要做出变革。当今社会，服务本质已成为评价领导者是否合格的重要标准，领导者要主动把握和顺应这一趋势，掌握服务的规律，提升服务水平。

尤其到了 21 世纪，人们发现领导成功的关键已经与 19 世纪和 20 世纪有很大的不同，传统的官僚组织模式和领导方式受到了挑战，人们积极寻找新的组织形式和领导方式，新的领导行为理论得到了极大发展。在这些理论中还有领导替代理论、自我领导理论、以价值为本的领导理论等。这些理论是对以前的领导行为理论的辩证发展。一方面，这些理论认为，知识经济时代的领导方式要对传统的领导方式进行彻底的变革，领导者应该给予下属很大的自我控制权。另一方面，这些理论也继承了传统领导理论的优点，并不是简单地反对领导，取消领导，认为领导者一定要成为放任自由型的领导者，而是认为，由于下属的成熟度和自我独立意识的增强，领导者更要注意引领、指导、帮助、服务。

二、女性领导风格理论

在传统的领导风格理论的研究中，性别并不是一个考察的视角。性别因素往往是被排除在领导理论研究之外的。但是，随着女性领导实践的深入，女性领导这一特殊的群体正在逐渐进入理论研究者的视野，成为关注的焦点。人们开始从性别视角研究女性领导者的特征、行为、言语、奋斗历程、成长路径，倾听来自女性的声音，关注女性领导特质、风格、工作环境、发展障碍、工作绩效。毫无疑问，在领导研究领域，性别作为一个重要因素已日益凸显其重要性。与此同时，一种新的理论——女性领导风格理论开始出现，即认为女性具有独特的性格特点，如合作、关怀、有教养和魅力，这些特质符合领导发展的要求，可以成为有效领导的重要因素，从而给女性领导带来许多男性无法比拟的优势，因此，主张由女性实践新的领导类型。目前，这一理论正在社会政治经济领域、媒体、领导培训项目及日常生活中开始为人们所熟知。

（一）女性领导风格理论产生的背景

1. 信息时代领导环境的变化

20 世纪后期，由于信息技术的快速发展以及全球化的影响，组织环境发生了剧烈的变化。急剧的产业结构变化，即经济社会的部门分散化、制造业的柔性化以及知识产业的扩大化，使企业经营方式以及获得竞争力的战略发生了根本性的变化。这种知识和信息的创造与扩大将成为企业和个人竞争力的源泉，人力资源的竞争力不再是力量而是智慧，劳动的形态将不再凭借体力，而是头脑和智慧。比起劳动力的性别，个人所具有的专业知识和技术能力更为重要。这种变化有利于具有情感性与人性化竞争优势的女性。同样，在社会领域里，由于信息技术的快速发展，民主化进程的加快，政府治理理念也在发生变化。在组织领导中，不论产业技术如何发达，左右组织成败的关键仍然是人，是引领该组织的领导团队。过去以制造业为中心的、上传下达式的、命令式的领导方式和体制，已经不能适应全球化时代的要求，而与创造性、感性、艺术性等相关的女性化特质更适合于这个新时代的变化需求。于是，人们发现，女性特质似乎正适合了这种要求。领导学大师亨利·明茨伯格在《关于管理的十个冥想》中提出：“组织需要培育，需要照顾和关爱，需要持续稳定的关怀。关爱是一种女性化的管理方式，虽然我看到很多优秀的男性领导正在逐步采用这种方式。但是，女性还是更有优势。”德鲁克也认为，在信息时代，成功的关键不仅在于拥有知识与技术，而且在于具有独到的眼光和组织知识、人才的超强能力，他曾明确指出，“这种时代的转变，正好符合女性的特质”，高度肯定了女性领导者的价值。同样，未来学家翠西娅·阿伯丹和约翰·奈斯比特（Aburdene and Naisbitt，1992）也提出：女性在劳动力市场上居于弱势的年代即将过去，随着教育程度提高、社会转型以及企业的需求，女性对于工作生涯的发展，将掌握更多的选择权与自主能力，女性领导者是未来组织发展最需要的力量。

2. 组织结构和员工的变化

现代社会由于竞争环境的加剧，为适应快速变化的环境，促使组织结构由过去纵向垂直的形式向横向扁平化方向变化，这种组织结构的变化必然带来组织内部命令传递方式的变化。过去纵向垂直的组织结构的特征是自上而下的沟通方式，而扁平化的组织结构是以团队为中心的柔性组织结构。它具有自由、开放的沟通方式，能够共享资源，并能有效地解决复杂问题。[①] 同时，这种组织结构打破了组织原有的论资排辈现象，它更加注重沟通协调，合作和共享，强调以人为本，注重人际关系的和谐。

此外，在知识经济与全球化的时代，员工的工作观与价值观正在悄然变化，尤其是具有创造力的知识工作者，必须要有一个自主性高、有进修机会的工作环境才能发挥其潜能。员工价值观、工作观所产生的深刻变化正促使企业领导者的领导风格产生变革来适应员工的需求。正如沃伦·贝

① 石庆华：《全球化时代女性领导力的新范式》，《延边大学学报（社会科学版）》，2008 年第 41 卷第 6 期。

尼斯（WarrenBennis）在其新作《成为领袖的领袖》中所阐述的：在21世纪，领导者面临的主要挑战是如何释放本组织的智力资本，这种挑战与20世纪完全不同……而这首先要求领导者要有足够的自信和自尊能够感到什么时候需要什么样的能力，他不断地学习，不断地重塑自己，不断地重新设计自己的领导风格。

3. 领导和管理方式的变化

伴随着组织环境的变化，出现的是劳动力的多样化、激烈的竞争压力，组织中新的更加复杂的相互依存关系以及人们的工作和价值观的变化。显然，在这种变革的时代，传统的管理和领导方式已失去了固有的作用，领导要想取得效果就要改变原有的运用组织所赋予自身的权力来进行控制与管理的权力导向型和专制型的领导风格，实施以人为本的人性化领导，即领导者要理解人、尊重人、充分发挥人的主动性和积极性，关注员工的自我发展和成长、自我成就感的实现和满足、强调团队合作精神等，这是一种关系导向型、偏好交互式的人性化的领导风格。知识密集型产业不仅重视柔性化的领导方式，同时特别强调用敏锐的感性和直觉的方式解决问题。所谓感性和直觉的方式是指在信息非常有限的情况下，能够快速做出判断的方式。这种直观的感性不仅仅是靠观察和实际数据，而是直观地、自由地进行思索，并能根据预感来解决问题。具有这种感性能力的人与进行分析思考的人相比更具竞争力，能使人处理高度复杂的事务。不仅如此，具有敏锐感性和直觉的人在团队建设和领导方面也是非常有用的。他可以让领导者更关注员工的认识和态度，并能够敏锐觉知到隐藏在组织氛围内部不能用语言来表达的一些问题，找到组织机构可能存在的隐患。

4. 社会性别关系的发展变化

现代社会的发展使人们的生活方式和价值观也发生了巨大的变化。随着女性受教育程度的提高，提高和促进女性平等参与公共政策的推进，越来越多的女性参与到社会政治和经济领域中，并开始扮演重要的角色。在全球范围内，这已是不争的事实。这种变化自然会带来家庭和社会中女性地位的变化，女性不再只是家务劳动的承担者，而是与男性一样拥有协调工作与生活的权利，并将成为家庭收入的主要承担者。社会生活方式和社会实践的变化也促进了社会性别观念的改变，从而改变了企业的组织文化，带来组织人事制度的变化。

5. 领导理论和理念的发展变化

通过上述对领导理论研究尤其是领导行为理论研究发展脉络的梳理，我们不难发现，随着社会的变迁，领导行为和风格越来越趋向于柔性化、简约化、隐性化和自主化，领导者要想发挥影响力，越来越依靠的是软权力而非硬权力，领导者的角色已经从传统的控制者、命令者、发号施令者转变为了倾听者、导演、领航员、教练员。传统的英雄主义的领导已经被现代的以人为本的平民化的领导所替代。

这种人性化的领导风格是建立在以男性为主导的“鲨鱼式”的领导作风之上的，是一种关系导向型、偏好交互式的柔性领导风格，也有人把这种领导风格称为海豚式的领导。这种风格强调领导者通过处理好人际关系和有效的信息沟通并尽量以关怀、说服、民主参与、协商等方式来进行领导。可以看到这一趋势鲜明地体现在领导行为理论的发展历程中。领导理论和理念的变化为女性领导的出现以及女性领导理论研究提供了基础和土壤。

此外，随着越来越多的女性领导者活跃在各行各业，她们的成功经验和案例也为正在兴起的女性领导风格的研究提供了资源和动力。于是，从女性主义的立场出发，一些研究者认为，女性之所以取得成功是因为女性具有和男性不同的特质和性别优势，这对领导活动的有效性具有重要影响。性别是形成独特认识的重要因素，女性生为女孩儿，然后成长为女性，这个过程提供了男孩儿和男性们不可能得到的经历和其他许多可能性。而女性领导同样具有不同于男性的领导特质和风格，它同样甚至更有价值，更符合当今社会变迁中对领导的要求。于是，女性领导风格理论逐渐进入研究者的领域，并成为女性在领导实践中倡导的领导方式。

（二）女性领导风格理论的基本观点

传统的领导研究大多关注男女性别的差异上，它是基于传统的性别刻板印象，认为女性不适合担当领导者角色的观点之上的。然而，从 20 世纪 90 年代早期开始，在社会学、领导学以及女性学研究高度发展的背景下，女性领导的研究成为领导学研究的一个重要组成部分，受到研究者的高度关注。

1990 年，美国女性职业顾问赫格森（Helgesen）在《女性优势》一书中提出了女性领导风格理论，她认为，由于具有不同的社会经验，女性较男性具有更好的人际交往技能、教养和敏感性，因而女性可以成为很好的领导者，女性的领导方式比男性更有效和更人性化。[①] 她还指出，女性领导将自身的柔性气质运用到领导实践之中，让员工体验到一种柔性关怀，与男性的刚性领导和对权力欲望的追求相比，女性领导的下属更容易接受这种人性化管理，因此，这种领导方式在一定程度上比男性的领导更加有效。

自赫格森（Helgensen）提出女性领导风格学说之后，她的观点得到了很多学者的支持，他们普遍认为两性领导风格有显著差异，并且提出女性领导风格可能更有效的观点。在这方面比较典型的是朱迪·罗森纳（Judy

---

① Sally Helgesen, The female advantage: Women's way of leadership [M].New York : Doubleday, 1990.P31.

B. Rosener)。朱迪·罗森纳(Jody B. Rosoner)在《哈佛商业评论》上发表了“女性领导方式”的文章。[①] 她指出，那些突破玻璃天花板的成功女性领导者，发展了一种不同于男性的领导方式，这种领导方式是从她们作为女性的经历中演变出来的。这一方式显著地增强了组织在不确定环境中生存的机会。通过调查和统计分析，罗森纳(Rosoner)提出，男性多数采用的是一种交易式的领导方式，并且，男性领导者更倾向于使用组织所赋予的职位权力和权威，采用的是一种控制性和命令式的领导方式。相反，女性领导者采用的是一种变革式的领导方式，即通过设计一个更宽的组织目标，将下属的个人兴趣融合到组织当中，在实现组织目标的同时实现个人目标。并且，女性领导者更倾向于认为自己的权力来自个人魅力、勤奋工作以及与下属之间的个人关系，而不是来源于在组织中的地位。女性领导者通过鼓励下属参与、提高下属的自尊、自我价值实现、热望及调动和激励下属等手段，形成了明显区别于传统的命令——控制型领导方式，即授权式、激励式和互动式领导方式。

那么，女性为什么会形成这种领导方式呢？罗森纳(Rosoner)认为，这主要是由于社会对女性角色的期望和女性的成长经历两个方面的原因造成的。社会往往期待女性具有合作、宽容和关怀他人的品质，在这种社会期待中成长的女性，逐渐形成了一种认识，即女性如果需要取得成功，就需要依赖他人的力量，需要协作和互助。罗森纳(Rosoner)还认为，这些成功的女性领导者之所以取得成功，除了她们采用了有别于男性的领导方式，其背景因素至少有两个方面：第一，组织的快速成长、组织环境的剧烈变革。急剧变化的领导环境使得新的领导方式能够被下属所接受，而女性在人际关系处理上的突出能力会给组织注入新的活力。第二，组织中

---

① Rosoner Jody B, Ways women lead [J]. Harvard Business Review 1990 (6).

明确的业绩评价体系。女性在具有明确业绩评价体系中具有优势，因为在这种环境中，对领导的评价所凭借的是人们的业绩和能力，这时，传统的性别观念和陈腐的思想对人们的影响力会下降，甚至会改变人们的观念。

艾格利（Eagly）和约翰逊（Johnson）认为，女性领导者更为倾向于采用民主型或参与型的领导风格，而非采用专制型或者指导型的领导风格。她们鼓励下属成员积极参与，与他们共享信息，并努力提高下属的自我价值和自尊。她们通过其领导魅力、专业知识和人际关系、沟通协调技能来影响他人，善于将下属的自身利益和组织目标有效融合起来，善于运用授权和关怀而激励他人。他们在研究中还发现，一般而言，女性比男性具有更多的社会沟通和人际关系处理技能，因而更适宜于担任中层领导者的角色。①

加拿大的学者安妮斯（Annis ）和芭芭拉（Barbra）也是女性领导风格理论的积极倡导者。她们认为，领导岗位上的女性，往往要接受以前由男性同事建立的对领导者的评判标准，为了取得成功，女性领导者经常不得不向其靠拢。但是，进入新世纪以来，这种情况发生了巨大的变化，全球化的加剧、激烈竞争的环境、信息技术的巨大冲击、组织成员的变化、组织自身的快速成长、领导与下属之间长期领导关系的破裂等，为女性领导者采用女性领导风格提供了条件。一方面，急剧变化的组织内外部环境和组织的快速增长，使得传统意义上依靠权力和权威获取信息和使下属服从的情况发生了变化，组织要想健康发展，必须从组织各个层次获取准确及时的信息，而女性化的领导风格鼓励下属参与，注重提高下属的自我价值，为组织获取信息提供了条件；另一方面，由于剧烈的组织环境的变革

---

① Eagly A. H., Johannesen-Schmidt. M.C., Engen M.L., Transformational, Transactional, and Laissez -faireLeadership Styles: A meta-analysis Comparing Women and Men［ J ］. Psychological Bulletin, 2003,（4）: 129: 569-591.

和组织结构的重组、稳定的工作职位、领导者与下属之间长期稳定的关系不复存在了，下属具有了更多的自主性和自由选择的机会，领导者也无法使下属忠诚于组织，组织失去了聚合力。女性领导者参与式的领导风格使组织成员们具有实现自我的机会，满足了下属的需要，而且因为领导者的关怀和鼓励，下属对组织的忠诚度也会随着上升。因此，现在正是女性领导者展现自我风采的大好时机，不用再模仿男性领导者的风格了。①

美国管理学家斯蒂芬·罗宾斯（Stephen Robbins）认为，女性领导和男性领导确实存在着不同的领导风格。相对于男性，女性更倾向于采用民主型和参与型的领导风格，较少采用专制型或指导型的风格。女性更乐于鼓励、参与、共享权利与信息，并努力提高下属的自我价值。男性乐于使用指导型、命令加控制型的风格，他们以自己所在岗位所赋予的正式权力作为影响基础，通过奖励优异工作、惩罚不良行为实施领导职能，而女性则通过包容进行领导，并以她们自己的领导魅力、专业知识和人际交往能力来影响他人，倾向于运用变革型的领导方式，通过把员工的自身利益转化为组织的目标来激励他人。美国学者贝尔斯（Bales）认为，在组织中，任务的性质以及完成的有效性与性别有关，男性的性格倾向于任务导向的领导风格，女性的性格倾向于关系导向的领导风格。

在我国，近年来，对女性领导行为和风格的研究也为学者们所关注。忻依娅、梁巧转曾经采用走访调查的方法，于2001年9月至12月在西安、济南、上海、广州、深圳、海南等地对65个企业的300多位员工进行了有关领导风格、离职影响因素的问卷调查，利用SPSS统计分析软件中的方差分析、非参数检验和因子分析等方法，研究中国企业背景下领导风格性别差异问题。结果发现，所研究的受访者对控制下属、独立决策、监控

---

① Annis & Barbra, Men and women in leadship［J］. Canada Management 1995（4）.

组织、权力管理、个人关系网、说服管理、良好信息沟通、魅力管理八项领导风格偏好中，仅有建立良好的个人关系网在两性间无差异，其他七项在两性间均有不同程度的差异。同时，从因子解释方程的系数分析，忻依娅、梁巧转认为，女性更注重个人关系、沟通、魅力管理等关系型的领导能力。她们将男性领导风格偏好概括为三种类型：（1）关系导向型、偏好交互式的领导风格。该领导风格的领导者通过处理好人际关系和有效的信息沟通以及尽量以说服的方式来进行领导。（2）权力导向型的领导风格。该领导风格的领导者运用组织赋予自身的权力来进行控制与管理活动。（3）专制型的领导风格。该领导风格的领导者比较专制、独裁，且倾向于通过控制下属达到管理的目的。她们从系数上分析得出结论，男性最偏好于权力导向型的领导风格，这与女性的领导风格恰好相反。[①] 显然，这一结论与理论界普遍认为的，女性比男性更倾向于关系导向型而非任务导向型的领导风格相吻合。

胡剑影等学者认为女企业家存在人本型领导、变革型领导、转换型领导、和谐型领导和交易型领导五种领导模式。[②] 李鲜苗等学者的研究认为，性别特征与领导风格的影响程度具有明显的情境限制，在不同的文化情境、不同的宏观经济环境下，交易型领导和变革型领导两类领导风格的作用程度不同。[③]

学者李六珍和张磊等认为，传统的女性性别角色期待和领导角色期待之间的不一致使得女性经理人面临角色偏见，影响她们领导力的发挥。在现代机构中，变革型领导风格成为新型而有效的领导模式。而变革型领导

---

① 忻依娅、梁巧转：《领导风格性别差异因子分析》，《经济管理·新管理》2004 年第 8 期。

② 胡剑影、蒋勤峰、王重鸣：《女性企业家领导力模式实证研究》，载《上海交通大学学报》（哲学社会科学版）2008（6）。

③ 李鲜苗、罗瑾琏、霍伟伟：《基于 Cross-TemporalMeta-Analysis 方法的性别特征与领导风格及跨文化比较研究》，载《科学学与科学技术管理》2012（5）。

风格与女性角色期待有很高的一致性，这为女性在领导领域获得更多机会奠定了基础。她们用元数据分析发现，女性领导在变革型领导风格上的既有优势，并认为女性领导有望在领导领域获得更大成就。[①]

卡克（Kark）等指出，当领导者兼具男性和女性双性化特质时，变革型领导对下属的影响，比非双性同体特质者更大；柔性化领导方式对领导绩效的影响大于刚性化领导方式。[②]

女性领导风格理论讨论女性领导者与女性化领导的出发点都集中在，强调女性特质是女性领导的优势之处。支持女性领导风格理论的学者们认为，女性和男性在领导上的特征与风格是有差异的，女性本质上优于男性之处，在于女性具有母性，即包容、谅解、和平、温柔、比较会替人着想等，这些特征对于组织的运作有着重要作用。

虽然从女性主义的立场来看，女性领导理论具有一定的政治倾向，以追求两性在领导领域的平等机会，提高女性地位，发挥女性领导潜能为目标。但在学术界的广泛讨论以及现实的领导实践中，女性领导风格理论的支持者并非都是女性，他们对领导风格的研究更多的是基于对领导特性以及领导过程复杂性的理解，对现代社会组织领导转型中领导创新的新探索。

（三）女性领导风格理论的基础

从本质上看，性别刻板印象和性别差异观是形成女性领导风格理论的根源。传统的性别刻板印象一般认为女性是温柔、善良、依赖性、主观、感性的，而男性是独立、客观、理性、果断的。在传统的领导领域，女性

---

① 李六珍、张磊：《女性性别角色和领导角色冲突及其应对策略》，载《兰州学刊》2009（3）。

② Kark. R., Waismel-Manor. R., Shamir. B., DoesValuing Androgyny and Femininity Lead to a FemaleAdvantage ? The Relationship between Gender-role, Transformational Leadershipand Identification［J］. TheLeadership Quarterly, 2012, 23（2）: 620-640.

往往被认为是过于软弱和情绪化的，不能成为有效的领导者。与此相反，女性领导风格理论则赋予女性刻板印象以正向的价值，认为，随着社会的变迁，组织环境也正在经历着快速的变化和成长，这使得权威型、命令型的男性主流的领导模式正被人性化、情感型的领导模式所取代，而女性由于具有感情细腻的心理特点，并善于把这一优势融于领导之中，以其独特的性别优势与这种潮流自然地融为一体，从而形成女性独特的柔性领导风格。于是，女性刻板印象与领导特质在新的领导情景和实践要求下得到了契合。

（四）女性领导风格理论的消极影响

虽然对领导风格、领导行为进行性别化的区分，从一定程度上对女性是有利的。女性也可以充分利用这种优势，采用有效的领导策略，发挥领导潜能，可能会有助于女性晋升到某些领导岗位，尤其是那些适合女性的工作，然而如果一味坚持性别界限，认为女性具有特定的领导特质，女性只适合某种领导方式却是具有消极作用的。因此，有学者指出，在领导特征和品质方面要尽可能消除性别界限，为男性领导和女性领导创造更平等的工作环境。女性领导风格理论的消极影响主要表现在以下几个方面：

1. 排斥女性参与领导实践

女性领导风格理论在实践中有可能导致对女性领导的排斥。首先，在某种工作领域，女性由于她们特殊的“适合”女性的领导风格而受到肯定，那么，在另外一些工作场所，这种领导风格就被认为是不合适的，女性也相应会被排斥在领导层之外。比如，当重视合作、情感丰富、亲切、温柔、富有同情心、重视人际关系、柔性领导等这些被视为是女性所独有的领导特质和风格时，那么，一般就会认为她们不适合其他的比如要求果断、强硬、坚定、主动、指令性、要求任务导向等的领导工作和任务。角色一致性理论认为，当女性刻板印象和领导角色不一致时，她们成为领导的可能性就不如男性同伴大。戈曼（Gorman）在对美国大型律师事务所人才招聘的研究中也发现，当选择标准中含有刻板的男性特征时，女性被录取的机会很小。当选择标准中包含更多“女性”特质时，她们在应聘者中就会更突出。[①]其次，在一些领导情景中，如果一些女性没有表现出相应的被认为是属于女性的领导风格，她们就会受到忽视，其能力和行为就会遭到质疑。比如，一个具有果断、刚毅、主动、威严、独立等性格特质的女性领导，往往会被人们冠以“女强人”这一具有负面价值倾向的词语，被人们视为是具有男子气的女性领导，显示了人们对其的排斥和反感，她们也常常会受到不公平的待遇。总之，女性领导风格由于过于主张女性要以特定的女性方式进行领导，从而会使领导行为发生倾向性的改变，进而导致女性工作成绩得不到应有的尊重和信任，甚至会因为能力强而受到负面的影响。此外，由于刻板印象形成了对女性重视人际关系、热情和柔性领导的期望，如果表现出倾向于主动或指令性的方式，她们就必须承受来自各方的压力。

美国沃特豪斯价格公司诉霍普金斯案（Price Wate rhouse v. Hopkins）就是一个很好的例子。安·霍普金斯（Ann Hopkins）是美国国际性会计公司 Price Waterhouse 的高级主管，她是“非常出色的专业人员”“能力强、有智慧”“优秀和坦率的、成绩突出、精力旺盛和富有创造力”，然而，一些同事却把她形容成“具有男子气概的”或“是女人有点浪费了”，还有人建议她“去礼仪学校上上课”。1982 年她被提名为公司合伙人，股东会却因为她的女性身份，拒绝了这一请求。此后，公司再次拒绝提升她为合伙人，并且告诉她“走路、说话和穿衣要女性化一些，要化妆，要跟上潮

① 芭芭拉·凯勒曼、德博拉·L. 罗德编著，张素玲等译：《女性领导力：现实与挑战》，东方出版中心 2007 年版，第 72 页。

流而且要戴珠宝”。[①] 这一案例显著体现了女性领导风格理论通过预先设立女性领导的种种特质从而使那些无法满足期望的女性受到歧视和伤害。而且，当女性在并不女性化的领导职务中表现得特别优秀时，却易于受到不公平的待遇。

因此，女性领导风格会导致特定工作类型排斥女性，以及特定女性类型受到工作排斥的状况。尤其是对于那些在男性工作领域里，女性必须通过自信的言语和处于优势地位来凸显自己的能力，但女性的这种自信和优势的表现使她们不受人喜欢，无法充分发挥影响力。研究者还研究了人们对在典型的男性工作环境中取得成功的女性的反应，结果发现，当报道女性获得成功时，参与者对她们的喜爱程度明显降低，对她们的个人攻击比同样成功的男性多。另外，人们对女性领导的不受欢迎也反映在职业发展过程的其他方面，比如，对其整体评价更低，她们获得的报酬更少。在男性类型工作中，取得成功的女性在人际关系上是不受欢迎的。研究指出，女性可以是既有能力又受欢迎的，但她们还必须证明自己符合刻板印象对她们的规定；只有当她们明确地被描述为是乐于服务他人、关怀他人，热情的，评价者才会认为，她们是可爱的。

2. 夸大了领导的性别差异

女性领导风格理论夸大了基于性别刻板印象的领导差异。田野研究和试验研究得出的结论表明，男、女领导风格间的差异是很小的，但这些差异通常会被研究人员和数据解释人员过分强调和夸大。众多的研究也发现，尽管女性领导可能与男性同行以同样的方式行事，对她们的群体有同样的影响，然而，人们却可能以不同的方式来评价她们。因此，巴斯在综合了众多研究后认为，两性领导者领导风格之间的差异更多的是刻板印象

① 芭芭拉·凯勒曼、德博拉·L.罗德编著，张素玲等译：《女性领导力：现实与挑战》，东方出版中心 2007 年版，第 73 页。

的期待，而非事实。男女两性之间的领导风格差异是被认为的，而并非实际行为上的差异。

可以看到，女性领导风格理论忽略了男女领导之间的相似之处，夸大了男女之间存在的差异，认为女性领导者与男性存在截然不同的方式，把女性描述成了完全不同于男性的领导群体。当超越了真实行为只注重刻板印象时，这种歪曲就尤其明显。如果这样，他们就忽略了男女之间的相似之处。正如美国大法官桑德拉·戴·奥康纳所说："人们常常会问我，女性是否具有独特的法庭决断风格。我的回答是，人们在做出决定时，不仅仅是性别，而是他们整个的生活经验在起着重要作用。"美国俄克拉荷马州前高等法院法官吉恩·克伊恩（Jeanne Coyne）也说过，"一个富有智慧、上了年纪的男人和一个富有智慧、上了年纪的女人会做出同样的决定"。①

3. 形成和改变女性的领导行为

由于女性领导风格理论鼓励和提倡一种女性化的领导方式，人们因而对女性领导特质和风格有一种强烈的期望。在一些情况下，男性和女性可能都以同样的方式进行领导，但由于人们受到对女性期望的影响而认为他们的领导方式是不同的。长期下去，男女两性可能真的开始以不同的方式进行领导。对女性领导者而言，由于这种基于性别的领导期望，她们可能开始以照着社会期望的行为方式描述自己的领导行为，并真的开始以这种方式进行领导，行使权力，直到符合刻板印象。而社会舆论、男性领导、上级、追随者对表现出所期望的领导特质和风格的女性领导，常常会做出更积极的反应，作为对这些行为的正面回馈。于是，信念和期望可能成为女性领导自我实现的预言，她们也因此被塑造成用特定的所谓女性的方式

---

① 芭芭拉·凯勒曼、德博拉·L. 罗德编著，张素玲等译：《女性领导力：现实与挑战》，东方出版中心 2007 年版，第 2 页。

进行领导的领导者。性别角色和特定的性别规范可能通过“内化和外化”的方式对领导产生影响。总之，人们希望女性怎么做，女性认为自己理应怎么做和女性怎么开始做就这样结合在一起了，共同塑造女性形成了女性领导特质和风格。

研究发现，人们常常从性别角度认识和理解自己的领导行为，性别刻板印象一旦深入自己的头脑中，人们就会按照这种刻板印象来塑造自己，描述自己的领导行为，这时，领导差异就由此出现了。克利夫（Cliff）、兰顿（Langton）和奥尔德里奇（Aldrich）在对数百所公司进行研究后发现，公司所有者的性别对公司官僚政治或工作关系的女性化没有产生影响，而且研究结论显示，男性领导和女性领导混合使用刚性或柔性领导方式管理公司。然而，值得注意的是，公司领导经常用不同的、性别刻板的方式形容自己的领导行为，而实际上，差异并不存在。因此，研究者认为，是认知方式导致错误的归因。

此外，过于强调领导行为中的女性化特点，强调女性的柔顺、无私、关爱，在现实的领导情景中往往会导致女性被利用，导致女性出现顺从的领导行为，从而不利于女性领导的发展。弗莱彻（Fletcher）在研究中发现，人们常常期望女性无私地养育后代，帮助他人而不期望任何回报，在封闭的环境下和他人共同工作，甚至在等级制度的环境中保持较少的官僚作风进行人际交往。因此，许多女性感受到的所谓的优势是一种被利用的形式。[①] 如果女性领导没有出现人们预设的领导行为，就会遭到人们的批评和反对。因此，从长远来看，实际上，这不利于女性领导的发展，而且还会给其带来巨大的压力。

既然男女两性的领导风格并不像人们认为的那样大，那么，为什么在

---

① Bass & Stogdill's, Handbook of Leadership Theory, Research, and Managerial application, Third Edition, The Free Press, 1990.P710.

研究中会出现被研究者发现差异？如何解释这种现象？研究者也从社会学习理论进行解释，认为研究者以某种特定的视角观察领导，并希望发现特定的领导类型。久而久之，人们会采用这些领导风格，因为这是对他们的期望。因此，是人们的认同和期望塑造了女性领导的行为。

4. 简单的二元对立思维模式

女性领导风格理论从本质上来讲，就是将领导特质和风格划分为所谓的刚性和柔性两种，两种风格的划分按照性别界限，将男性描写成“有上进心的、坚强的、独立的和果断的”，把女性描写成“亲切的、乐于助人的、富有同情心的和关心他人的”，于是分化成了男性特质和女性特质，即是说，其中一类人没有另一类人的相应特质。这种划分模式将女性推向了一个极端，而将男性推向了另一个极端，这是一种黑白分明、绝对的二元化模式。它简化了个体和领导的丰富性和复杂性，没有考虑到领导行为中的个体偏差而随意进行规定，没有为变动、个性和多样化的领导行为留下足够的空间。

女性领导风格理论强调了女性化的领导方式，它使原本包含各种可能性的领导特征、领导风格、领导潜能让位于狭隘的、模式化的和传统的领导方式，女性领导囿于这种限制和约束而失去了多样化的发展空间。因此，它无法使女性融入领导角色之中，最终的结果是不利于女性领导力的发展。与此同时，这种极端化的方式对男性领导者也会产生消极影响。对女性领导行为的刻板印象会让我们降低对男性领导的期望，对于他们是否也能采用合作、互助、人际交往、鼓励和参与等领导风格持排斥态度，而且，当男性尝试女性化的领导风格时，在现实的领导情景中他们也因此会受到限制、阻碍和误解。

另外，领导是率领和引导他人实现组织目标的过程，领导活动的有效开展需要领导者确立目标和愿景，对团队成员进行指导、帮助、评价和督导，建立具有凝聚力和核心力的团队，进行组织文化建设，与组织内外进行有效的沟通，在不同的情景下灵活运用不同的方法履行职责，达到目标。在这一活动过程中，男性和女性领导都可以通过各种适合自己的方式达到要求，重要的是领导活动的效能，因此，有学者认为无须纠结于性别与领导风格，而应更关注在不同情景里什么样的领导是有效的。

总之，用性别来定型领导特质和风格，会把性别和普遍意义的领导都推进极端化的境地，难以使女性获得与男性一样的领导机会，参与领导过程、承担领导角色，获得领导能力的发展，难以改善目前领导实践领域里男女的性别割裂，甚至会进一步强化这一现象。因此，有必要强调去性别化的领导，即在领导特征和风格方面取消性别界限，为男女领导创造更平等的工作环境。当然，这样做并非否认男女两性之间的差异，也并非无视女性在既有的社会化过程中形成的独特的感受和认识，以及基于这种感受和认识，在某些方面形成的领导方式，但是从长远关怀的角度，从促进男女两性充分发展的意义上，这不仅可以解除传统性别规范的束缚，促进男女两性个性的充分发展，而且，对于社会人力资源最大限度的开发，亦有重要作用。

笔者认为，近年来，在领导研究领域兴起的以群体为基础的女性领导理论，尽管对女性认识自身能力，发挥领导作用有积极正面的意义，但从长远来看，过于强调“女性的领导方式”和“女性如何领导”，对领导这一复杂的现象进行简单化的性别解读，常常会陷入概念化和泛化的状况，可能对女性参与领导实践产生消极影响。

三、性别与领导风格差异的争论

自 20 世纪八九十年代，女性领导风格理论出现以来，女性领导风格一直是领导学界许多学术争论和理论研究的主题，这类研究多探讨两性领导风格的性别差异，以及由此所带来的组织绩效和管理效率问题。于是，围绕领导风格是否存在性别差异以及哪一种领导风格更有效的问题，展开了一场学术争论，有人支持也有人反对。还有人做了两性领导风格与其他因素的相关性研究，例如两性领导风格与社会文化背景的相关性研究、与决策模式的相关性研究。

（一）女性具有独特的领导风格

正如上述所谈到的，持这一观点的学者认为女性具有独特的领导风格，甚至女性的领导风格优于男性。

（二）不存在女性的领导风格

在大量定性、定量研究的基础上，许多学者认为在领导活动过程中，领导的性别差异只有人口统计学上的意义。并没有充分的证据可以给出一个确定的结论，说明男性和女性的领导风格是不同的，因此，两性领导风格没有显著差异，并认为女性的领导风格更符合现代组织的特点，这种观点也缺乏充分的理论依据。[①] 人们之所以认为男女两性领导风格存在差异，是因为人们不管是否真的存在差异，都会认为差异产生于男、女领导之间。其实，男性和女性都具有刚性和柔性的领导风格，例如，如果男性采用参与式或者以个人方式关心问题，那他是在采用柔性领导的风格；如果女性变得决断、咄咄逼人并进行命令和控制，那她是运用刚性的领导风格。

著名领导学专家巴斯（Bass）在其研究中得出，现有证据表明，男性领导与女性领导几乎不存在领导风格的差异。任何认为女性领导与其男性

① Epstein.C.f.Olivares, F. Ways men and women Lead.Harvard Business Review, Vol 69, Issue1, 1991.

同伴截然不同的陈述或看法，都曲解了事实。1990 年，美国学者伊格里（Eagly）和约翰逊（Johnson）就领导与性别进行了全方位的分析，最后他们得出的结论是：在任务导向的领导行为中以及关系导向的领导行为中，不存在领导的性别差别，而在鼓励下属民主参与的领导活动中，女性领导比男性领导更具优势。1995 年，在该项目的后续研究中，伊格里等人进一步指出，从宏观上看，男、女领导者在领导效率和领导绩效方面根本就没有差别。只不过在更需要铁腕的领导位置上，男性领导比女性更合适；在特别需要人际沟通、协调的领导位置上，女性领导比男性更合适。但是，众所周知，现代领导既需要决断、强有力的措施，又需要良好的人际关系，因而，性别因素已不再是决定领导职位归属的主要因素，更不是领导效能的影响因素。

爱泼斯坦（Epstein）认为，在管理研究中，男性和女性差异不大，将人分为男性和女性来研究多此一举。他指出，在大多数中等规模、非传统的组织中盛行的都是变革型的领导风格，而且在这些组织中，男性多于女性，因此，其实，男性也在采用柔性的变革式的领导方式。被人们认为是亚洲地区职位最高的女银行家，印度进出口银行（The Export-Import Bank of India）公司的董事长塔珍妮·瓦基尔（Tarjani Vakil）曾经说过，管理没有女性风格。无论男女，每人都有自己的风格。你不应从是否是女性来看，而应从管理是否卓越着眼。在她看来，在领导的世界中，应该并不存在什么男性管理风格和女性管理风格之分。

持有女性领导风格理论的依据是男性与女性具有不同的性格特点，但是，实际上，在现实生活中，男性的性格特点与女性的性格特点不是截然对立的，男性可以吸收女性的性格特点，女性也可以吸收男性的性格特点，同时，两性之间也可以相互借鉴对方的行为模式。因此，在领导者的成长过程中，应该考虑领导者的性格特征是不是适合当前组织的发展需要，并借鉴其中的优秀部分，而不是仅仅考虑原始意义上的生理性别，将行为模式、领导风格与生理性别相联系限制了对领导行为的正确评价。

综观对于男女两性领导风格差异的争论，可以看到，许多学者想把传统的以男性观念为主的组织形式以及领导行为模式转换成重视女性价值观念的组织形式以及领导行为模式，这其实是反映了时代发展对领导提出的新要求、新趋势。

（三）成功的领导者需要视情景采用不同的领导风格

持这一观点的学者认为，风格是领导者相对稳定的和下属互动的方式，高效的领导者要根据不同的情景和下属，变化自身的行为。例如，一位具有典型民主风格的领导者可能采用咨询、讨论或协商等合作性和参与性的行为。但是，在某些特定的情形下，领导们可能放弃他们的风格特征。如在危急时刻下，由于需要快速、果断的决策和行动，其领导风格很可能从民主型变成高度命令型。因此，争论是男性领导还是女性领导的领导风格最有效是无益的。判断是否是有效领导，其标准应该是工作的现实需要。在这些学者看来，尽管女性比男性更倾向于关系导向型而非任务导向型的领导风格，但要成为一位成功的领导者，无论男性还是女性，这两种风格都必须结合起来使用。有效率的领导者并不是只有一种领导模式，他们要随着情景的变化，不断调整自己的战略和方法。可见，这种观点与领导情景理论是一致的。

有学者研究发现，虽然女性领导具有能够使她们胜任现代社会新环境的领导风格。但不幸的是，在突破“玻璃天花板”的高层女性领导者中，绝大多数都是从事人力资源工作的，在生产和工厂管理方面，高层女性领导非常少，女性在新环境下的领导风格优势并没有体现出来。因此，女性领导要真正突破“玻璃天花板”，并不能单纯偏向于某种领导风格，而应该因情景的不同采用不同的领导风格。

在这方面，女性领导也通过自己的实践给予了肯定的回答。天合大道教育科技有限公司总经理吴怡沐在一次女性领导力论坛中曾指出，领导活动中需要什么样的领导方式是由具体情况决定的，不同的企业环境，不同的领导对象，不同的情景，对领导者的要求是不同的。作为一名领导者，只有具备与之匹配的特质才能达到最好的效果。

（四）两性领导风格差异与领导层级、文化环境等的关系

有研究发现，在组织的同一层级水平上，男性要比女性更倾向于交易式的领导方式，但在不同层级上，情况会发生变化。处在较高领导职位上的女性比处在较低领导职位上的女性，更容易表现出男性化的特征。在高层领导职位上的女性，在男性化特征方面和男性领导者没有明显的区别。同时，研究表明，在人们的感觉中，处在高级领导岗位上的女性具有在同样岗位上的男性一样的男性化特征，和处在低级领导职位上的女性相比，其男性化特征表现得更为强烈。[①]

此外，研究者还对不同文化背景、不同国家的领导者进行实证调查，发现不同的领导风格不是由性别因素决定的，而是由诸如社会文化背景等因素决定的。这一研究结果证实了领导理论中的情景理论的观点，认为诸如国家文化、组织职位、职业角色等背景变量决定领导风格。

（五）两性领导风格差异与行业背景、任务性质等的关系

领导风格与行业特征之间是否存在一定的联系呢？学者们在不同的

---

① Ledet Laura M, Henley tracy B., Perceptions of women's power as a function of Position within an organization[J]. Journal of Psychology interdisplinary & Applied 2000 (5).

行业进行调查，他们将行业分为男性占统治地位的行业和女性占统治地位的行业，在每类行业中抽取了男性和女性领导者样本，采用领导行为描述性调查问卷对领导风格进行问卷调查。结果显示，在男性占统治地位的行业里，女性比男性更倾向于以任务为导向的领导风格，而在女性占统治地位的行业里，男性和女性领导者的领导行为则相差无几；以人为导向的领导风格则相反，在女性占统治地位的行业里，女性比男性更偏好以人为导向的领导风格，在男性占统治地位的行业里两者基本相同。对于这一现象，研究者认为，其原因是组织规范和组织文化的影响。[①] 进一步的研究发现，虽然对于女性领导而言，融合主动和亲切等特性的民主型和柔性化的领导是一种有效的策略，但在男性领域和男性占主导地位的领导职位中，就会变得不太有效。在高度男性化的环境下，几乎很少或根本没有女性化和人际关系导向领导风格，对女性领导也缺乏宽容。伊格里（Eagly）的研究也认为，虽然与男子相比，女性拥有更多鼓励参与或更加民主化的管理风格，但较少独断和发号施令，然而，这种倾向在极度男性化的环境中有所弱化。当工作环境中与自己同一性别的领导者在数量上占据优势时，或者当领导角色被看作与她们的性别要求一致时，男性和女性领导都更加强调工作任务的完成。[②] 在男性主导的环境中，当女性担任领导时，往往要接受最严苛的评判，如军队和警察系统等，这些组织的规范都是强调等级关系，注重交易型的领导风格，不容许质疑，必须无条件接受。在这些环境中，作为一名女性应遵循的规范和作为一名领导要遵循的规范之间存在极大反差，这里大多数组织成员都是

---

① Gardiner, Maria, Tiggemamn, Marika, Gender Differentes in leading Style , Job Stress and Mental Health in Male and Female.,［J］. Journal of Occupational & organizational Psychology 1999（3）.

② Eagly, A., & Johnson, B., Gender and the emergence of leaders : A meta-analysis, Psychological Bulletin, 108, 1990, P233-256.

男性，而且其承担的任务也是与男性刻板印象一致，女性领导往往讨人嫌，而且人们倾向于认为她们不称职。在这种环境中，性别歧视或敌对行为是女性面临的挑战。为了应对男性的排斥行为，女性领导者没有其他选择，而只能模仿在这些情景中占主导地位的男性领导者的风格。因此，女性的民主型和柔性化的领导风格在更男性化的领域内就会消失。

也有研究发现，现在组织环境的变化要求领导者采用一种参与式的领导，因此，对于习惯采用参与式领导风格的女性领导者来讲，无形中具有了一定的优势。然而，并不是所有的女性都采用的是参与式的领导风格，特别是那些从中层领导者之中脱颖而出的高层女性领导者，经常会发生领导风格的漂移，即由习惯于采用参与式的领导风格转变为习惯于采用指导式、独裁式的领导风格。之所以会发生这种领导风格的漂移，一方面，是因为女性在突破了中层领导职位之后，周围同事的性别比例发生了巨大的变化，在高层领导群体中，女性的比例往往非常小，在这种情况下，受男性同事的影响，她们的领导风格因此发生了变化；另一方面，在升到高层职位之后，这些女性领导者往往不得不做更多的决策，这种决策常常是全局性、长远性甚至是危机时刻的决策，因此，没有时间让她们再采取参与式的领导风格。

斯蒂芬·罗宾斯也认识到，在以男性为主导的工作中，女性领导者更为民主的倾向减弱了，部分原因可能是因为群体规范和男性角色的刻板印象大大超过女性领导者的个人偏好，女性领导者在这种场合放弃了她的风格而以更为专制的风格采取行动。斯蒂芬·罗宾斯认为，简单地说“女性领导风格更好”是不恰当的，因为哪一种风格更有效还要取决于组织的状况。因此，他认为，性别因素只是在领导活动中提供了一种行为倾向性。同时，他也指出，虽然自20世纪90年代以来，这种女性偏好的参与式和关系式的领导风格比男性偏好的指导型和任务型领导风格更符合组织需要，授权和激励的领导方式越来越流行，但领导者不应认为，在所有条件下授权都是最理想的领导风格。

（六）两性领导风格与领导绩效的关系研究

女性领导的外貌、领导风格及行为特征对领导绩效具有显著的影响，外貌及行为特征呈现女性化倾向的女性领导的领导绩效，显著高于男性化倾向和中性的领导绩效。研究人员认为，其原因可能在于，传统上女性领导数量相对较少，为了维持自己在组织中的权威，部分女性领导会在外貌及行为特征上模仿男性。随着社会发展，女性领导的数量和地位的增加，女性领导自身的素质及成熟度也在不断提升，她们日渐认识到，女性的领导绩效并不比男性差，因而产生较高的性别角色自我认同和领导角色自我认同，在外貌及行为特征上不再一味模仿男性。而在实践中，女性领导细心、富有亲和力的特质能让员工感受到组织的关怀，产生良好的领导绩效。

有研究指出，女性领导的性格特点对领导绩效具有显著的影响，男性化特质为主的女性领导，其领导绩效显著高于女性化特质和中性特质者的领导绩效。其原因主要是，一方面，来自周围环境的影响。女性领导虽然已经走上领导岗位，但是相比在领导领域占统治地位的男性领导来说，女性领导的力量还显得有些薄弱，为了在激烈的竞争中占有一席之地，可能会产生同化作用，这会削弱女性领导的女性化倾向，在性格上更偏向于男性化；另一方面，在管理职位的女性，由于需要做出决策，同时需要下属的信服和支持才能更有效率地完成工作，如果过多地表现出女性的柔弱，会影响女性领导的权威，因而性格上会更倾向于男性化特质。

大量的案例研究发现，女性领导的领导风格对领导绩效具有显著的影响，魅力型和变革型领导风格的领导绩效显著高于家长式领导风格和交易型领导风格的领导绩效，交易型领导风格的领导绩效相对最低。[①]

另外，女性的性别角色认同与领导风格之间存在一定的关系。不同性别角色认同的女性领导，其领导风格具有显著差别。认同女性化性别角色的女性领导往往与领导风格的关怀维度具有正相关性，这类女性领导往往会采取柔性的领导方式，善于沟通协调，能够敏感体察下属情绪，靠激励、协商、合作、引导等软性手段影响下属，从内心深处来激发下属的内在潜力、积极性，从而实现组织目标。认同男性化性别角色的女性领导与领导风格的定规维度具有正相关性，这类女性领导往往具备更多的男性化的特质，不是依靠亲和力、人文关怀，而是依靠更多的个人权威、任务导向来实施领导。当然，领导风格和方式无优劣之分，只有适合不适合之分。

总之，在笔者看来，由于经济全球化深入发展，民主化进程继续推进，信息化的剧烈冲击，知识经济时代人们素质的提升，都对领导提出了越来越高的挑战，领导活动呈现出新的发展趋势。女性领导风格的兴起以及对女性领导的关注正是基于此而产生的，关于两性领导风格是否存在差异，女性领导行为是否更适应现代社会对领导的要求，这一问题依然会见仁见智，争论不断。但是，我们在强调女性领导优势的同时，也必须认识到，没有固定的一成不变的领导方式，每种领导方式都有其不同的特点和优势，有适合它的环境和条件。男性化性格特点所决定的领导方式是刚性的、权威性和命令式的，而女性化性格特点的领导方式则是柔性的、情感型的、人际型的。但是，男性也可能具有女性化的性格特点，女性也可能具有男性化的性格特点，个体的差异要远远大于性别的差异。正如美国学者鲍威尔（Powell）所说："没有任何理由来相信女性或男性是天生的领导者，也没有任何理由相信女性、男性是不同类型的领导者。每个性别的人

---

① 陈志霞、张慧芳：《女性领导的领导风格与管理绩效研究：对 107 名女性领导的案例分析》，《管理现代化》2014 年第 3 期。

中都有优秀的、普通的和平庸的。在今天高度竞争的组织环境中，组织要最佳地使用每一个成员的可用天赋。为了这个目的，组织需要确认、发展、鼓励和提升最有效的成员，而不论性别。”[①] 因此，我们的社会应该充分发挥每个领导者的个人才能，并为男女两性领导者创造平等竞争的机会。

四、刚柔相济的领导风格

正如前文所讲到的，女性必须面对作为女人和作为领导人的双重角色要求。在这种双重压力下，女性领导应该如何做？大量成功的女性领导的案例表明，女性领导要在领导活动中取得成效，需要采取折中的方式，即刚柔相济的行为风格。

作为领导者的女性，如果没有刚性，就会使自己的影响力大打折扣。女性领导需要坚毅坚定、雷厉风行、干练果断。但身处高位的女性领导毕竟是女人，同样要有女性柔情的一面，刚中带柔，这才是女性领导优于男性领导的魅力所在。我国国务院前副总理吴仪曾自称“小女子”，这恰恰展示出其硬朗风格下柔情似水的魅力特质。这种特质也赢得了世人的认可和赞赏。

（一）刚性领导

1. 刚性领导的含义及特征

在汉语中“刚”字的意思，我们可以找到多种注释，“刚，坚强不屈之意”“刚，谓质直而理者也”（《论语·公冶长》）；“刚，谓情无私”（《左传·昭公六年》）。可见，“刚”有两层含义：一是指事物的特性：坚硬、质地止而有条理；二是泛指一切活动中体现坚强、正直、果敢、无私心的动

① 舒丽丽：《性别视角下的领导者和领导风格》，载《领导科学》2009 年 7 月上。

作、状态。刚性在英语中为“Rigidity”，其词义为“僵硬、强直、顽固僵化、严厉而不通融”。

刚性领导就是在领导活动中体现刚性特点。即是一种以工作为中心，强调规章制度的领导模式。它凭借制度约束、纪律监督、奖惩规则等手段对企业员工进行管理和领导，具体表现为一系列的领导原则、制度、规范的逐步完善，它要求在实际的管理活动中，一切照章办事，不讲情面，注重效率和实绩，以形成制度面前人人平等的局面。表现出果敢、坚毅、正直、无私，使领导工作有条不紊，严格、坚硬，不易改变。可以说，制度是最能体现刚性的。刚性领导行为是以规章制度为中心，其基础是组织权威，它所依靠的主要是组织制度和职责权力，领导者的作用主要在于命令、监督与控制。

刚性领导在领导活动中具有普遍性和共性，是组织存在和发展的前提和保障。在一个组织中，要使组织成员步调协调一致朝着组织目标奋进，建立一套规范的行为标准及管理程序是必需的，也是有效的。正如韩非子所言：“一民之轨，莫如法。”此外，刚性领导有着方便、快捷的优势。明确的规章制度、严密的组织结构、统一的领导及理性的处理使领导活动体现出执行速度快、实施效果明显的优势。①

2. 女性领导如何实施刚性领导

第一，建立有效的制度，通过制度进行约束和规范。

以制度为中心是刚性领导的重要标志。因此，女性领导实施刚性领导首先要善于建立制度。制度从广义上讲，它包括既有区别又有内在联系的制度、体制和机制等三个方面。它是一定社会中要求大家共同遵守的规则和行为准则。亨廷顿认为：“制度就是稳定的、受珍重的和周期性发生的

---

① 张爱军：《论刚性管理的特征与利弊》，《山西师大学报》2009 年第 5 期。

行为模式。”[①] 刚性领导首先要注重制度的作用。领导的重心由原来的领导者个人为主，转变为制度为主。领导者通过法律和制度来制约和规范下属的行为，营造良好的制度氛围。下属和追随者自觉遵守规章制度，在制度规则之下开展活动，他们没有感觉到领导者的约束和干预，但实际上他们的行为却符合了领导者的要求。

邓小平就极为重视制度，尤其是党和国家的领导制度，强调在领导活动中制度比人重要。在《党和国家领导制度的改革》一文中，他曾经说：“我们过去发生的各种错误，固然与某些领导人的思想、作风有关，但是组织制度、工作制度方面的问题更重要，这些方面的制度好可以使坏人无法任意横行，制度不好可以使好人无法充分做好事，甚至会走向反面。”[②] 在他看来，领导制度的成本低、效果好。

制度作为最基本的规则，它引导和调整着生活在其中的人们的行为规范。公平合理的制度可以极大调动人的积极性，从而解放和激发社会活力。用制度发挥领导者的作用，就是在领导决策、选人用人、团队建设、激励人心中，都通过建立规范的制度来实施，它既可以使领导者克服自身能力不足的问题，又可以避免领导者的个人感情色彩和主观色彩，更多地体现领导的客观、公正和人性化特点。

从历史上的一些案例，我们也可以看到制度的巨大作用。这里我们简单回顾一个发生在英国的案例。18 世纪，英国原始资本主义贫富两极分化的弊端越来越突出。一些贫民甚至沦为到处流浪的“流民”。其中有些“流民”以极端方式报复社会，最后被政府抓起来，变成了犯人。为了惩

① ［美］塞缪尔·P. 亨廷顿著，王冠华等译：《变化社会中的政治秩序》，三联书店 1989 年版，第 12 页。

② 邓小平：《党和国家领导制度的改革》，《邓小平文选》，第二卷，人民出版社 1993 年版，第 333 页。

罚这些犯人，英国政府决定把他们发配到澳大利亚去。

从英国到澳大利亚，遥遥万里。英国政府为了方便省事，便把运送这些犯人的工作“外包”给私人商业船只，由一些私人船主承包从英国往澳大利亚大规模运送犯人的工作。刚开始，英国政府在船只离岸前，按上船的犯人人数支付船主运送费用，船长则负责途中犯人的日常生活，负责把犯人安全地运送到澳大利亚。当时，那些运送犯人的船只大多是由一些破旧货船改装的，船上设备简陋，也没有多少医疗药品，更没有医生。船主为了牟取暴利，尽可能地多装人，致使船舱拥挤不堪，空气混浊。私人船主在船只离岸前就按人数拿到了钱，对这些犯人能否远涉重洋活着到达澳大利亚并不上心。有些船主为了降低费用，追逐暴利，千方百计虐待犯人，甚至故意断水断食。

三年后，英国政府惊讶地发现，1790 年至 1792 年间，运往澳大利亚的犯人在船上的平均死亡率高达 12%，其中有一艘船运送 424 个犯人，中途死亡 158 个，死亡率高达 37%。鉴于犯人的高死亡率，英国政府决定向每艘运送船只派一个政府官员，以监督船长的运送行为，并给随行官员配备了当时最先进的勃朗宁手枪。同时，还对犯人在船上的生活标准做了硬性规定，甚至还给每艘船只配备了一个医生。

上述措施实施的初期，船主的虐待行为受到了遏制，政府官员的监督好像很有效。但是，事情很快就发生变化了。长时间远洋航行的险恶环境和金钱诱惑，诱使船长铤而走险。他们用金钱贿赂随行官员，并将不愿同流合污的官员扔到大海里。据说，有些船上的监督官员和医生竟然不明不白地死亡。面对险恶的环境和极具诱惑的金钱，随行官员大多选择了同流合污。于是，监督开始失效，船长的虐待行为越发变本加厉。

据说，英国政府还采取了道德教育的新办法。他们把那些私人船主集中起来进行培训，教育他们不要把金钱看得比生命还重要，要他们珍惜人的生命，认识运送犯人的重要意义（即运送犯人去澳大利亚，是为了开发澳大利亚，是英国移民政策的长远大计）。但是情况仍然没有好转，犯人的死亡率一直居高不下。

后来，英国政府发现了运送犯人的制度弊端，并想到了巧妙的解决办法。他们不再派随行监督官员，不再配医配药，也不再船只离岸前支付运费，而是按照犯人到达澳大利亚的人数和体质，支付船长的运送费用。这样一来，那些私人船主为了能够拿到足额的运费，必须在途中细心照料每个犯人，不让犯人体重少于出发前。若是死了一个犯人，或者犯人的体重减轻，英国政府都会少支付一些运费。据说，有些船主主动请医生跟船，在船上准备药品，改善犯人的生活条件，尽可能地让每个犯人都能健康地到达澳大利亚。

据英国历史学家查理·巴特森写的《犯人船》一书记载，1793 年，三艘船到达澳洲，这是第一次按从船上走下来的人数支付运费。在 422 个犯人中，只有一个死于途中。以后这种制度经过修改完善后普遍实施，这样，运往澳洲囚犯的死亡率迅速下降到 1% 以下，有的船只甚至创造了零死亡纪录。私人船主的人性没变，政府也不用去立法或建立庞大的机构与人员去监督，只是改变一下付费制度，一切就都解决了。这正是强调制度重要的原因。

从上述案例我们可以看到制度的力量。它启示我们，领导者要通过制定组织的规章制度，形成良好的制度环境来制约和规范领导者和被领导者的行为，使被领导者自觉地遵守规章制度，自觉地在制度许可的范围内活动。

第二，女性领导要锤炼魄力，树立权威。

虽然随着社会的发展，女性领导的优势越来越凸显，但是，在领导岗位上，一些“男性化”的特质在具体领导情景中依然是领导活动能否有效开展的因素，比如困境中的刚强、危机中的权威和决断、纷乱中的战略思维等。现实生活中，一些女性正是由于缺乏这些素质，而在领导活动中产生退缩心理和行为，并强化了对领导角色的不认同。因此，女性领导要锤炼自己的魄力，要培养领导岗位所要求的刚强、果断、坚定的性格和意志品质。

女性领导要锤炼自己的魄力，可以从以下几个方面入手：（1）树立目标。没有远大的目标，就没有奋斗的雄心和方向，女性领导要主动为自己制定出短期和长期的目标，然后为之不懈努力。（2）迎接挑战，敢于担当。安于现状必将碌碌无为，任何一个有所作为的女性领导者都有着敢想敢干的劲头，她们在困境面前不妥协，在压力之下不退缩，坚守原则。担当是领导者必备的素质，一个敢于担当的领导者才能赢得下属的认同和追随。（3）作风果断。优柔寡断是女性常见的毛病，不仅贻误时机，不能顺利完成任务，而且也无法赢得同事和下属的尊重，上级领导的信任。（4）永不放弃。女性有着比男性更强的耐力，运用到领导实践中，就是永不言败的精神。

此外，女性领导还要有意识地树立自己的权威。我们在工作中，常常可以看到这样的现象，同样的话，有的领导说出来“一言九鼎”，有的领导说出去“一文不值”。问题的主要原因在领导者的权威，权威不等于权力，权力是浮在表面的，权威是留存内心的。树立权威首先要明确权威来自哪里？一个领导者的权威一般有几个部分组成，它们是法定权，主要包括奖励权、惩罚权等，能力和专长权、个人魅力和情感等。女性领导要树立权威，其一，要重视法定权和奖惩权。权力具有强制力量。强制的先决条件是拥有者必须有能力制裁属下的不服从行为。强制的优点在于能非常迅速地实施计划，完成任务。女性领导者和男性领导者相比，女性领导者在权力使用方面相对保守一些。很多时候，当组织愿意给女性领导者更多权力时，很多女性领导者并不积极，相反是采取回避态度。另外，制度化本身是非常理性的，在制度化建设的过程有时也是残酷的，奖励和惩罚，是组织制度化建设的一个重要方面和结果，而女性比较感性，重感情，往往会忽视制度化。由此影响到女性领导的工作效能和影响力，也难以令下属真正敬服。因此，女性领导一方面要勇于承担组织的任务，明确责任和使命，另一方面要善于正确运用法定的奖惩权来有效开展工作，注意奖优罚劣，公平公正。当然，女性在行使法定权的时候，要把握好火候，当自己的法定权还不是很牢固的时候，擅自使用和过度使用法定权就收不到相应的效果。其二，要提升能力和培养专长权。领导者的能力能产生巨大的号召力。成功的领导者在领导过程中表现出超群的领导才能，能得到上司的赏识和信任，同时也能受到下属的佩服和拥护。这样，领导者的威望就会逐步树立起来。在工作中就会一呼百应，大家就会心悦诚服地在领导者的领导下工作，支持者就会越来越多。因此，女性领导要提升自己的能力，不断学习，尤其是在技术和专业上培养自己的专长权。其三，是人格魅力。领导者的人格魅力是领导者与他人交往中，影响和改变他人心理和行为的能力。这种能力，来自领导者的品格、素质、知识等，来自自身的道德修养。高尚的人格魅力产生权威。其四，是情感因素。领导活动不仅仅是上级与下级之间的互动，而且也包含着情感的感染和影响，领导者只有运用自己的关怀和爱、以尊重和激励等与下属建立情感联系和纽带，才能从内心深处真正打动下属，使其成为真正的心悦诚服的追随者。

当然，在领导实践中，刚性领导在发挥积极作用的同时，也有其固有的弊端。刚性领导的特征就是制度至上、组织严密、权力集中、理性化。刚性领导下的领导活动是单一与单向的，缺乏灵活与弹性，容易带来组织的僵化，缺乏活力。由于刚性领导往往把员工看成是接受控制和管理的对象，无法真正调动起员工的积极性。

（二）柔性领导

1. 柔性领导的含义

法国作家拉封丹曾经写过一则寓言故事，北风和南风比威力，看谁能让行人把身上的大衣脱掉。北风首先来了个寒风刺骨，结果行人把大衣裹得紧紧的。南风则徐徐吹动，顿时风和日丽，行人春意上身，纷纷解开纽扣，继而脱掉大衣，于是南风获得了胜利。这个故事也称为南风法则。“南风法则”给人们的启示是，在处理人与人之间的关系时，温暖胜于严寒，柔性的关爱胜过冰冷的制度。

与刚性领导不同，柔性管理是指“以人为中心”，依据组织的共同价值观和文化、精神氛围进行的人格化管理，它是在研究人的心理和行为规律的基础上，采用非强制性的方式，在员工心目中产生一种潜在的说服力，从而把组织意志变为个人的自觉行动。柔性领导理论认为，人是“社会人”，提高工作效率的关键是满足员工的需求，提高其士气，而不是纪律的强制和物质的刺激。柔性领导的最大特点主要在于，不是依靠权力影响力（如上级的发号施令），而是依赖于员工的心理过程，依赖于每个员工内心深处激发的主动性、内在潜力和创造精神，因此具有明显的内在驱动性。柔性领导的实施是基于员工对组织行为规范、规章制度的认知、理解与内化，它所依靠的是组织的共同价值观和心理文化氛围，使员工处在企业的文化道德规范和行为准则的无形约束之中，从而产生自控意识，达到内在的自我管理和自我约束，并且更进一步提高员工的工作热情和工作责任感，激发其发自内心的贯彻执行规章制度的自觉性。柔性领导的积极作用主要表现在，其具有内在驱动力，影响的持久性和激励有效性上。在柔性领导中，领导者的作用主要是启发、引导和支持。

2. 组织文化建设与运用柔性领导

组织文化建设是柔性领导的一个重要方面。组织文化是指组织成员的共同价值观体系，它使组织独具特色，并区别于其他组织。组织文化是柔性领导行为的出发点、依据、载体和目标，既是原因也是结果，既是理念也是行为，既是过程也是效果。对领导者来说，柔性领导过程就是领导者组织文化建设的过程。

美国麻省理工学院斯隆管理学院（MIT Sloan School of Management）的沙因教授认为，组织文化是组织在解决自身面临的外部适应和内部整合问题时，其成员习得的一整套共享的基本假设。由于这套假设能够有效解决问题，所以被作为正确认识、思维和情感方式而授予新成员。沙因指出，世界纷繁复杂，文化是个人对现实世界的简化。人的认知需要保持一定的稳定性，否则将无所适从。在这套基本的假设中，核心是理念和价值观。如果价值观与事物发展的实际进程吻合，无疑会使人们对该理念的信心增强，提高组织凝聚力，甚至慢慢地习惯成自然，成为指导实践的深层假设。[①] 当然，组织文化建设是一个复杂的系统工程。基于“复杂人的假说”，沙因认为：“不仅人们的需要与潜在欲望是多种多样的，而且这些需要的模式也是随着年龄与发展阶段的变迁，随着所扮演的角色的变化，随着所处境遇及人际关系的演变而不断变化的。”组织在进行文化建设时必须遵循文化形成的心理规律，充分考虑到人的需要的复杂性及其变化性。如人有自尊感满足的需要、有成就的需要、有归属的需要等，而这些需要又随着环境的变化而变化。要根据人的心理变化规律去实施才有实效。斯坦福大学的查尔斯·奥雷理（Charles O’Reilly）的研究指出，组织文化是由两个层面组成的，一个

① 慈玉鹏:《组织文化及其变革》,《金融博览》2012 年第 3 期。

是价值观的强度，一个是价值观的具体化，或者说价值观在机构内的传播是否广泛。如果一个公司的价值观很强烈且具体化程度很高，那么这个公司则拥有强势的组织文化。

在组织文化建设方面，美国玫琳凯化妆品公司是一个成功且典型的案例。该公司每年都会举行足可媲美美国小姐选举的颁奖仪式，向表现优异的销售人员颁发粉红色的凯迪拉克、钻石和其他礼品。每年，成千上万名玫琳凯公司的销售顾问会从世界各地聚集到得克萨斯州的达拉斯，接受他们的荣誉。他们会唱玫琳凯歌曲，声泪俱下地讲述公司如何改变了他们的生活。他们会缅怀公司的创始人玫琳凯·艾施（MaryKayAsh）。所有这些都源自于一点，那就是强烈的组织文化的影响。公司的创始人玫琳凯非常擅长了解员工以及他们的价值观和需求，并使公司的发展理念和员工的价值观紧密融合在一起。在经营公司的过程中，玫琳凯视员工为一种宝贵的资源，把他们每个人看成是独特的个体，她会为所有的销售人员送去手写的生日祝福，她重视每一个公司的会议和大型活动，比如玫琳凯颁奖仪式，并把仪式和典礼看成是打造公司形象和理念的重要内容。组织文化虽然是一种非正式的体系，但是，一旦建立起这个体系，组织成员就可以从中了解公司对他们的要求，与此同时，也可以从中汲取力量。

3. 柔性领导的弊端

虽然柔性领导是一种适应现代社会的有效领导方式，但是，柔性领导也有弊端。柔性领导面对的是具有不同个性的组织成员，要想更好地组织领导这些成员，需要领导者花费更大的心力。而且，由于柔性领导要求领导者在进行选人用人、考核评估、激励沟通时要结合不同人的情况进行，因此，相对于制度化的刚性的领导方式，柔性领导更加难以操作，标准更加难以把握。最后，从领导主体来讲，由于所掌握的信息资料有限，个体的认知水平有限，柔性领导的成效也会因领导者的不同而不同，具有不确定性。

4. 女性领导运用柔性方式需要注意的问题

正如上文所阐述的，柔性领导是女性的优势，女性领导在领导实践中要充分发挥这些优势，避免走入工作误区。因此，女性领导要注意正确把握以下几个方面的问题：一是细腻与柔弱。女性不是弱者，女性领导应当具有坚忍的品格、顽强的意志和不胜不休的作风，但这与感情细腻、处事细心的女性特质并不矛盾。一些女性领导担心感情细腻、处事细心会给人性格柔弱、办事优柔寡断的印象，影响自己的权威，便刻意丢掉自己性别上的优势，结果走入故意粗心大意的误区，反而影响了自身的社会形象和工作成效。二是随和与随意。领导干部应当是严肃和随和的统一体，尤其是女性领导，更应当多一些随和，少一些刻板。这也应当是女性领导在领导群体中对男性刚性性格的一种调和。但有的女性领导担心自己的随和被别人当成随意，因此严肃有余，和蔼不足，片面崇尚"铁娘子"，习惯滥用"铁手腕"，甚至故作深沉，和任何人在任何时候都不苟言笑、不露声色，深藏喜怒哀乐，让人捉摸不透。如此，往往使人感觉难以接近，进而被人敬而远之。三是爱心与琐碎。女性尤其是中国女性，大多富有同情心和爱心，善于沟通。女性领导把这些优势用于工作，可以弥补男性领导缺乏耐心、容易粗心的性别弱点，在凝聚人心、协调关系等方面往往会产生奇效。但有的女性领导担心这样会给人事无巨细、处事琐碎的印象，因此不注意倾听部属和群众发自内心的倾诉，不愿意从细小之处去关心人、理解人、开导人、帮助人。这样做只能给人僵硬、冷漠的感觉，不能达到领导活动的目的。

（三）刚性领导与柔性领导的结合

1. 刚柔结合扬长避短

刚性领导与柔性领导是两种不同的领导方式，甚至在某些方面是对立的，但是在领导领域，刚和柔的结合是必然的。两者的目的都是采用有效的手段，圆满完成组织目标，提高组织的核心竞争力。从实践的角度来看，刚性领导有刚性的优点和长处，柔性领导有柔性的优点和长处，但这两种领导方式也都有各自无法弥补的缺点和短处，而此所短恰是彼所长，此所长恰是彼所短，非但不互相排斥，而且需互相结合、相辅相成。刚性领导有一整套严格的、科学的、完整的制度规范体系和严格的管理程序，这为整个领导工作构建了一个基本框架。所以，刚性领导是领导工作的前提和基础。柔性领导不但不排斥领导中的刚性成分，而且需要刚性，因为刚性领导是柔性领导的前提，是柔性领导的基础和立足点，如果没有刚性的规范，柔性领导必然会导致领导实践活动的无序、混乱和失败。柔性领导只是对传统刚性领导模式中所表现出的重物轻人、手段强硬、缺乏弹性等现象的一种辩证否定，是一种扬弃，这恰好弥补了刚性的不足，因为如果组织缺乏柔性领导，员工缺乏工作的积极性和激情，刚性领导亦难以深入持久。[①]

2. 对女性的双重要求和限制需要刚柔相济

上述我们知道，社会对女性担任领导的抵触和排斥，源自于两个方面，一方面是，对于她们领导能力的质疑，由于刻板印象和文化影响，认为女性天生是软弱、慈善、温和的，担心她们不具备领导者要具有的果断、自信、强硬特质，因此，女性要赢得领导职位，就必须证明自己这方面的特征，也就是传统意义上男性的特质。另一方面，女性又要同时具备传统意义上女性的特质，如果女性在领导工作中表现得咄咄逼人、强硬，人们又会对她们产生抵触和反感。

因此，为了战胜这种对女性领导的双重要求，女性就必须从两个方面应对。要兼顾男性化的特质和女性化的特质，既不能太男性化，冷酷、倔

---

① 陈晓:《刚性管理和柔性管理的辩证思考》，载《企业活力》2008 年第 4 期。

强、果断，也不能太女性化，柔弱、情绪化、被动、犹豫不决。在工作中要把果断自信与温和、友善、乐于助人、关爱的工作方式巧妙地结合在一起。当然，要平衡两者的关系是困难的，对于初任领导的女性而言，更是难以把握。我们建议，在领导活动中，女性领导要注意自己的言谈举止、甚至是自己的衣着和表情等。女性在指挥下属的时候语气要温和，可以通过微笑、注视他人讲话、专注聆听等肢体语言表现自己的友善和关爱，用既展示能力、自信和权威，又很友善的方式与人交流，这样就可以消除人们对女性领导能力的质疑和心理上的排斥，增强她们的影响力。当然，这对于女性来说，并不是一件容易的事情。研究显示，双性化的性别特质往往会在领导活动中更加游刃有余。因此，女性领导既要保持女性温柔、细腻、富于情感等性格优势，又要具备男性的果断和自信，刚柔相济，这样才能充分适应领导角色的要求。

刚柔相济需要女性领导要具有较强的亲和力而不失原则性，注重细节而不失全局，擅长梳理而不失决断力。在考虑问题制定规划时，要有大局意识、全局思想，要对所有的下属负责，关键时刻敢于承担。一方面，柔中有刚，不过度强调自身的女性特质。另一方面，刚中有柔，凸显女性柔和、亲切和关爱的特质。我们来看看希拉里・克林顿在这方面的策略。作为世界公认的强势、能干的女性，在 2016 年美国总统的竞选中，希拉里以及竞选团队都极力展示了其柔性的一面，以期得到美国选民的支持。在民主党全国大会上希拉里被提名为民主党总统候选人。期间，前总统比尔・克林顿的演讲极力塑造一个对女儿充满柔情，对孩子们充满关爱，对弱者、少数族裔尽力帮助的形象。柔和、感性的视角无疑增加了女强人柔性的一面。在第一夫人米歇尔・奥巴马支持希拉里的演讲中，同样是着眼于孩子。演讲从她自己的两个女儿出发，始终围绕着这一人性中最柔软的话题。她讲到希拉里一直为孩子做了很多的工作，例如支持身患残疾的孩子成为年轻律师、担任第一夫人期间为孩子们争取更多的健康护理资源、担任参议员时争取提高孩子们的健康护理质量等，以此说明希拉里的执着，表明希拉里有决心、有能力为孩子们提供一个更好的未来。从之后美国民众的反应和支持率来看，这些演讲成功改变了希拉里由于邮件门带来的负面形象，提升了民众对希拉里的支持度。

当然，女性领导也要注意另外一方面的问题，即可能导致的因谦柔善良的特质而疏于管理。“二律背反”是一种哲学术语，它表明两个相互排斥而又被认为是同样正确的命题之间的矛盾。在领导实践中，“二律背反”的命题比比皆是，它成了领导中的困扰与兴奋点。例如，对员工严格、没有“人情味”式的领导可能会招致员工的愤懑和反抗。对员工管得宽泛、放松了，太过于有“人情味”，又会使员工散漫起来。因此，在领导方式上会发生“宽猛相济”原则掌握上的困扰。女性领导的亲和力和平易近人、善解人意是否会造成群众认为其没有威慑力的感觉，从而懈怠和散漫，这是一个女性领导面对的问题。心理学家认为，女性谦逊、温顺、谨慎、敏感、专一等个性品质使女性领导在管理工作中有时显得谨小慎微、步履维艰。女性领导千万不可滞留于传统意义上给自身设置的“温柔陷阱”，泛化了谦柔善良而忽略了刚性的领导。一方面，女性领导要在大刀阔斧中蕴含女性细致严谨、善解人意的风格。大刀阔斧能消除女性领导在人们心目中缺乏魄力的印象，而细致严谨、谦柔善良又可以避免给人留下没有“人情味”的“女强人”形象。另一方面，又要注意在温柔宽容中显露一定锋芒。谦柔善良、平易近人、善解人意都是一种做人做事的美德，它们能营造宽松和谐的人际环境，解除由于男性领导的严厉而使下属产生敬畏的压抑感。一定锋芒的显露，可避免“女性味”“人情味”太浓而削弱权威，降低威信，造成监管不力而影响工作。

刚柔相济也体现为一种韧性和坚持。一位企业女性领导曾这样说：“女性要刚柔并济。刚体现在哪里呢？体现在一种坚持，讲原则，讲规则。就比如说长跑，因为我觉得做企业就是长跑，很多时候，跑着跑着，有些人就不行了，歇一会，他不能一股劲一直坚持下去，我能，其实这是一种硬的表现，我跟很多人做谈判，很艰苦，但我能坚持谈判到最后。我就赢了。另外，女性领导还要有一种分寸感，才能进退自如。什么时候示弱，什么时候坚强，什么时候该说，什么时候不该说。”冰心曾经说过这样一句话，“我们首先是人，然后才是女人”。因为女性首先是人，因此必须具备所有人共通的优秀品质，在职业发展中也不例外，她们没有权利也没有机会享受什么特殊待遇；同时，也正因为她们是女人，所以必须同时具备唯有女性才具备的性别优势和性别魅力。这应该是女性认识自己和认识社会的关键。换言之，在社会生活中，女性要发展，就必须具备双性优势。这似乎有些性别歧视的色彩。但正由于是女人，所以就要付出更多的代价，做出更多的努力。

3. 刚柔相济要视领导情景而变化

在领导实践中，刚性领导和柔性领导这两个看似矛盾的领导方式其实在一个具体的组织里面是并存的。高效的领导要视情况而定，灵活运用，不能极端化和单一化地运用领导方式，要因人而异、因时制宜、因地制宜、有所侧重。影响领导方式和风格的因素主要有以下几个方面：

（1）时代发展与行业特征。在传统社会和工业经济时代，运用的是刚性领导。它的组织结构形式上表现为金字塔式的、直线式的层级结构。它强调职能分工，强调上级对下级的监督和控制、员工与上司之间等级森严、员工与员工之间界限分明。在知识经济时代则应偏重于柔性领导，柔性组织结构是扁平式组织，它加快了信息传递，缩短了决策与行动之间的时间，对外界环境的变化反应灵敏，能够通过自我调整来适应外界环境的不同要求，同时这种组织结构为组织内部成员提供了自我完善的发展空间和支持条件，成员的主动性和积极性将得到极大的提高，组织的运行成本也会大大降低。[①]

在不同的行业、不同的部门可能会选择不同的领导风格。比如有一些生产制造型的企业，或者大型企业里面可能刚性领导会更多一些，可能80%都是刚性领导，20%是属于柔性领导。反过来，在一些中小企业里面或者高科技技术企业，更多的是知识工人（白领），这种情况下很可能柔性领导占主体。对于劳动密集型企业，仍然要偏重于刚性领导，而对于知识型企业，要偏重于柔性领导。

（2）组织成员。从组织成员构成来讲，柔性领导对于领导者和被领导者都有特定的要求，领导者必须具备高尚的品质、卓越的领导才能和非凡的人格魅力，这样的人有凝聚力和号召力，能使被领导者心悦诚服地为组织目标工作。被领导者要有较高的文化素质和较高的精神追求，才能从事柔性的领导活动。对于自控力差、文化程度低、精神境界不高的人，宜偏重于刚性领导，柔性领导易使之迷惘。

对于女性领导而言，面对不同的组织成员更要注意采取不同的领导方式。比如对于男性下属，女性领导就要把握谦虚和威严的关系，要拿捏分寸。女性领导面临着多种压力，尤其是性别歧视。有时男性下属可能会不太愿意服从。面对这种情况，女性领导如果还是一味地采用柔性领导的方式，苦口婆心，也许下属会不以为然。在这种情况下，女性领导就没有必要处处谦让，而应该拿出领导的权威，在原则和任务面前不能妥协和退让。再比如，在下属工作失误时，女性领导要能勇于、敢于批评。由于女性谦和大度，注重人际关系和谐，因此面对犯了错误的下属，有时往往会觉得难以启齿，担心伤害到男性的自尊心。在这种情况下，女性领导要做到坚

① 陈晓：《刚性管理和柔性管理的辩证思考》，载《企业活力》2008 年第 4 期。

守原则，不顾情面，该批评的批评，该处罚的处罚。不过，在批评时，女性领导也要掌握沟通的艺术，不要在众人面前批评下属，也不要在一个下属面前说另一个下属的不是，在批评时，最好先中肯地评价和鼓励，然后具体指出建设性的意见，总之要恰到好处地运用批评和警告。

（3）领导层次。不同级别的领导者，采取的领导方式也可能是不同的。高层领导一般要注重战略思维和领导艺术的修炼，多采用柔性领导的方式。而中层领导和基层领导面对的是具体的部门和组织成员，需要在专业技术能力和领导沟通协调上提升自己，需要建章立制，因而刚性的领导成分会多一些。

（4）组织发展阶段。组织发展是有周期性的，在组织发展的不同阶段，领导方式也会呈现出差异。关于组织发展的周期，许多学者提出了自己的研究发现。如格林纳（Larry E. Greiner）的成长阶段模型认为，组织成长发展有五个必经阶段，即创造阶级、指令阶段、授权阶段、协调与监督阶段、协作阶段。在不同阶段必须有不同的组织战略、领导方式和组织结构与之相适应。创造阶段是组织诞生初期，这是组织的幼年期，规模小、人心齐、关系简单，一切由创业者决策指挥。这一阶段领导者多是依靠自己的个人专长和人格魅力感染和影响组织成员。指令阶段是组织的青年时期，也是持续成长期，随着组织结构和制度的完善，组织变得更加多样化和复杂化，人员迅速增多，组织不断扩大，职工情绪饱满，对组织有较强的归属感。为了整顿正陷入混乱状态的组织，必须确立发展目标，以铁腕作风与集权的刚性的领导方式来指挥，这就是“成长经由命令”。在这种领导方式下，中下层因为事事听命于上级而感到不满，要求获得自主决定权。授权阶段是组织的中年时期，如果组织要继续成长，就必须采用分权式组织结构和柔性领导方式，这就是“成长经由授权”。协调与监督阶段是组织的成熟阶段，这一阶段的特点是，已建立起各种正式的管理系统。

至此，规章制度、工作程序和手续已建立，但与此同时，文牍主义开始盛行，产生了“官僚主义危机”或“硬化危机”。协作阶段也叫成熟后的阶段，组织的发展前景既可以通过组织变革与创新重新获得再发展，又可以更趋向成熟、稳定，也可能由于不适应环境的变化而走向衰退。因此，培养管理者和各部门之间的合作精神，通过团队合作与自我控制以达到协调配合的目的，增加组织的弹性等都是这一阶段领导者需要注意的问题，而柔性的领导方式会更加适合组织的需要。

4. 建立角色相符性

角色相符性，即人们期望一个人会按照他或她的性别行事。当某人未满足这个期望值时，不论其真正的效率如何，人们对其领导才能的评价都会降低。一个机构的文化，甚至是该机构的一个部分，比如一个部门的文化，能决定一位领导人本身的特质与该机构的契合程度。如果一位领导的领导风格更为女性化，但是却处于一个男性化的公司文化当中，那么就会面临角色不相符的情况，领导行为就会受到影响。因此，女性领导需要了解所在机构的文化，才能明确如何建立起自己的影响力。

5. 坚持自己的领导风格

刚柔相济的领导风格并不是要让女性领导去模仿男性，有时候，为了显示自己的能力，女性领导可能会模仿男性的方式，试图赢得人们的认可。对此，德国默柯雪兰公司中国区总裁葛丽鹤曾深有感触：“我认为女性可能有很多都觉得我们要模仿男性，这是一个很大的错误，这是个错误，你什么时候才能发现它呢？你只有对自己有自信之后才能发现这是一个错误，我在这个领域做了 25 年，很多情况下我都与这个问题做斗争，我内心很挣扎的，为什么呢？我现在意识到很多女性在模仿男性，这样是不对的，你必须要对自己有足够的意识，才能够使得自己真正拥有权力，能够使自己真正地做自己。你要意识到我不是一个男性，我现在就试图不去模仿男性。现在我知道，人们能看到我是我的时候，我才是最有权威的时候，而不是说我在模仿男性的时候。当他们真正信任我本身的时候，而且看到我对于事业的热情、激情，这才是我权力的来源，而不是说表现得非常强势，或者是模仿男性领导的风格。”[①] 总之，女性领导要在男性化的群体中赢得认同，并不是一件容易的事，但是，女性一定要倾听自己内心的声音，找到属于自己的道路。

当上领导并不一定就要改变自己的个性，或改变自己的个人风格。事实上，每一个人身上独有的东西会让你成为更好的领导者。无数的女性曾经徘徊于这个问题，当身边的人总是试图改变她们的时候，该如何保持自己的独特性？分析成功领导者的案例，给我们的答案是，女性领导不应该改变自己的个性，而应该坚持内心的想法，女性领导要能够通过做真正的自己来提高领导绩效。

这就意味着，女性领导要学会观察了解自己的优点和弱点，必须清楚自己的风格，同时知道如何去改进提升自己薄弱的地方，如何了解下属的特点，只有这样，才能领导各种各样的人，才能知道如何得到机构内外人的理解。美国明尼苏达大学管理学院教授康明斯指出，女性领导者可以做一些标准的性格测评，来衡量自己的领导特质以及员工的特质。比如可以使用贝姆性别角色量表，这是一个普遍使用的测评量表。通过测评了解自己的优势和劣势。有专家建议，女性领导如果个性内向，当了领导并不就是要求女性要变成一个外向活泼的人。但是，女性领导还是需要努力学会大声表达自己的想法，并且让身边的人知道自己会支持他们、帮助他们。

---

① 2016 年 6 月 16 号在中国女市长论坛上葛丽鹤的发言。

C H A P T E R 0 4

第四章

女性怎样才能走向成功

现实生活中，一些女性实现了自己的目标，顺利越过人生的一个又一个障碍，跨越了性别的藩篱。另一些女性选择远离竞争，自然也就与领导岗位无缘。为什么有些人能不断战胜困难，努力工作，最终获得事业的成功，而另一些人则对同样的工作说“不”。是什么让女性登上巅峰？作为这个社会中的极少数，那些成功的女性领导在其人生的关键点是如何跨越障碍的？她们在困境和危机中采取了怎样的行为模式？她们为什么会做出这样的选择？其行为的动因怎样影响她们的行为选择？她们是怎样认识自己，理解自己，并进而超越自己的？在今天这个竞争激烈的社会中为什么是她们成为群体中的领导者？事业成功在带给她们荣耀、满足和快乐之时，她们又会有哪些常人难以体悟的感受？女性的内心如何才能变得更加强大，足以应付来自生活和工作中的种种挑战？女性如何能够获得更大的精神自由，拥有更多发展的可能性，而这种发展不仅仅意味着事业的成功？长期以来，研究者们一直在探讨这些问题。本章主要从女性的人生经历和人格心理等方面，研究女性领导的成长规律和发展特性，并试图解答上述问题。

一、早期教育与人生经历

赢得成功的女性领导走在一条什么样的人生之路上？许多杰出女性领

导的人生故事告诉我们，幼年时期她们似乎已显示出不同，在父母和周围环境培植的土壤上，成功的种子也许已悄然播下，之后，她们向最优秀的人学习如何成功，在坚定的信念和不懈努力中，直至最终赢得成功。

（一）家庭的影响

家庭是社会成员最初、影响最为直接的社会化的媒介。一个人从出生到成为社会的一员，最主要的生活场所就是家庭。与其他媒介相比，家庭在对儿童人格的塑造、基本人生观的形成和启蒙等方面起着特别重要的作用，家庭关系影响着人们成年后的行为。尼克松在《领袖论》中曾经说："要了解一个成年人的想法和感情，根据常识，应当从其家庭背景和幼年生活中去寻找线索。"①经验和经历是影响人生的核心力量，一个人成长中的经历及在关键时刻的经验，尤其是早年生活会给人留下难以磨灭的印象，从而影响其行为。希尔在研究中也发现，心理的发展使每个人产生不同的个性类型，并体现在以后的社会生活中。就像有的孩子听从父母的安排，有的孩子喜欢我行我素一样，在领导活动中有些人尊敬并且依赖于权威，有些人则相反。②因此，当我们试图了解女性领导的成长规律时，追溯其早年的经历也许是一个必要的途径。

1. 宽松的环境和重视教育

家庭教育和家庭生活为女性未来担任领导角色，形成性格和树立价值观方面发挥着重大作用。许多事业成功的女性，早年的家庭生活都比较注重教育，家庭环境比较宽松，这使得她们自幼便养成了独立、乐观、爽朗、

---

① 理查德·尼克松著，施燕华等译：《领袖们》，人民出版社 2010 年版，第 17 页。

② 梅尔文·希尔：《父亲的法则：精神分析中的领导和象征性权威》，芭芭拉·凯勒曼编，林颖等译：《领导学：多学科的视角》，上海人民出版社 2008 年版，第 29—44 页。

自信、自主的性格特质。[①] 心理学家多拉西·肯特和托尼·本涅的研究发现，女性政治家有着有助于她们成功的童年。这些人中多数生活在宽容的家庭气氛中，能允许她们自由地探索，不会因错误和失败而受训斥，这种环境在孩提时便强化了成年后敢冒风险的倾向，并培养了女性的独立性，这种孩子长大后，较为不害怕新事物和未知世界，这提升了她们在面对困境时冒风险的能力。许多其他有关成功女性的研究也发现，早年家庭成员关系对最终成功具有关键性的作用，让孩子探索和犯错，可以培养孩子的创造性。像成人似的以成熟方式对待他们，同样能引导出成年人的眼光。许多成功的女性领导都在孩子时被成人般地对待，许多是家里的独生子女或有较年老的双亲。

美国前国务卿康多莉扎·赖斯曾回忆自己的早年时光，在自传中，她写道，她的父母极为重视对她的教育。他们相信这样一条严峻的真理，即黑人的孩子只有做得比白人孩子优秀两倍，他们才能平等；优秀三倍，才能超过对方。“任何可以称得上是教育机会的事情，他们都要去试一试，他们相信，教育是一副盔甲，可以帮我抵御一切，甚至可以抵御伯明翰乃至整个美国根深蒂固的种族主义……我的父母认为，如果你比他们优秀一倍，他们也许还是不喜欢你，但他们必须尊重你……无助地做环境的牺牲品是最糟糕的事情，我的父母一心要摆脱这样的生活状况，不用说，他们更希望我避免那样的结局。”[②] 赖斯的父母一直给予她这样的信念，在种族隔离严重的伯明翰以外，有更多的机会，如果她勤奋学习，力争上游，就会得到回报。

赖斯的父母都受过大学教育，是思想开放的人，他们很早就告诉她，

---

① ［澳］吉姆斯·萨若斯、皮特·瑞德、安·哈体肯著，张素玲、周静译：《亚洲商业女性及其成功之路》，《中国浦东干部学院学报》2008 年第 6 期。

② ［美］康多莉扎·赖斯著，周小进译：《非同寻常》，译林出版社 2013 年版，第 36 页。

她什么都可以做。他们从一开始就把她看成是特别的孩子，对她充满了信心。她的父亲曾经自豪地宣布，康迪不是属于我们，她是属于上帝的。似乎早就看到了她不平凡的人生。他叮嘱赖斯，每个人的幸福都是由自己创造的。只有知识才能使自己成为独立的、不依赖别人的、强壮的人。赖斯的母亲坚信自己的女儿拥有神童般的天赋。由于赖斯是父母唯一的孩子，很早的时候，父母就尽量让她参与家里的决定，把她看成是一个小大人，培养她读书的习惯和爱好。在那个种族隔离的时代里，在可怕而令人消沉的环境中，赖斯的父母尽一切努力给她提供一个好的教育环境，培养她的爱好，给她提供一个安全稳定、有利于成长且能激发兴趣的环境。“要成功，你们就必须比别人优秀一倍”，这一点被当作事实宣布，不是什么可以争辩的观点。“我一心要模仿大孩子……一般情况下，他们只要对我说‘失望’之类的话就够了，我讨厌这话，因为我不想让他们失望。他们也可以简单地说一句，‘你跟个孩子似的’，这句话我更加讨厌，可能我是家里唯一的孩子，所以慢慢就更像大人了，因为我和他们待在一起的时间很多。城里只有一家不错的黑人餐厅，就是 A.G. 盖斯顿餐馆，但我甚至都不愿意用那儿的‘儿童餐盘’。1959 年，我们去位于田纳西州大雾山的长老会牧师隐修所，收银员要给我的饭菜打折，但我坚持要父母付全价。显然，‘你跟个孩子似的’这句话是真正的侮辱。”①

在这种教育下成长的赖斯对自己充满了自信，这种自信也使她勇敢面对质疑。曾经有一次考试成绩不理想，学校老师把她叫到办公室，告诉她：“你考试成绩不理想，也许你可以考虑报考专科学校。”面对老师对她的质疑，赖斯并没有对自己的前途产生怀疑，她说：“我意识到自己很幸运，因为在父母的肯定下，我的自我意识逐渐培养了起来——那时候他们希望

① ［美］康多莉扎·赖斯著，周小进译：《非同寻常》，译林出版社 2013 年版，第 53 页。

我不要怀疑自己，有很多年轻人，特别是少数族裔的人，有可能会将类似的负面信息内化，然后就放弃了。”[①] 毋庸置疑，赖斯受到的教育模式和父母思想上对她的鼓励，影响着之后她对人生道路的抉择。

希拉里·克林顿的父母同样坚信教育对于一个孩子的重要性。希拉里出生在一个战后中产阶级的家庭，父亲是一个商人，专制蛮横，但是在对女儿的教育上却很开明。他认为，只要有纪律、勤奋，有适当的鼓励和充分的家庭和学校教育，孩子就能够实现任何梦想。希拉里是他们的长女，也是唯一的女儿，他没有因为希拉里是个女孩子就限制她掌握技艺的权利。希拉里的母亲一生都活在丈夫的权威之下，尽管如此，为了能让自己的女儿拥有坚定、不畏强权的精神，她总是给予女儿独特的教育。母亲经常教导希拉里，你可以做任何事，渴求任何事，没有任何理由要求一个女孩子设定比弟弟们低的人生目标。[②] 母亲的话深深影响到希拉里，并被视为自己人生的座右铭。

2. 父母与子女的关系

在父母与女儿的关系中，有很多成功的女性领导受到父亲的深刻影响。她们通常都与父亲关系密切，父亲是她们热爱的第一个男性，对她们的早年生活起着榜样效应，她们中多数崇拜自己的父亲，父亲是与女儿关系格外密切的强有力的人物。亨宁（Henning）和札尔丁（Jardim）的研究发现，父亲的鼓励对于女孩子的成长是重要的。[③] 父亲对成功女性领导的影响主要体现在以下两个方面，一方面，是父亲的职业生涯和工作状态。加利福尼亚大学的个性评估研究所通过研究发现，父亲职业与创造性人物

---

① ［美］康多莉扎·赖斯著，周小进译：《非同寻常》，译林出版社 2013 年版，第 105 页。

② ［美］希拉里传，卡尔·伯恩斯坦著，张岩、魏平等译：《希拉里传》，中信出版社 2010 年第 7 版，第 18 页。

③ Bass & Stogdill's, Handbook of Leadership Theory, Research, and Managerial application, Third Edition, The Free Press, 1990. P718.

职业生涯道路之间有一定的关系，自谋其生，在主流的系统外供职的父亲，似乎为他的子女注入了不循规蹈矩的职业模式的自信。这些自谋其生的父亲在早年就教育女儿不必依赖别人求生存，很难说不是父亲的独立精神导致了女性领导敢于从事自行控制、自主命运的职业。另一方面，就是父亲对这些女性的特殊关爱和期待，她们常常是最得父亲宠爱的孩子。在《女经理们》中，海涅根和约迪姆研究了25位女经理，发现她们都与父亲有着亲密的关系。[①]

玛格丽特·撒切尔夫人是英国历史上首位女首相，她以其坚定的意志和超强的能力领导英国度过了一个个危机，成为让人难以忘怀的首脑。撒切尔夫人出身卑微，是一个杂货店店主的女儿，又无任何家庭背景支持，但是她却通过坚持不懈的努力和竞争进入男性占领的政界，达到了权力的顶峰。是什么使她勇于冲破男性执掌政治权力的坚冰，获得成功？纵观撒切尔夫人的人生之路，可以发现，早年所受教育带来的强烈信念，尤其是父亲的言传身教深深影响了她。

1925年10月13日，玛格丽特·罗伯特斯出生于英国伦敦西部的格兰汉姆市一家杂货店主的家中，玛格丽特是笃信宗教的父亲阿尔弗雷德·罗伯特斯和做裁缝的母亲比阿特里丝的二女儿。阿尔弗雷德家境贫寒，在13岁时，就被迫辍学到杂货店去当学徒。之后成为一名成功的商人，一度涉足政界，是一名保守党党员，他先后担任过市议员、市财政委员会主席和高级参议员，并于1945年担任市长。虽然阿尔弗雷德没有受过多少教育，而且平时工作很忙，但他却十分重视对孩子的教育，常抽时间与孩子们进行交流和沟通，并对她们的成长提出忠告，尤其是对玛格丽特。还是在小孩儿时，玛格丽特就深受父亲宠爱，他试图通过女儿的卓越成就实

① ［美］吉恩·N.兰德勒姆著，胡苏云、顾超译：《改变世界的13位女性》，四川人民出版社1996年版，第54页。

现自己的雄心，决心将她塑造成自己理想得以实现的人物。在那个性别歧视严重的时代里，阿尔弗雷德从不以性别因素对她加以约束和限制，而是不断教育玛格丽特，她能做到自己所希望的一切。玛格丽特非常崇拜自己的父亲，认为父亲无所不知，10 岁时便跟随父亲参加市政会议。在那里，玛格丽特初步感受和体验到了什么是政治。多年以后，玛格丽特还记得父亲的警告："你必须自己拿主意，你不要因为朋友们的做法而去效仿，你不要因为害怕与众不同而随波逐流，你要率众之先，而绝不从众。"他希望女儿记住，一个人无论做任何事都应该坚持原则，不能因为别人持有不同意见或得不到别人的支持，就轻易改变自己的信念。他教育女儿"与众不同"不是负担而是财富，这是值得赞赏的品格。这种早年的教育使玛格丽特从小养成了不轻易让人摆布，不受人指使，敢于与众不同的性格。若干年后，当她步入政坛时，她面临的是一个男人主宰的世界，她必须在新的"不同的"环境中行事。在这个陌生的领域，从小父亲灌输给她的思想使玛格丽特能够勇敢面对一切。多年后，身为首相的玛格丽特·撒切尔夫人曾经告诉自传体作者："我的一切几乎都归功于父亲，他告诉我要学会领头，而绝不从众。"

阿尔弗雷德非常喜爱阅读，在自学的过程中，这个习惯帮了他很大的忙，令他受益匪浅。从自己的亲身经历中，他深切地认识到阅读的重要性。因此，他从小便鼓励玛格丽特多读书，读好书。他经常提醒女儿，从小养成阅读的习惯，将终身受益。他每个星期都会从图书馆借回两本书，一本"严肃"（政治题材）的书，他自己看；另一本则是专为玛格丽特借的。当然，玛格丽特时而也翻看一下那本"严肃"的书。书籍打开了玛格丽特的另一个世界，她的视野逐渐开阔。

阿尔弗雷德曾多次告诫玛格丽特："在人生的道路上，你可以跌倒，但绝不能因此而趴下。"在 1952 年的市议会选举中，工党获胜，阿尔弗雷德作为高级参议员候选人落选了。他虽然有点伤感，但却并未因此而举止失态。玛格丽特一直记得父亲当时不失体面的表现。在市议会选举结束后，阿尔弗雷德站起来说："自从我荣幸地穿上市议员的礼服，已有将近9年的时间。尽管这次我摔倒了，但我并没有趴下。进入市议会和离开市议会，我都处之泰然。"许多年以后，撒切尔夫人也步入政坛，并且成为英国历史上第一位女首相。作为一个女人，她在政治生涯中也曾遇到过各种困难与问题，但她时刻牢记父亲的忠告，无论政界风云如何变幻，她都勇敢地从容应对，从未产生丝毫的畏惧与退缩。

对于挪威前首相格罗·哈莱姆·布伦特兰而言，父亲在她心目中有着至高的地位，她常常视父亲为行为的榜样和导师。1981年，42岁的布伦特兰出任挪威首相，成为挪威独立以来第二十一位首相，也是挪威历史上第一位女首相。[①] 布伦特兰出生在挪威首都奥斯陆的一个官宦书香之家，祖父是挪威工党的创始人，父亲是医学博士，后受祖父影响加入工党，成为挪威工党要员，曾经出任挪威社会事务大臣和国防部部长等要职。布伦特兰的母亲也是一位活跃的政治家。在这个政治世家成长起来的布伦特兰从小就开始关心政治，学生时代的她积极投身到政治活动中，布伦特兰7岁时，父亲就说服她加入了党的儿童组织，布伦特兰回忆说，自己对家里经常进行的政治辩论很着迷。她常常在晚饭时询问父亲手头的政治议题。父亲经常鼓励她，要相信女人可以赢得与男人一样的世界。

对于有些女性领导而言，母亲在其成长中起着重要的作用。社会学家研究了人们生命历程中母女之间特殊的亲密关系，发现许多在事业上卓有成效的女性在回忆过去时光时，都谈到母亲是其中重要的人物。在她们的生活中，母亲不仅仅是提供了情感的支持和物质上的保障，更重要的是，

---

① 严雪琴、陈晓栋：《全球最有影响力的女性领袖》，中国商业出版社2009年版，第121—131页。

她们给予这些女性一种思想上的信念，给予她们对于成功而言必不可少的信念体系，那就是只要努力就会获得成功，没有完不成的任务，“你会成功”的信念，就是自尊和自信。

美国著名的化妆品公司玫琳凯公司的创始人玫琳凯曾经在自传中回忆自己的生活，“小时候，因父亲常年卧病在床，全家的生活担子就由母亲一个人挑了起来。她每天清晨5点就出门，一直工作到晚上9点才回家，虽然很辛苦，但因为母亲是女性，收入仍不高。……从7岁，我就开始照顾父亲，负责煮饭做家务，妈妈虽不在身边，但我随时可以通过电话去问她，‘妈，爸爸今天想吃番茄汤’，‘好，你先去拿昨天用的那个锅，然后……’，妈妈总是很仔细地为我解释每个步骤。当我有点畏缩时，她就温柔地告诉我，别担心，你能做到……此后，无论在我害怕过马路，或在任何时候犹豫不决的时候，‘你能做到’这句话总会一遍又一遍地浮现于脑海。[①]……她的话成了我少年时代的主旋律，并且伴随了我一生”。[②]不只是“你能做到”，我的母亲还经常告诉我：“任何事你都能比别人做得更好。”听久了，这样的思想也深入我心中。小时候，为了不使母亲失望，我各门功课力争优秀；在各样比赛中，我也力争上游。当然，我并非总是赢家，这时母亲会鼓励我“下次努力些”，这使我的竞争精神更健康。一个人一定要懂得如何面对失败，因为那是迟早要遇上的。我很喜欢一句话：“每失败一次，就离成功更近了些。”[③]玫琳凯受到母亲的激励，建立了她的自尊和自信，并深信自己拥有能力。

上述这些成功女性的早期生活经历，使得她们在内心形成了一种信念

---

① 玫琳凯·艾施著，玫琳凯化妆品公司台湾分公司译：《我心深处》，浙江人民出版社2010年版，第2—4页。

② 玫琳凯·艾施著，马群译：《玫琳凯自传》，浙江人民出版社2010年版，第4页。

③ 玫琳凯·艾施著，玫琳凯化妆品公司台湾分公司译：《我心深处》，浙江人民出版社2010年版，第4页。

系统，那就是女性可以做任何她能做的事情。这种信念系统使她们不受性别偏见的影响。正因为如此，在日后的职业发展中，她们才能勇于打破性别偏见。

3. 童年旅居

身份是指个体所有的关于自身是其所是的意识，是人们对我（们）是谁以及他（们）是谁的理解。心理学家埃里克森把人格发展或者说自我的发展和身份的获得划分为八个阶段，其中，第五个阶段也就是青少年阶段是获得自我同一感的阶段。在这一阶段中，个体获得了更多关于自我和社会的信息，并开始对之进行深入的思考，考虑自己到底是怎样一个人，要扮演什么样的角色，对自己的过去、现在、将来产生内在的连续感，确定未来的生活策略。女性身份认同和生活经验的获得源自早期的经历和教育。众多事实表明，早期的迁居与大多数创造行为、创业精神和革新努力的伟大成就极其相关。儿童时代的迁居和旅行教会这些年轻女性生存的本能，尤其是面对崭新而未知的环境时，她们所应具备的态度和心理准备。这意味着她们极小时便面对一种新的文化、语言环境、新的朋友和学校，这成为未来创业者、创造者和革新派极好的锻炼机会，因为她们要不断探索新世界，这种经历培植了孩子的应变能力，韧性和自我满足。对世界上许多成功的女性领导的研究发现，许多有早年迁居经历，频频迁移，进不同学校就读。人的迁徙本身就创造了信息交换、观念传播和新身份确立的机会。[①] 这对于女性而言，尤其如此。当她们在一个新的地方落脚，这里往往是和原来的生活环境不同的地方，这些可以提供给女性们更多受教育、吸收新思想、新观念的机会，也使她们自小就要学会面对不同的环境，需要调整自己，需要适应变化，小小的心因而会变得更加坚强。

① James Clifford：Traveling Cultures：Travel and Translation in the Late Twentieth Century Cambridge：Harvard University Press，1997. P17-51.

惠普前 CEO 卡莉・菲奥莉娜回忆自己的童年时光时曾感慨，旅居和游历带给自己的感受。卡莉・菲奥莉娜 1954 年出生于美国得克萨斯州的奥斯汀。父亲是一位宪法专家，母亲是一位肖像画家。卡莉在小时候便跟随父亲游历了三大洲，在五所不同国家的学校学习。因为她一直是受排斥的外来者，这种经历使她具有很强的适应性。“多年来，我学会了如何看待变化，对不确定性的恐惧和新鲜事物的兴奋会互相掺杂，往往让人有些紧张，而我已经学会了泰然处之。不论什么时候遇到陌生人，我心中的恐惧感会一闪而过，马上进入一种兴奋状态。我发现，有时候不同的人和不同的文化之间都存在着巨大的分歧，但是我也知道，只要双方能够彼此尊重，换位思考，这种分歧就是能够弥合的。”①

4. 出生次序

虽然在中国，自 20 世纪 70 年代后期实行了计划生育政策，80 年代的孩子多是独生子女，但是对于六七十年代的女性而言，许多依然是生活在多子女的家庭中。许多研究都发现，出生顺序对个体的智商和人格会产生影响。一般而言，家庭中第一个出生的孩子总是占一些优势，历史上很多总统、明星、CEO 都排行靠前。对此，心理学家的解释是，一方面是生理原因，他们出生时父母最年轻，身体最健康，另一方面，也许最为重要的是，父母在孩子身上投入的时间、注意力以及感情上的滋养。英国心理学家卡尔文・莱曼（Kevin Leman）在《孩次序数录》中写道：“你的次序数——不论是长子，次子还是最小——大大影响着你将成为何种人，你会选择什么样的终身伴侣，你会选择的职业类型，甚至是你将成为哪种父母。”莱曼认为，长子女和独生子女希望有一种“超成就”的生活。通常，一个家庭的剪贴簿中会塞满第一个出生孩了的照片、成绩卡，而较晚出生

① ［美］卡莉・菲奥莉娜著，蒋旭峰译:《勇敢抉择》，中信出版社 2009 年版，第 8—9 页。

的孩子，则要少很多。而家庭中的孩子们也采用不同的行为模式，以确保他们在家庭中的地位。通常，年纪最大的孩子会自然地扮演有责任感的“代父母”角色。他们通常是父母眼中最完美的孩子：听话，懂事，负责，勤勤恳恳；他们尊重权威，不敢犯错误，害怕让父母或其他权威的人失望；相对于弟妹而言，他们通常服从性高，观念保守，对自己的地位容易焦虑，情绪容易紧张，需要花较长时间排遣不愉快；他们非常希望获得别人的敬仰和尊重，甚至宁愿为此去勉强自己做些根本不喜欢的事情。在工作中，他们倾向选择成就较高的工作，他们通常拼命工作，总是感到对一切都负有责任。

《社会学百科全书》的研究发现，长子女注定其人生会与其他孩子不一样。他们发现半数以上的美国总统是长子女，75%的教师是长子女，90%的宇航员是长子女，长子女在智力测试中分数最高，最容易占据显要的领导位置。

亨宁（Hennig）和札尔（Jardim）的研究发现，25 名大公司里在决策层的女性领导，她们在许多方面存在着相似性，比如她们都是长女，她们的父亲鼓励她们独立、自信、敢于冒险。孩子时期她们就在团队游戏中积极主动。研究认为作为家中的长女，父母常常把更多的责任赋予他们的长女，长女往往会获得更多的关注和责任，而这会激发女孩子的自信。[1]

进化心理学家萨洛韦（Sulloway）用了 26 年时间写成《叛逆心理》，来试图证明出生顺序的重要性。他认为，生活在同一家庭中的儿童，由于出生顺序不一样，在家庭中的地位不一样，会形成不一样的生活风格。长子（女）是父母最早寄托希望的子女，是父母期望、抱负和野心的第一个承受者，他们经常感到来自父母期望的压力，因此，长子（女）具有较强的责

① Bass & Stogdill's, Handbook of Leadership Theory, Research, and Managerial application, Third Edition, The Free Press, 1990. P735.

任心，有较高的成就动机，也相应地产生一定的控制欲与支配欲，而且也容易习惯周围的环境。长子（女）往往倾向于维持现状，思想保守，更倾向于赞同父母的是非标准和价值观，尊重权威，认真谨慎，办事准备充分，在学校的功课较好，平均智商要比后面出生的子女高，因为他们所受的教育促使其变得更勤奋、刻苦，更有雄心大志。一般来说，长子（女）总是深知他们比弟妹老成、强壮和精明，因此显得很武断，喜欢处于支配地位。独生子女与长子（女）情况类似，他们向往成功，也会主动取悦父母。①

心理学家阿尔弗雷德·阿德勒的研究也发现，头生和独生子女倾向于达到他们期望的高度。长子女和独生子女不同一般，具备早熟和进取的天性，他们被放任决定自己的命运，以独立的精神个体成长，通常他们会是家中的关键人物，受父母宠爱，坚强而独立地成长，基本都被当作“小大人”，像成人般地被对待，任其无拘无束，因而，在成长中，他们会以一种与同龄孩子不一样的极其成熟的眼光看待生活和潜在机会。父母们让他们感到自己是非同寻常的，并充分相信这一点。所有这些都树立了他们强烈的自尊和自我满足。

孩子出生次序对女孩子的影响主要是父母的态度以及孩子在家庭中的地位决定的。桑德勒（Sandler）和斯卡利亚（Scalia）的研究发现，作为长女，与家庭里的其他孩子相比，她们以后当领导的可能性要大得多。特别是在大家庭中和母亲是工作人员的家庭中，最大的女儿被赋予权威，期望她们承担更多的责任，诸如照看年幼的弟妹。②

当然，心理学家们也认为，与养育的方式和家庭成员的关系相比，孩子次序数并非像想象的那么重要。举例来说，玛格丽特·撒切尔是二女儿，

---

① 李慧静:《出生顺序与性格关系的进化心理学观点》,《改革与开放》2009 年第 8 期。

② Bass & Stogdil's, Handbook of Leadership Theory, Research, and Managerial application, Third Edition, The Free Press, 1990.P735.

但被当作“仅有的一个”孩子养大，并被她的父亲视为是自己喜欢的“儿子”，幼年的玛格丽特就以其进取心和竞争行为迷住了父亲，她成为他不曾拥有的“儿子”，他则将自己的梦想融入对她的培养之中，她的父亲阿尔弗雷德·罗伯特斯选择玛格丽特作为最喜欢的孩子，始终如一地重视、宠爱和鼓励，他也是玛格丽特最喜欢的父亲。长子具备努力追求完美境地的巨大压力，长女也如此。成为长子 / 长女或家中最重要的孩子有着强大的自尊，相应地，这也使长子 / 长女具有努力追求完美境地的巨大压力。

（二）不安全感和生活危机

在我们的生活中，恐惧、灾难和不安全感会摧毁一个人，但有时候，反而能让女性自小获取能力和自信。早年生活的不幸和创伤似乎可以使一位年轻女性在成长的路上获取一种推动力。也许是境遇的造就，也许是出于对恐惧的过分补偿，需要用强大的自信来平息内心的恐惧，许多女性因在人生的早年遭遇了风险和创伤，让她们感觉到自己必须是命运的主宰，“知道”自己能够不依赖他人，完全以独立的个体求得生存，让她们时刻准备着在崭新而未知的环境中求得生存。所谓逆境造人，在不懈的努力下，年轻的女性们已经在学习如何从不幸中奋起，幼小的心已经武装得格外坚毅和坚强，从早年的不幸和遭遇中，许多女性学到的教训和经验将她们武装得格外坚毅，已经获得应付外界的技巧，已足以迎接来自生活的种种挑战。

从玫琳凯的案例中，我们可以看到女性是如何在灾难中学习应对，并最终达到理想的目标。玫琳凯的父亲在她两岁时患肺结核，在医院住了5年，因而，她没有享受过其他孩子所有的无忧无虑的童年。7 岁那年，父亲回到家里卧床不起，母亲当护士和餐馆招待，以后又自己经营餐馆。玫琳凯很快就成为残疾父亲的厨师和护士，她描绘这段经历是“以电话线做脐带”来与工作在外的母亲联络。一个 7 岁的孩子站在箱子上，在灶台前为父亲烧饭。电话成为玫琳凯的安全线，“我想我每天要打 20 多个电话给她……这怎么做？那怎么做？番茄汤怎么烧？”玫琳凯的母亲会很耐心地告诉她怎么完成，然后补上一句：“宝贝，妈妈知道你能做好。”玫琳凯很感谢母亲不断培养她的自信：“母亲不断强化我的自我形象，她告诉我，只要愿意，我能完成世界上的任何事情。”不幸的生活遭遇没有打垮玫琳凯，反而培养了她在困境面前乐观的精神、不屈的意志以及积极的行动力。玫琳凯在早年的生活中遭遇到的第二个困境是在 27 岁时被丈夫抛弃。那时的她没有工作，没有任何经济来源。最终，玫琳凯顶住了，学会面对现状变得自我充足。当时看来是个灾难，但反过来看，这是让她以后成为企业家的极好的锻炼机会，事实上，这段生活经历奠定了玫琳凯化妆品公司的经营理念。上述危机足以击垮大多数人，然而坚毅的玫琳凯越过这样的经历后更加坚强。在面对并克服这些危机后，玫琳凯已能坦然处置大多数逆境。[①]

（三）榜样的作用

早期的良师和榜样对于女性领导者自信和自尊的树立极其关键，强大的成功偶像对帮助她们穿越未来数不尽的困境意义重大。从许多女性领导的人生故事中可以看到，她们经常模仿榜样来渡过困境，从而达到成功。希拉里・克林顿在 1993 年 4 月曾经告诉《时髦》杂志，她早年两位女性偶像是哥达・梅和艾恩・兰达。许多研究已经证实，模仿成功是达到成功的捷径。作为前行者和榜样，她们的故事和经验，使那些正遥望高处的女性从中得到启迪，获得进取的勇气和信心，激励着年轻的女性们挑选赢家，追随她们走到任何地方。榜样可以是现实生活成功的杰出人物，有时候榜样也可能是超越生活的小说、历史人物。无论怎样，这些真实的或想象的

---

① 玫琳凯・艾施著，马群译：《玫琳凯自传》，浙江人民出版社 2010 年版，第 4 页。

早年良师和榜样引导她们步入成功。当然，虽然早年的榜样对于积极的内在形象和高度自尊的形成有关键性作用，是其进取的动力之源，但是一旦这些内部形象形成，这些年轻的女性们便会以其独有的节奏向前行进。

成功的女性并不是与生俱来的，她们不同寻常的成就源自于她们早年生活的经历、教育，以及由此得来的内在心理品质。对女性而言，赢得成功至关重要的品质是，自信、喜好风险、叛逆行为、热情、坚定的信仰和意志力。尽管在生活中我们任何人或多或少地都会拥有这些品质，但这些女性却在成长的关键岁月获得了它，这些特点在她们年轻时并不显著，只是在她们经历一些难以遗忘的成功之后，在她们职业生涯的成熟期才显得愈益明朗。

二、成就动机与积极心理品质

成功的女性领导者有什么共同特点呢？ 1994 年研究者对 55 份女性领导者的职业档案进行研究发现，她们的发展进程中有明显的特点，具有四个发展阶段。阶段 1，克服天真，女性学会了发号施令和感受组织中的文化。阶段 2，建立信任，女性学会了变通，学会了在体系内工作，学会了冒风险，建立联系和人际关系网络。阶段 3，形成风格，女性学会了授权和建立团队，学会了顽强地克服障碍，学会了坦率和强硬，学会了利用个人影响力的技能。阶段 4，担当责任，女性学会了作为高层中唯一的女性如何开展工作，学会了指导他人，兼顾工作和工作之外的事情。[①]

除了具有共性的发展阶段特点，个性和心理品质也成为研究者探讨女性领导成功的重要方面。有研究指出，在过去多年的领导特质研究中，有

① ［美］彼得·诺斯豪斯著，吴荣先等译：《领导学：理论与实践》，江苏教育出版社 2004 年版，第 152 页。

关领导者个性研究的分量最大，其中尤以领导力和“五大人格”模型为代表，即情绪性、外向性、经验开放性、合群性、责任感。通过对杰出女性领导者的观察分析，可以发现她们身上一些共同的突出特质与领导人格模型的关联，即强大的直觉力量是情绪性的作用；冒险倾向与创新精神是外向性和开放性的外在表现；长于社交无疑充分体现了合群性；高度的自尊、自信是不断发展、提升自我的责任感驱使的结果。[①]

研究发现，一些心理倾向与一个人的领导能力具有一定的关系，拥有某种性格特点和能力的人更可能成为领导者，能更好地履行领导职责。领导学专家彼得·诺斯豪斯通过对一个世纪以来大量研究进行分析，指出，在一系列领导特质中有一些特质是最重要的，即智力水平、自信心、决心、正直以及社会交往能力。智力水平与领导行为有着正相关关系。一个领导者如果具有良好的感知能力、推理能力、思辨能力等，就会使他的领导工作顺利开展。自信心是一个人对自己的能力和技能感到确信的能力，包括自尊感和自信心，以及自己能超越一般人的信念。领导行为包含着做出决定和对他人的影响，自信心使得领导者确信自己带领别人朝向目标前进的行为是正确的。决心是领导者的另一重要特质。它是指完成工作的愿望、坚持不懈、支配欲和内驱力等，具有决心的领导者能够激发自己完成工作的热望，有不达目标不罢休的坚韧和执着，在困难和挫折面前不屈不挠，有领导下属的意志和支配欲。正直就是诚实和值得信赖，他们做事具有强烈的原则性和责任感。正直的领导言行一致，会激发其他人的信任和信心。最后是社会交往能力，具有良好社会交往能力的领导者能敏锐觉察他人的需要和情绪，关心他人，有处理人际关系的技巧。这五个方面的特征可能是与生俱来的，也可能是后天培养的，彼得·诺斯豪斯认为，这五个特质

① 蒋莱:《多维视野下的女性领导力特征分析》,《领导科学》2010 年 5 月中。

在很大程度上决定了一个人能否成为领导者。[①] 虽然彼得·诺斯豪斯的结论并未涉及性别，但是对于女性领导而言，同样具有适用性。

从上面的研究可以看到，心理品质在女性领导的成长发展中起着重要的作用，纵观众多杰出女性领导的成长历程，尽管她们的发展领域和成熟的过程不尽相同，但是，较强的成就动机、非同一般的性格特质、积极的心理品质以及超乎寻常的努力是必不可少的。

（一）成就动机

心理学研究表明，人们的行动是由不同的动机驱使的。成就动机是指在特定情境下，个体通过自己的努力，完成某些有价值的或重要的事情的欲望。它是一种高尚的道德情感，是在人的强烈事业心和求知欲基础上产生的推动个体谋求成功的内部动力。领导成就动机是领导者获得并欲达到某种理想境界的内在动因和心理倾向。它激励领导者在不断的追求中感受到自我价值实现的愉悦，体验到创造和追求的价值，使其心理素质和领导能力在动态的锤炼中不断提高，臻于成熟。成就动机是领导活动取得成功的一种内在推动力量，追求强烈成就动机的个体表现在领导活动中，就会有较高的工作积极性，追求目标的实现，有强烈的进取心，敢冒风险，主动发挥个体潜能，接受挑战，等等。领导活动纷繁复杂，充满挑战和风险，如果没有较强的成就动机，显然是不行的。

一般来说，女性的成就动机较之男性要弱，强烈的成就动机是女性领导者成功的关键性因素，它是女性领导者选择目标的依据，它决定了女性领导成就的大小。众多的研究已证明，对成功完成某项任务抱有很高期望

---

① ［美］彼得·诺斯豪斯著，吴荣先等译：《领导学：理论与实践》，江苏教育出版社 2004 年版，第 9 页。

的人会比那些对此期望很低的人表现得更为出色。同样，一个人成就动机的强弱也影响着其真正实现内心目标的可能性。只有不断激发自己高尚的动机，成功的向往之火才能熊熊燃烧，才会永远不满足于现状，不断否定自己，不断超越自己，不断给自己树立和追求实现新的目标，生命才因此而伟大。

拉伍德（Larwood）和卡普兰（Kaplan）曾经调研了 80 名女性银行官员，研究女性领导成功的原因，结果发现，渴望成功、做决定的能力和能够证实自己是最重要的。与那些不成功的女性领导相比，成功的女性领导者对于从男性楷模那里学习做决定的能力更感兴趣。她们希望成功。班菲尔德（Banfield）对女性中层管理者进行的研究显示，她们的人际关系能力较强，注重参与做决定的能力和机会，愿意自我牺牲，乐于关心他人，善于协商，不愿意使自己显得独断。作为一个群体，她们显示了较高的自尊、综合的良好个性特征。[①] 法格森（Fagenson）对 260 名已经在她们组织中达到低中、高水平的企业家和经理的调研中发现，那些在组织中身居高位的人比那些职位低的人，更注重她们的职业甚于她们的个人生活，献身于她们的组织，更满意于她们的工作。[②]

巴托尔（Bartol）的研究发现，与一般女性相比，职业型女性领导者把她们自己视为是思想开放、果断、办事效率高、独立的人。根据柯夫（Koff）和汉德隆（Handlon）的研究，那些更有可能提升的女性往往是那些主动追求成功的人，她们被激励，渴望干好工作，专注于发展她们的职业。她们是开拓者、是创新者、创造型的人，敢于冒险、取得高的成就。她们享受挑战，

---

① Bass & Stogdil's, Handbook of Leadership Theory, Research, and Managerial application, Third Edition, The Free Press, 1990.P734.

② Bass & Stogdil's, Handbook of Leadership Theory, Research, and Managerial application, Third Edition, The Free Press, 1990.P333.

不容易泄气。她们对自我价值有一个肯定的认识，期待成功。她们也期待独立自主地工作，希望工作成绩能够得到奖赏，她们从不断增加的责任中体验成就感。柯夫（Koff）和汉德隆（Handlon）认为，女性领导从动机和心理上可以分为两类，一类是敏感型的女性，一类是寻求支持的女性。敏感型的女性领导对于围绕在她们周围的心理氛围敏感，对于来自高层的赞赏和认可敏感。寻求支持的女性需要安慰和支持，她们向上行进的道路需要清除外部障碍和阻力。这些女性很容易沮丧，容易失去自信，不喜欢冒险。①

成就动机表现为领导活动中具有强烈的进取心。强烈的领导欲望和参与决策欲、名誉欲以及敬业精神。担任领导工作，就意味着在组织中取得较高的地位和名声，同时也意味着可以利用制度赋予的权力来组织管理他人，从而实现组织发展的目标，并从中获得心理的满足。大凡成功的领导者，都是有强烈领导欲望和进取心的人，女性也不例外。女性也只有具有强烈的进取心，才能在男性主导的领域里发挥女性的特长，也才能像男性一样竞争，去追求自己的目标。许多成功女性的案例表明，她们往往是决心坚定的人，对事业充满热望，即使面对阻碍时也毫不退缩，并且愿意在自己所做的事情上投入大量时间。

那么，女性领导如何提升成就动机？最重要的是发现意义，明确使命与责任。研究表明，明确工作的意义，能产生一种更强烈更深刻的意义感，从而形成一种良性循环。意义是促使人们行动的动机，它使人们能够发现自己的兴趣所在，并促使他们将自己的能力发挥到极致，精力无穷，热情迸发。如果缺少了意义，工作也许就变成了一种职业。热爱工作，感受它带来的快乐，是女性领导获得成功的重要因素。因此，对于女性领导而言，要诚实地面对自己，弄清楚自己需要什么，擅长什么，将自己的优势运用在工作中。

---

① Bass & Stogdill's, Handbook of Leadership Theory, Research, and Managerial application, Third Edition, The Free Press, 1990.P712.

（二）积极的心理品质

女性上升通道中的天花板是源自于人们常说的那层看不见的玻璃，还是源自于女性的心理？许多研究发现，除了需要社会和组织为女性创设更好的制度、文化、家庭和教育环境，更需要女性心理品质的改善。

1. 自信

自信是人对自己的能力和行为信任情感的一种表现，是人们相信自己的愿望一定能实现的心理。大凡事业有成的人，都是自信心很强的人。美国人马尔顿曾强调：坚决的信心，能使平凡的人们，做出惊人的事业。自信是一切行动的基础，在个人发展要素和成功特质中，自信是第一重要的因素。自信不仅仅是自我感觉良好，更确切地说是自己是否有本领来确定行动，使自己进入自己想进入的世界，并相信自己一定能做到。自信心是一种对自己潜在能力与力量的暗示，是一种对自己人生价值的实在期望，是一种对自己克服一切困难达到预定目标的勇气的激发，它激发着创造力、变革力和创业冒险精神。

自信主要包括自我意识和确立目标的能力。人只有意识到自己是谁，知道自己的长处和不足，明确目标，知道应该做什么不应该做什么，才能主动自觉地去行动。要有积极的自我意识和自我信念。自我意识是人对自己身心状态及对自己同客观世界的关系的意识。首先，自我意识是认识外界客观事物的条件。一个人如果还不知道自己，也无法把自己与周围相区别，他就不可能认识外界客观事物。其次，自我意识是人的自觉性、自控力的前提，对自我教育有推动作用。人只有意识到自己是谁，应该做什么的时候，才会自觉自律地去行动。一个人意识到自己的长处和不足，就有助于他发扬优点，克服缺点，取得自我教育积极的效果。最后，自我意识是改造自身主观因素的途径，它使人能不断地自我监督、自我修养、自我完善。可见，自我意识影响着人的道德判断、价值取向、个性形成、行为标准和要求。一旦这种自我的意识和信念系统进入人们的内心，形成一种稳定的力量，它就决定了人的大部分行为。积极的自我意识和自我信念是推动人们行动的内在动力源。而消极的自我意识和信念则成了人们逃避的借口。

具有强烈自信的人往往在生活和工作中表现为乐观热情。莫泊桑曾经说："人生活在希望之中，希望的烈焰燃烧起来，生活才有意义。"而领导活动往往需要领导者应该拥有满腔热情，充满活力，在面临困难时要让别人感觉到乐观自信，在追求组织目标时要热忱、投入，在对待下属时要发挥热情洋溢的积极作用，与团队建立融洽的关系。领导者的乐观情绪也会激发下属对工作的热爱和追求，从而有效完成领导活动，率众达标。

妨碍女性成功的因素中，心理原因往往是最重要的。其中缺乏自信心是主要的方面。现代心理学已经证明，男女的智力水平是相等的，但是，与男性的相比，女性自信心不足，而自信、勇气永远是任何人成功的必需品质。女性要成功，就要打破这个心理障碍，厘清了心理上的问题才能在行动上更顺利的有所表现。研究发现，与那些不断上升的女性相比，那些具有必要的资历和经验却不能升迁的女性，其最主要的原因在于，她们不愿意承担不断增加的责任、面临挑战和冒风险。她们的自信心低，需要安全感是她们做事的动机。她们把同事看成家人，升迁会造成她们与同事之间的矛盾，因为它可能意味着割裂与朋友之间的关系。[①]依赖、害怕失败和自卑成为阻碍女性成功的主要心理因素，在争取和实施自己的领导权力上，女性表现得比男性更为保守。而那些成功的女性领导者从来不压抑自己的成就欲，她们充满自信和激情，不断在工作中追求更

---

① Bass & Stogdill's, Handbook of Leadership Theory, Research, and Managerial application, Third Edition, The Free Press, 1990.P735.

大的成功。

美国硅谷脸谱公司CEO谢丽尔·桑德伯格曾经出席TED女性大会，发表了题为“为什么女性领导太少”的演讲。她指出，硅谷鲜有女性高管的现象不应完全归因于性别歧视、社会成见、男女性别差异或者家庭分工等因素，它也与女性自身缺乏征战职场的自信和冲劲有关。她因此呼吁女性，不要光顾着抱怨，“让我们自省”。前惠普CEO卡莉·菲奥莉娜也说：“我想告诉所有的女性，尽管通向理想国的道路有重重障碍和偏见，但是并不存在看不见又难以逾越的障碍。回顾我自己走过的路，只有更关注可以实现的可能性而不是局限性，才有可能取得更大的成就。”[①] 玫琳凯认为，在追求事业的成功中，女性最缺乏的因素就是自信的品格，“如果你问我妇女共同的缺点是什么，我不得不说是缺乏对上帝赋予她们能力的自信，她们不相信自己”。

大量的案例表明，成功的女性领导不仅仅有追求成功的抱负和志向，而且，她们对自己获得成功的能力也充满信心。在心理学中“自我效能感”指的是人们通过努力就会成功的预期，你会成功的信念会调动起所有的能量，让人持续努力地工作。如果自我效能感低，而且不相信努力就会有收获，就会气馁，也就不会朝着事业巅峰努力奋斗了。正如玫琳凯所说：“成功与否，关键不在于我们拥有多少才能，而在于如何运用才能。这个世界是由四种人组成：第一种人让事情发生；第二种人看着事情发生；第三种人想知道发生了何事；第四种人则全然不知发生了什么事。上帝在每一个人身上，都种下了伟大的种子，而这颗种子是否能发芽开花结果，则全在于我们自己。”[②] 领导活动充满风险和挑战，需要具备较强的领导动机和愿望，领导自信心。这种领导的自信心是个体对自己所拥有领导能

① ［美］卡莉·菲奥莉娜著，蒋旭峰译：《勇敢抉择》，中信出版社2009年版，第167页。

② 玫琳凯·艾施著，马群译：《玫琳凯自传》，浙江人民出版社2010年版，第1页。

力的信心和信念，是个体对自己领导一个团队能力的主观判断，它对女性领导提升领导能力、发挥领导效力具有重要意义，是其开展领导工作的动力来源。

女性领导者有了自信心，等于有了争取成功的心理基础与心理准备，是女性领导者最重要的心态之一。坚定的自信会为女性领导者带来成功，对成功产生极大的推动作用。自信心可以使女性领导者集中精力，产生巨大的自我推动力，在积极肯定的心态支配下促使她们去思考、去创造、去行动，从而完成她们的使命，促成她们的成功。自信心可以让女性领导者感染他人，赢得人缘。自信的人具有人格的魅力，富有号召力、影响力，既可以赢得他人的好感，也可以感染他人获得信心，从而具有良好的人缘。而人缘好，是女性人生的一大财富，也是成功的一个因素。

那么，成功女性的自信表现在哪里，又是如何形成的呢？

第一，具有积极的自我形象和自我期待。心理学研究中有一个著名的皮革马利翁效应理论。其理论的发现者罗森塔尔通过长期的追踪实验研究发现，你期望什么，你就会得到什么，你得到的不是你想要的，而是你期待的。只要充满自信地期待，只要真的相信事情会顺利进行，事情一定会顺利进行。相反，如果你相信事情会不断地受到阻力，这些阻力就会产生，成功的人都会培养出充满自信的态度，相信好的事情一定会发生的。心理学家的研究也已证实，在现实生活中，我们往往会“成为自己所想”，“想象会变成真实”。我们的心理想象决定大多数的行为。我们在生活中扮演的角色其实就像早就预定的电影胶卷，由我们的潜意识放映，而不是由我们的意识来操作。我们的“自我”的内部图像是自我形象，是我们坚持不懈所要成为的状态。我们的潜意识头脑储存着宏观图景，决定着我们生活每个阶段的表演内容；我们的意识只允许我们扮演个别场景，如出去约会，选择对象，而对象的生理及情感、品格的选择则由我们的潜意识需求决定。也就是说，如果我们的潜意识需要一位内向顺从的对象，那么我们的意识本身极不可能去挑选一位外向型行为人物。唯一能改变我们宏观潜意识形象的方法是重写这部剧本或重定我们是谁的个性。成功源自内在的信仰体系，每一位生活的低成就者都是生活在自己预定培植的失败之中。在对 13 位影响世界的杰出女性进行深入研究后，吉恩·兰德勒姆指出，虽然在人生的道路上，这 13 位女性演奏着不同的鼓乐，但鼓中是早期深植于精神中的内在化的信仰体系，她们都具有超乎寻常的强烈自尊，这能使她们将童年的梦想转化成成年职业成功的现实，她们的成就被建筑在强大自尊之上的神圣不可侵犯的自信所强化，而自尊又演绎于令人敬畏的自我形象。[①] 玫琳凯也曾说："如果你想你能，你便能行；如果你想你不行，你肯定做不到。"

积极思维是事情正面积极发生的前提，信则使然，现实的领导活动中，大多数女性深信不可能之事，因而实现了不可能。而具有积极自我意识和信念的女性领导善于把握自己职业发展的主动权。联想集团的副总裁马雪征曾经说，我要确定自己身上哪些东西需要改变，然后用实际行动去不断改变它，从而重塑自我，使自己变得更具竞争力。女性应该审视自我，不能坐等别人来告诉自己应该怎么办，而是采取一种积极的方法进行自我完善。

女性领导积极的自我意识和自我信念系统是逐渐形成的，从上述内容可以看到，在人生的早期，父母、亲人和老师等不断鼓励她们认识自己的能力，从而建立融入内心地对自我的相信体系。

第二，设立目标，对失败和挫折抱有积极的态度。我们不仅有一个自我信念体系，同时也有一个目标体系，具体的、短期的目标处于目标体系

---

① ［美］吉恩·N. 兰德勒姆著，胡苏云、顾超译：《改变世界的 13 位女性》，四川人民出版社 1996 年版。

的较低层次，而长远的、宏观的目标处于目标体系的高层次。自我的信念体系决定着目标体系。具有积极自我意识和自我信念的女性才能不断为自己设立目标，为未来制订计划，学习相关的知识，进行相应的技能训练，证明自己的能力，一旦机会来临，愿意冒着失败的风险迅速果断地把握机会。她们明白成功意味着努力工作，了解自己的优势和弱点之后，在人生的道路上难免会有失败和挫折，虽然成功的女性领导都达到了一般女性难以达到的领导位置，但是，她们和大多数女性一样都曾经遭遇过挫折和失败，经受过挣扎和困苦，但是，她们在回应失败和挑战时总能坚定不移，对于她们而言，失败只是提供了一个机会，学习如何调整自身，如何学习，从而迎接成功的机会。

第三，积极行动，承担高水平的任务。在前进的道路上可能会遇到艰险，道路崎岖不平，有时候也许还会遭遇到风险和后退，但是，具有自信的女性不会去计较这些，她们会不怕牺牲，排除万难，面对挑战，勇敢克服。女性领导自信的形成往往是通过成功的经验建立的。在现实社会中我们会发现，越过了性别樊篱的女性往往会对自己更加自信，她们的自我效能感更强。工作、生活、成长环境越好的人越有自信，文化水平越高的人越有自信，越是有经验的人越有自信，越是成功的人就越有自信，越是聪明能干的人越有自信。显然，人们在工作生活中不断积累的判断分析问题、解决问题的能力，以及由此而带来的成功或失败是影响人们自信的重要因素。一旦有成功的经历，就会激发起一连串的成功，成功女性领导的自信往往是建立于每项成功之上，直至她们深信自己无所不能，永不失败。成功孕育成功，自信催化自信。

成功女性领导的自信有时是来源于从小的被认可。这些认可不仅累积了她们的自信，而且让她们的心态和思维方式更积极，也更勇敢。当当网总裁俞渝上学时就经常得满分。科闻 100 公共关系中国大陆及香港地区总裁汤蕾小时候喜欢参加各种比赛，目标往往都是一等奖，“二等奖和三等奖都看不上”。积累下来，汤蕾获得的各种奖状摞起来能有一人多高。不断地被认可形成一种良性循环，让她勇于尝试“跳起来才能摸得着的高度”，并且坚信自己“没有做不到的事情”。[①] 对这些女高管来说，争强好胜已经成为她们的习惯，不断的成功也使她们自信满满。在自信面前，外界的偏见在她们身上转化为正面的推动，更激发了她们的斗志。而对另一些女性领导来说，自信并不是天生具备的，是工作的激情激发了信心，帮助她们做好领导工作。甫瀚大中华董事、北京地区总经理王海瑛就是这样一位女性领导。性格内敛的王海瑛坦言，自己是被“推上去的”。就连她的就职演说，也是被员工硬拉到台上做的。自称野心很小的王海瑛，对审计和管理咨询的工作抱有浓厚的兴趣，甚至可以不计回报地付出。进入安达信会计师事务所之后的十几年中，每天工作十几个小时对她来说再平常不过。她认为，是她对工作的态度和热情让她在职场中不断前行，而且不时有人给她助一把力。坐上领导岗位，王海瑛刚开始也有点怀疑自己是否能够胜任。勤奋和对工作的热情让她逐渐找到了乐趣。无论是本心的驱动还是被推上岗，这些成功的女性领导者对社会偏见从不在意，追寻自己想做的事情是她们的最大目标。

因此，女性领导要通过积极参与，承担责任来培养自己的强大的自信。谢丽尔·桑德伯格在演讲中建议，女性要像男性一样坐到谈判桌旁，争取自己能够胜任的职位和应得的薪水，在得到自己想要的职位前不要提前离场。卡莉·菲奥莉娜曾引用南非已故总统曼德拉的话激励女性，“我们现在最恐怖的事情，并不是我们的不足，而是看不见我们身上隐藏着的巨大的不可估量的潜能”。她以自己成功的职场经验，告诉女性领导：“取悦别

① JENNY DING:《女性搏击领导力》，载《世界经理人》2007 年第 1 期。

人永远不能成为人生的目标。要努力找到自己热爱的东西。”

第四，积极参与，发出自己的声音。积极参与意味着有时要承担风险，风险和机遇是相伴相生的。因此，女性领导要学会正视风险，充满信心和勇气，评估风险，向其他人请教，并找到解决问题应对风险的方法，然后采取行动。心理学家的研究表明，那些选择接受风险并努力去化解风险的人，要比其他人感觉更加快乐，更加自信，也更加容易赢得机会，取得成功。与此同时，女性领导还要善于展示自己。女性不擅长获得别人的认可，并且经常低估自己的能力，男性则恰恰相反，他们总是能够轻松地说出自己的优势和所长。因此，女性领导所要做的就是说出自己的优点，当自己取得成绩时要敢于在众人面前表达出来。许多人都认为，勤奋努力最终总会被人注意到，并会获得应有的回报和人们的支持。但是，在实际生活中，往往并非如此。在访谈中笔者发现，许多女性领导都谈到，女性领导需要为自己创造机会。为此，女性首先必须发出自己的声音，有时，即便是职位很高的女性领导，在清一色的男性领导群体中，也会遭遇到不敢发言的挫折，女性常常因为没有新的观点，或者认为自己观点不够深刻，当她们这样想的时候，她们就会退缩。

发表自己的观点并不意味着固执己见。女性领导要学会征求别人的意见和建议，同时也没有必要采纳所有的建议。我们每个人的周围都有很多的朋友，当我们遇到困难的时候总是希望得到他们的帮助和建议，但是，过分依赖或者听从别人的意见也会产生相反的效果，因为太多的意见会左右人原来的想法，使人举棋不定。如果真的决定一件事是对的，那就放手去做。而一旦做出决定，不要质疑自己的能力。男性往往坚持到底并因此而获益，而女性往往会在每一个阶段回过头来重新审视自己的决定并因此受到别人的质疑。

总之，对于女性领导而言，要想获得成功，首先需要拥有坚定的信心和决心。永远不要因为自己是女性而放弃梦想和追求，即使现在没有，女性领导也要深信，可以通过自己的努力创造这样的机会。比如，对一件工作即使不是完全熟悉，也可以边做边学，即使做错，也能得到宝贵的经验。当面对晋升的机会时，要看成是表现、锻炼、提升能力的机会，且充满信心接受挑战，不会因为没有领导的经验而选择退却。

2. 坚忍

坚忍是一种意志力，是人为达到既定目标而自觉努力的心理状态和意志品质，是人的一种自我发动器，并在启动之后成为一种维持力，帮助人们在关键时刻，充分应用各种能力，为实现最终目标而努力，不屈不挠。顽强的意志促进人们成功，成功的喜悦和自豪，增强人们的自信，也促使人们去追求新的、更大的事业成功。通用电器公司的创始人汤姆斯·沃特坦曾经说过："通往成功的路即把你失败的次数增加一倍。"在承受风险和挫折时，领导者必须有勇气去承担责任，有较高的耐挫力，不焦虑，不沮丧，不压抑，用坚强的意志去克服困难，把失败当成新的起点。

尤其是在今天这个变革的时代，高科技迅猛发展在给人们带来生活的便利和舒适的同时，也带来了更激烈的竞争和挑战，为领导者成功带来更多机遇的同时，也设置了更多的障碍，使领导者会遇到比过去更多的阻力和困难。由此决定了领导者实现自己的目标，达到成功的过程比以往更需意志的参与才能取胜。而且，他们不仅要自己能坚韧不拔，而且要带领追随者全力以赴，一次又一次尝试，直至达到成功。

坚忍是女性的特点和优势。女性的坚忍在世界各地都得到了承认，1996 年关于性别和智慧的"盖洛普民意测验"调查了 22 个不同国家和地区的男女，其中问及女性的特点，结果压倒性的问答是，女性的坚忍力。

坚忍的意志品质对女性领导而言尤为重要。现实生活中许多女性领导者并不缺乏成功的志向，然而成功的概率却很低，问题就是出在没有坚强的意志力。有些女性在追求成功的过程中，常常遇到家庭与事业的矛盾，结果使家庭成了事业的羁绊，浅尝辄止，半途而废。有些立志成功的女性领导者，虽然能够摆正家庭和事业的关系，但不能勇于克服困难，在顺境情况下，还能努力进取，信心十足，但一遇困难，就又扬帆转舵，知难而退。也有些女性领导者一般还竭力克服各种困难，但经不起人际关系的溯流逆风，一旦稍有冒尖而遭到别人的嫉妒、讽刺、挖苦时，便陷入个人的得失之中不能自拔，最后毁了自己的成功。总之，意志不坚定或缺乏意志，会使女性领导者在现实生活与事业发展中难以克服心理矛盾，遇到困难便怀疑预定的目标，错误地放弃追求，或者做事见异思迁，虎头蛇尾，对困难望而却步。最终也难以取得成功。

几乎所有成功的女性领导都有很强的意志力，这种坚强的意志则可以增强女性领导者战胜困难的信心，不屈不挠地向着既定目标前进，帮助女性领导者达到成功的彼岸。曾经被誉为全球最有影响力之一女性的原雅芳总裁钟彬娴曾经这样说："我始终认为，坚持和勤奋会帮助你渡过困境。有时候我看到年轻人遇到困难时就放弃，我总是建议他们再试一次。没有达到目标绝不要放弃。这就是为什么有的人能够到达顶峰，而有的人却不能的原因。"她还说道，"有时候我读一些写我和我的职业生涯的文章，看上去好像一切都很容易。但相信我，没有一天是容易的。我现在要比以前任何时候都还努力工作。我必须接纳不断的变化，每次我认为终于掌握局面的时候，一项没有预计到的挑战就会冒出来。很多时候，我们会感觉面对的挑战令人无法招架，每个人都会有这样的阶段。当试着努力一步步往前走，做出一些成就的时候，我们就会惊奇地发现，这些困难无影无踪了。所以，在我最艰难、最绝望的时候，我总是鼓励自己，要坚持，除了坚持，别无选择。"希拉里也是一个通过自我奋斗取得成功的女性，她的坚忍贯穿在每一次她面对人生的挑战过程中。她直面逆境，坚韧不拔的意志力，令人难以置信的政治热情和卷土重来的独特能力，赢得了很多人的尊重和钦佩，这位杰出的女性领导人，有许多值得我们学习的领导经验。众所周知，希拉里经历过的人生可谓跌宕起伏，从个人和职业的视角来看，她的某些经历甚至是悲剧性的，然而，她是一个不轻言放弃的女性，拥有最优秀的恢复能力，以及比常人想象中更强大的毅力和更坚定的决心。无论是在其个人生活还是在其职业生涯中，她都能直面逆境，积极应对，适应新的环境，并从中获取经验。尽管并不是每一次都能得到她想要的结果，但是她总能即时调整自己的计划，最终回到正确的轨道上来。希拉里在一次民主党的辩论上承认了这一点。她说："我想在座各位都知道，我这辈子经历过不少危机和挑战。"她向人们详细阐述了在困难时期，她是如何克服困难，奋力前行的。研究发现，事业有成的女性领导与一般女性最大的不同在于，她们将工作视为乐趣，她们愿意为工作付出大量时间去实现自己的事业和梦想。勤奋、真诚、投入是许多女性领导者突出的特点。她们不畏辛苦，全心地投入工作中去。据有关资料显示，中国女企业家平均每天做家务时间为 1.6 小时、娱乐 1 小时、睡眠 6 小时。近 60% 的女企业家负担着照顾老人的责任，1/3 以上的女企业家要从事全部的家务劳动，约 60% 的女企业家要从事部分的家务劳动。中国女企业家的工作时间在 10—12 小时的占到 83.5%，工作时间在 12 小时以上的占到 15%，最长日平均工作时间为 17 个小时。她们把每天的大部分时间都投入在工作中。

研究显示，女性领导者在遇到挫折时，其恢复能力似乎比男性略低，但差异并不显著，而她们较强的人际交往能力和明确表达自己想法的态度共同构成了女性领导者面对挫折的独特方式。领导学专家格林伯格曾解释说，遭遇挫折时，她们会感到失落，甚全会有些自责，但很快便振作起来，排除所有负面情绪，从挫折中学习。

那么，女性领导如何培养坚忍这种意志力和品质？

（1）了解自我，建立积极心态。坚忍是建立在对自我的认识基础上的。这包括了解自己的价值观、信仰、情感和态度，以及性格优缺点等。这意味着要弄清楚在任何情况下，到底是什么阻碍了领导活动，一旦清楚了解了自己，就能够更加现实地看待任何情况，并坚定选择。

坚忍是从不幸中、颠覆性的变化甚至是失败中有效恢复的能力。我们都曾经历过失败失望、不幸，这是生活的一部分，问题是，我们是否因这些不愉快的经历而停止脚步，或者放弃追求自己的目标，或是保持积极乐观的态度，即使面临严峻形势，仍然有明确的目标和坚定的决心，从而度过艰难时刻。两种不同的心态导致不同的结果和不同的人生境遇。

有时候，尝试新事物是困难的，意味着我们要放弃原有的行为模式和思考模式，我们会选择拖延，甚至找各种借口不去尝试新事物，我们这样做的原因，源自我们的心态，“我做不好这件事，或者做这件事太费劲”。当尝试新事物使我们变得不舒服或是沮丧时，我们心中会有一个声音劝说我们放弃。是的，正是我们的心态，我们的信念体系给我们自己设置了障碍。我们看到的障碍源自我们的自我幻想和自我设限，它最终会阻碍我们做成我们自己真正喜欢的，甚至是很擅长的事情。因此，我们需要重新审视和改变自己的心态，以更加积极的“我能做到”的态度去实现目标。当我们这样做时，我们才会更加有能力和信心。而此时的困难看起来就更像是机会了。

（2）控制即时反应，并指定计划。我们都会对逆境做出即时反应，一些人选择回避坏消息，而另一些人则准备迎战。事先了解自己的反应倾向，面对逆境做出积极主动而非被动的选择，我们就有机会去思考局势，就可以让我们保持积极的态度，收集所需要的信息，并最终做出选择。

（3）直面困境。幸福的生活不在于逃避，而在于战胜苦难。在领导活动中，总是会有各种各样的遭遇、困难、挫折和失败，但是，这些危机可以转化为其前进道路上的垫脚石，激发力量和耐力，每一个成功应对危机的历练，都能让我们对自身的领导能力有更多的了解。成功的女性领导者在面对严峻挑战的时候，会将其视为学习新事物的机会，并用积极的方式来改变场景，而不是沉溺于受害者的心理状态不能自拔。

1984年，创新领导力中心曾经对一些领导力发展“关键事件”进行研究，这项名为“培育坚忍力：如何在变化的时代中成长”的研究发现，领导者学习、成长并进一步发展的最大机会正是来自他们所遭遇到的困难、教训、失败和事业上的挫折。在这项研究中，34%的受访者表示，他们成功的经验来自从挫折中学习，困境是他们关键的学习经历。

直面困境意味着女性要不断提升自己的能力。在现实的领导实践中我们看到，女性必须表现出超强的工作能力，才能得到人们的认同，人们才能相信她们和男性是一样优秀的，胜任领导工作。美国著名的女性咨询调研公司Catalyst公司的前任总裁希拉·韦林顿（Sheila Wellington）曾指出，“做到最好都还不够，很多成功的女性都告诉我们，要做到超出人们的期望……要做出比大家期望的还要好的业绩，要不断地加深人们对你的印象。只有这样做，你才能有好的工作履历呈现给现在的老板以及你将来可能要进入的组织。只有这样，你才能跨越女性所说的在她们跟男性共事时会遇到的能力障碍”。[①] 直面困境还表现为坚持和不退缩。由于性别偏见和自身自信心不足等原因，女性的声音常常被忽视。比如，在会议上女性的发言不被重视，面对这种情况，和男性的坚持相比，女性往往更可能这样想，“算了，我不再坚持了”。其结果是，忽视成为一种惯性，女性领导也难以有效发挥自己的影响力。因此，在这种情况下，女性领导需要考虑的是，如果他们不重视我的发言，我是否应该再说一次？我是否应该重新组

① Wellington S. 2001 .Be your own mentor：strategies from top women on the secrets of success. New York：Random House P47–48.

织发言内容？只有抱着积极的心态，灵活面对，才能克服困境。

（4）拿出勇气。恐惧是坚忍的最大障碍。恐惧使我们变得保守，忽视可能的选择，增加放弃的可能性。对抗恐惧的最好武器就是勇气，它是领导者最重要的特质。西方一位哲人曾经说："勇气是所有美德中最可贵的。"勇气意味着要坚持自己认为重要的事情，改变传统的思维方式，甚至主动去做一些自己都不确定是否可以真的做到的事情。玫琳凯在自传中曾经说："我们需要勇气来毫不退却地面对未知，并采取行动对抗心中的恐惧，而克服恐惧的秘诀就是去做自己所恐惧的事，努力追求理想，你不会有什么损失，只会有收获。"[①]

从许多成功女性领导的案例，我们可以看到，她们并非在任何情况下都无所畏惧，但她们都具有勇敢精神，能够直面恐惧，不断挑战自我。希拉里在自传中曾描述母亲是如何教育自己在困难面前不退缩，希拉里的母亲曾经拿着正常的水平仪与出现故障的水平仪让希拉里比较，然后告诉她，要她不论在什么样的情况下，都要维持自己内心的平衡。她告诉希拉里，只有能维持自己内心平衡的人，才能进一步维持别人的平衡。希拉里牢牢记住了母亲的教诲，并且把它当成是面对突发状况时的最高指导原则。"那就继续做你原来在做的事。"当危机发生时，如果不能维持内心的平衡，那么真正的危机，将会在内心开始动摇的那一刻而爆发。而唯一解决问题的办法，就是保持镇定，继续做自己本来在做的事情。由于社会经验和历练的缺乏，许多女性面对危机时容易陷入恐惧，脑子里一片混乱，失去生活的重心，然后因为恐惧，有些人会独自一个人掉眼泪或者向朋友哭诉，有些人则会要求他人帮助自己解决问题，但是，这些都不是好方法。前者只会让情况越来越糟糕，因为问题需要靠行动来解决，如果只是沉溺

---

① 玫琳凯·艾施著，玫琳凯化妆品公司台湾分公司译：《我心深处》，浙江人民出版社 2010 年版，第 41 页。

于悲伤，则对事无补。而后者只会让自我的支配权让渡给他人，这些帮助你的人，则容易在潜意识里，认为你是没有能力的人。久而久之，连你自己也会被他们的这种想法所影响。所以，不管遇到了什么情况，首先，记得先维持自己内心的平衡，不要过分地紧张，更不要害怕。仔细地检视眼前的情况，然后找出能将眼前的障碍物转化成自己助力的解决方法。同时，记住，不要停下你的脚步，继续做你原来正在做的事情，不要因为眼前的困境而动摇了自己的信心，让自己像什么事情都没发生过一样，冷静地思考，然后镇定的行为。以这种态度来面对问题，你将会得到两种结果，一是靠你自己的力量解决问题，二是让别人觉得你是个有能力而且可靠的女性领导。总之，当问题发生时，要学会把眼前的困难当成是增强自我能力的机会，并且靠自己的力量去解决问题。

3. 承担风险和创新

与男性相比，一般女性通常缺乏冒险精神。传统上男性习惯于探索新领域、倾向于冒较大风险，女性则更满足于维持和保护家庭免受外在风险。因此，女性躲避风险的意识远比男性强。这种倾向主要有两个原因。首先，从生物学意义上讲，女性的睾丸激素水平较低，荷尔蒙导致男子更富进攻性、竞争性、冒险性。其次，从社会学意义上讲，女性历史地被塑造成崇尚“安全”，不去“冒险”，女性继承持家育儿的传统。在女性的头脑里，冒险是男人的专利。在文明进化过程中，女性千百万年来一直被培养成要躲避风险，她们是被保护的对象，被鼓励要寻求安全、逃避风险。相反，男性则演化成冒风险者，走出安全的家庭到陌生的荒野寻找食物，这种遗传赋予男性和女性不同的冒风险认识。男性习惯于探索新领域、满足于冒较大风险；女性则更满足于维持和保护家庭免受外在风险。

但冒险从来都是领导力不可或缺的组成部分，因为领导是领导者影响他人以达到共同目标的过程，在不可预测的未来和充满不确定性的情况下，掌握权力的领导者必须做出决策，承受风险是他的责任。也正因为如此，规避风险型的女性长期被隔绝在领导之外。但是，所有成功的女性领导都具有远远超过一般女性的冒险倾向。她们不热衷于对安全感的追求，不仅比一般女性更倾向于冒风险，探索，甚至对风险和矛盾的忍耐力也远远超过大部分男性。

这种心理特质还表现为具有灵活应变的能力。领导实践的复杂多变要求领导者对动态变化的外部环境具有灵活的应变能力，要具有审时度势、沉着冷静处理问题的能力，在突发事件面前，既不惊慌失措，无所适从，又不拘泥刻板，能应付自如、灵活机动、善于应变、随机处置。作为女性，由于上述社会化等的因素，一般而言，灵活应变的能力较差。但是她们天性敏感，对外界事物反应很快，能感受到周围环境很细微的波动、潜伏的暗流、风险和机会。成功的女性领导，往往通过多年的艰苦学习、锻炼，不断积累工作经验，在工作中总结经验教训，努力克服不利于自身发展的缺陷，能够逐渐锻炼培养出沉着、冷静、稳定、果断等工作作风，对外在的动态变化能利用女性的敏感及时领悟，积极应变，以争取事业的成功。

CHAPTER 05

第五章

女性领导力提升

女性的优势和特点适应了时代对领导的要求，社会发展给女性走上领导岗位提供了更多的舞台和机会，但是，并不意味着女性自然就能胜任领导工作，能承担领导角色。领导岗位无性别之分，要回应时代的呼唤，女性领导就要不断修炼和提升领导力，不断促进自己的成长发展。

一、领导力的含义和构成

近几十年来，领导力是社会科学领域研究最多的现象之一，由于其本质的复杂性，理论界还没有普遍接受的确切定义。要想理解领导力，我们首先从理解领导开始。

（一）领导的含义

1. 词源分析

领导一词在我国古代是分开使用的，“领”和“导”二字出现的时间很早，但我国“领导”一词何时出现，迄今未可查考。不过，从古典文献中常可看到“领导”一词现代意义的历史轨迹。“领”最早的意思是颈，即脖子的意思。如《说文解字》中领，项也。《左传·成公十三年》：“及君之嗣也，我君景公引领西望曰：‘庶抚我乎’。”后又发展成为率领、引导等意，如元结《宿洄溪翁宅》诗歌：老翁八十犹能行，将领儿孙行拾稼。导有引导的意思。《说文》中导：引也。《孟子·离娄下》："有故而去，则使人导之出疆。"从我国古代"领""导"二字的发展变化可以发现，最初"领"字的脖子释义和"导"字的引导之意，十分形象地突出了领导的地位和所应发挥的作用。

领导一词在英文中的对译词有 lead、leader 和 leadership 等，在《英汉大词典》中 lead 一词有动词、名词、形容词等三种词性，近五十多种释义，但其核心意思始终与带领、引导、领导、领导者、树立榜样等相关。Leader 意为领袖、首领、（军事单位）的首长，领先者、引导者等近 20 种释义，而其中最常使用的是前面所列的几种，及由此而延伸出去的如居于首位的事物等。leadership 一词的内涵更为广泛，不仅指领导、领导地位、领导权，而且还包括领导才能、领导人员、领导层等。著名领导学大师约翰·阿戴尔（John Adair）在他的"Inspiring Leadership"中专门探讨了 lead、leader 和 leadership 的词源问题，他指出：在盎格鲁－撒克逊语中，词语 lead，leader，leadership 的共同词根为"laed"，意思是小径或道路。而这个词根又有动词"laeden"演变而来，是旅行或走开的意思。盎格鲁－撒克逊人后来又将它的意思延伸到人们沿着小径或道路旅行。而海员们也把它用于指代一艘船在海中航行的过程。领导者的原始含义就是指明方向的人。在陆地上，他一般会走在前面引路，按我们通常的说法，领导者的这种行为就是带头；在海上，他就是领航员和舵手。从小径或道路发展到沿着小径或道路旅行，再发展为带头或掌舵。领导一词在国外的词源含义逐渐接近现代意义。

2. 领导学中的解释

领导是令人瞩目的社会现象，由于领导活动的复杂性决定了关于领导的概念也是五花八门，莫衷一是，存在诸多差异。在西方领导学研究领域，专家学者对领导给予了多种多样的阐释。可以说，有多少个领导学研究者，就有多少种关于领导的定义。巴斯（M.Bass）于1990年在为他和斯托克蒂尔（Ralph M. Stogdill）合著的《领导手册》作序的时候，强调了领导概念这一问题，介绍了12种对领导的定义：

（1）领导是组织的工作核心。这种定义认为：领导者是组织活动的中心。

（2）领导是人的个人品格及其产生的效力。这种定义认为，领导所表现出来的更多的是个人的品质，或者说是领导者个人的人格魅力。关于领导，伯纳德指出：每一个出类拔萃的人对他人来说都是一种心理上的鼓舞，因此，能够有效调节大众心理的人就是领导者。

（3）领导是一种行为。沙特尔（Shartle）指出：领导就是能够带来相应的举动和反应的行为。

（4）领导就是为了达到目标所发出的各种指示和命令。克劳力（Crowley）认为，领导者就是带领组织以一种特定的方式和程序向目标前进的人。而戴维斯则把领导定义为一种推动和协调组织以达到目的的主要力量。

（5）领导是相互作用产生的一种效果。领导是组织内部相互作用的“效果或产物”。它不是组织行为的“起因”，而是组织内部人员之间相互作用的一种结果。博加达斯（Bogardus）指出，领导是一种社会过程，这种过程促使大家以一种崭新的热情向既定的目标前进，或者以满怀希望和勇气的状态去争取一个新的目标。

（6）领导是一种与众不同的角色。从组织理论出发，一个组织系统需要各种各样的角色，领导只是这些意义比较明确、为组织所需要并且与众不同的角色中的一个，组织中的不同角色为达到组织目标做出了不同的贡献。谢里夫（Sherif）提出，这些角色都说明了组织成员对自己和其他成员的一种期望。从这个意义上说，领导就可以被看作是用来整合其他成员的角色以促进组织活动的一个角色。

（7）领导是组织结构的建立者。这种定义是对“角色理论”的延伸，它把领导者看作是一种独一无二的角色，是组织结构的建立者。斯道戈尔（Stogdill，1959）就采用了这样的定义：领导是基于期望和相互作用来开创和维持组织结构的角色。

（8）领导是一种使他人服从的艺术。这种定义把领导看作是对集体的愿望和意图以及领导者希望达到的目标进行的一种融合。因此，这是一种从使他人服从的角度所做的定义，它把领导看作是一个单向的影响过程，即从领导者到下级，而不需要考虑下级的意见。奥尔波特（Allport，1924）把领导定义为个人对组织的控制。邦德尔（Bundel，1930）把领导定义为“一种使他人按照自己的意图行事的艺术”。

（9）领导是影响力的施加过程。这种对于领导的定义运用了“影响力”这个概念，从而把领导与统治、控制、强迫他人服从区别开来。这种定义的范围包括了甘地的以身作则式的领导，包括了“跟我来”式的领导，包括了以演进和谈话过程驱使他人式的领导，还包括了通过对追随者的看法进行控制式的领导。坦南鲍姆（Tannenbaum）就给领导定义为个人的影响力。蒂德（Tead）提出，领导就是影响他人为达到自己认为有价值的目的而努力的行为。

（10）领导是劝说的一种形式。这种观点认为，领导就是改变人们原本坚信的理念的过程。美国前总统艾森豪威尔认为，领导就是决定该去做的事，以及使他人也希望做这件事的能力。李普曼也认为，对于领导者来说，最终的任务就是让人们建立起完成任务的信心和愿望。

（11）领导是一种基于权力的关系。这种定义把权力作为关键性因素。弗伦奇（French and Raven）和雷文（Leiwen）从组织成员之间权力关系不同的角度对领导进行了定义。简达（Janda）把领导定义为：组织成员对于另一成员所享有的权利的承认，这种权力使得另一成员有权根据某一成员的行为来规定他的工作方式。

（12）领导是许多要素的综合体。迪普伊（Dupuy）把领导定义为一种许多要素的综合体，这些要素包括服从、自信心、尊敬和忠诚的合作。

最后，巴斯认为，有许多对于领导概念的理解实际上综合考虑了很多因素，领导定义的区别与差异反映了领导活动这种现象的复杂性，它的不同目的、所涉及的各种不同因素以及它的实施环境、多样化的途径都要求对领导的解释多种多样。接着，巴斯把领导定义为“组织内部两个或两个以上的人之间的相互作用，这种相互作用通常会涉及建立或重建一种架构，以及组织成员的意见和期望”。他还解释说，领导者是“转变的代理人”，是“能够以自己的行为影响他人甚至让他人的行为影响自己的那种人”，“当组织中的某个成员改变了另一成员的动机或能力时，领导就产生了”。事实上，巴斯认为，关于领导概念界定的纷繁多样，往往是专家学者从自身的学术观点或理论实践出发对领导是什么给出的自己的判断，具有一定的针对性。

在我国领导学研究领域，也存在多种对领导的不同阐释。学者王乐夫在其著作中就介绍了 5 种对领导的不同定义，如“领导是组织的创造者和维持者”“领导是一种个体引导群体活动达成共同目标的行为”“领导是在保持组织目标的过程中，相互沟通、指引导向的人际影响力”“领导是一种人与人之间的交互作用，其中的某个个体会对其他人产生控制和影响，从而影响工作行为的绩效水平”“领导是控制、指挥、协调多种工作和人际关系的行为系统”[①]……在他看来，领导是一个多层次、多领域的立体现象，可以从不同的视角进行不同的认识。

① 王乐夫:《领导学：理论、实践与方法》，高等级教育出版社 2006 年版，第 35 页。

3. 词性分析

显然，上述诸种关于领导的定义，若从词性上来分析，它具有双重属性，既可以是动词，又可以是名词。作为动词意义上的领导，指的是领导者的领导行为、领导过程。作为动词的领导的内涵还可以进一步分为“领”和“导”。一是领，即组织中的领导者带领组织成员为实现组织愿景而进行的活动，有引导、引领的意思，包含着方式方法的问题；二是导，组织中的领导者对组织成员进行引导、指导，使被领导者能够按照组织目标与领导者所勾画的愿景从事各种实际工作。从这个意义上来说，组织中的领导者也是教练和教师。

而作为名词的领导，指的是领导者（leader）和领导活动（leadership）这一现象。作为名词的领导常常被用来指“领导者”，是一种社会角色。作为名词的领导与其相对应的是追随者。

美国著名领导学家约翰·科特（John Kotter）认为“领导”一词在日常生活中有着两种截然不同的含义。有时，领导指的是有助于引导和动员人们的行为和思想的过程，另一种场合中，它指的是处于正式领导职位的一群人，希望他们起着这个词前一种含义中所起的作用。[①]

从作为动词的领导来看，古汉语中与“领导”这一词意义相近的词语有“治国”“治理”“理政”等。中国传统文化中记载领导活动的历史文献可谓汗牛充栋。《左传》《国语》《资治通鉴》等都有大量关于领导活动的记载，被称为“正史”的二十五史，毛泽东就认为是“一部帝王将相史”，书中记载的主要是帝王的政治活动及其效果，也即一部古代中国的领导活动记录史；就作为名词意义上的领导而言，中国古代相关的词语主要有君、王、皇帝、天子、诸侯、官、吏等，包括了国家最高统治者以及整个国家

① 朱立言、雷强：《领导者定义及职责新探》，《行政论坛》2002 年第 11 期。

统治序列中各级各类官员。

此外，对于领导的含义，也有学者从领导的差异方面来进行解读。关于领导和管理的差异有许多学者进行过长期研究，在他们看来，领导就是指挥、带领、引导和鼓励部下为实现目标而努力的过程，领导的本质是被领导者的追随和服从，它完全取决于追随者的意愿，而并不完全取决于领导者的职位与合法权力。领导是做正确的事情，是从荆棘和复杂中开辟道路的活动。而管理者的本质是依赖被上级任命而拥有某种职位所赋予的合法权力进行管理，被管理者往往因追求奖励或害怕处罚而服从管理。管理就是正确地做事。

综上，尽管古今中外对领导含义的阐释多种多样，但有一些要素却被认为是领导现象的核心。其一，由于领导是率领和引导他人实现组织目标的活动过程，因此，领导是一个过程，这就意味着领导并不仅仅是存在于领导者身上的一种特质，而是发生在领导者和追随者之间的一种交互活动，领导者必须有部下或追随者。其二，领导行为发生在群体之中，群体是领导行为得以产生的环境。其三，领导者拥有影响追随者的能力或力量，包括组织赋予领导者的职位和权力，也包括领导者个人所具有的影响。其四，领导活动与引导一群个体完成某一人物或达到某一终点有关，领导者总是把精力花在那些正试图完成某一任务的个体身上，只有在所有个体都朝着一个共同目标努力的背景下才会产生领导。因此，领导行为具有明确的目的，领导活动就是通过影响部下实现组织的目标。

（二）领导力的含义

明确了领导是什么，我们才能继续认识领导力。那么，什么是领导力？有了职位和权力是否就意味着有了领导力？现代领导学理论认为，领导不是指职位和权力，不是领导者的独角戏，而是指一种影响，一种作用，是领导者对追随者施加的一种积极的、正向的影响力，是赢得他人追随，激励他人自愿在组织中做出贡献的能力。没有了影响力，领导力就不再存在了。它能使人们超出常规标准和常规质量地去完成任务，并且使执行者乐意去做。领导力作为社会交往活动中人们交互作用的一种要素，是一种复杂的活动。领导力可以是一系列领导行为的组合，而这些行为将会激励人们跟随领导者，不是简单地服从。我们会看到领导力存在于我们周围各处，在领导层、在课堂、在球场、在政府、在军队等，从国家直到一个小家庭，我们可以在各个层次、各个领域看到领导力，它是我们做好每一件事的核心正能量。

一个人身居要职，高高在上，有组织赋予的权力，但他很可能并没有领导力。因为领导是涉及领导者、追随者和情景三方面的互动过程，而互动需要三方面在多个因素上的相互协调。如果领导者的能力、特质与追随者的期望不合，领导力就无法发挥，如果领导风格不能与时俱进，不符合情景的特征，领导力也发挥不出来。

领导影响力并不等于权力。所谓领导影响力就是在领导活动中影响和改变他人心理和行为的能力。这种影响力可以强化被领导者的追随性；提高实现既定目标的有效性。影响力人皆有之，但影响力有大小强弱之分，而领导活动是有组织、有目的的社会活动，是领导者和被领导者相互影响、相互作用的过程。在这个过程中，领导作为一种指挥和控制行为，实际上就是领导者对被领导者施加影响的过程，任何领导者要想对被领导者施加有效影响，那就有必要了解领导者的影响力来自何处、有何特点、产生何种影响力。

领导影响力来自两个方面，权力的影响力和非权力的影响力。权力影响力是组织赋予的职位和权力，是强制性的影响力，是上级对下级的影响，是法定权力的影响。领导者职权有着十分明确的范围界定，它具有强制性和不可抗拒性的特点。而非权力影响力是人对人的影响力，即依靠非职位权力和非强制性权力的影响力。它与职位无关，与领导者个人的能力、魅力和魄力密切相关，具有非强制性，能影响他人自觉自愿地按照领导的意图去行动。[①] 如果说权力影响力是依靠职权特征和法定命令，被领导者必须服从，被动适应，那么非权力影响力在领导活动中的作用就变得极具可塑性。非权力影响力是自然性的、非强制性的；它不是单纯靠外力的作用，而是被领导者在心悦诚服的心理基础上自觉自愿地接受影响的过程。正因为如此，它的作用力更为持久，其艺术性表达也更加充分。作为高效的领导者，他必须对权力影响力和非权力影响力有正确的认识。权力的影响力是领导力的基础，非权力的影响力对领导力具有放大和提升的作用。一个领导者不可能向自己的上级领导要硬权力，但是，却可以向自己开发无限的非权力影响力。

领导者在带领、引导和鼓励部下为实现组织目标而努力的过程中，要具有指挥、协调和激励等方面的作用。在这一过程中，组织中的各级领导者只有正确地理解领导权力的来源，合理地、辩证灵活地运用这些权力，才能成为真正有效的领导者，才能真正发挥其领导力。如果使用不当，就不会产生领导力和影响力。领导活动就会失效。21 世纪，领导发展趋势的一个显著的特征就是权力的影响力发挥的作用越来越小，而非权力的影响力发挥的作用越来越大，越来越强。因此，在使用两种影响力时就要注意以下几个问题：其一是权力影响力和非权力影响力要搭配使用，针对不同的部门，不同的对象，不同的工作，这两种影响力的比例要有所不同。其二是要多用非权力的影响力，少用权力的影响力。当一件事情既可以用硬权力来解决，又可以用软权力来解决的时候，我们就应当用软权力来解

---

① 全国干部培训教材编审指导委员会组织编写：《领导力与领导艺术》，人民出版社、党建读物出版社 2015 年版，第 3 页。

决。在紧急的时候要用权力影响力，在平时要多用非权力的影响力。其三是要注意权变和灵活。要因人而异，因时而异，因环境而异。[①]

有学者认为，权力影响力主要是奖惩权，而非权力影响力主要是专长权、个人魅力权等，高效的领导实践活动往往是这几种权力的有效使用，有些领导情景需要使用奖惩权，而有些领导活动则需要几种权力的综合使用。至于如何使用，这主要与领导自身的状态密切相关。一般情况下，大多数领导者都是依靠专长权和个人魅力影响力来影响其部下，从而引领团队走向成功，并实现组织目标。比如，对于新任领导来说，就要慎用自己的奖惩权，奖惩权只有在专长权和人格魅力的基础上，或者说具有了这些方面的深厚基础才能有效地实施，否则，可能引起适得其反的效果。再比如，在组织发展的初创阶段，下属对领导的信任和追随可能更多的是建立在领导者专长权的基础上，但是随着组织的发展成熟以及技术的迅速发展变化，领导者就要逐步建立规章制度，通过制度实施领导。此外，个人魅力的影响力在组织发展的不同阶段可能也在发展变化，要辩证和灵活地运用，在组织初创阶段，下属和领导者之间由于近距离和较深入的接触和交流，领导者的个人魅力的影响作用就能得到极大的发挥，建立在德行、能力等基础上的个人魅力能得到下属的追随和认同，佩服和尊敬，但是，随着组织的发展壮大，领导和下属的距离变大，领导者不可能面对每一个下属员工，这时，下属就难以直接感受领导者的人格魅力，这时，领导者的个人魅力就难以得到有效的发挥。因此，在这种情况下，领导者就需要关注组织文化的建设，通过文化塑造领导者形象，描绘组织愿景，通过组织文化影响下属。

对于女性而言，由于性别以及社会环境等的原因，女性在使用上述权

① 刘峰：《管理创新与领导艺术》，北京大学出版社 2011 年版，第 137—139 页。

力方面也要有所注意。研究发现，与男性相比，女性对权力的认识和态度是处于相对保守的状态，由于家庭和工作的矛盾冲突、组织机构文化以及心理因素的影响，女性对权力影响力往往会采取相对保守的态度，有时甚至是采取回避的态度。在奖惩权方面，与男性相比，女性由于更感性，更注重人情，注重情感和人际关系，因此，女性在制度化建设中需要更加关注。在专长权方面，与男性领导相比，女性领导稍处于劣势。作为领导者，不仅是专业技术知识，还有社会科学、哲学等方面广博的知识。尤其是党委政府的领导，他们的工作领域涉及社会治理、经济发展、生态保护、教育医疗等各个方面，尤其是军事、经济、城建、金融等领域，一般女性涉猎较少，一旦分管这些领域的工作显然就会很难胜任。因此，就要持续学习，保障专长权。而在个人魅力影响力方面，女性具有更多的优势，女性领导要认识到这一点，主动历练自己这一方面的能力。领导力不是与生俱来的，而是可以通过教育和训练不断提升的，每个人都有领导力。

（三）领导力的构成

从上述我们知道，领导是既领又导，领是带领率领，是领方向，领队伍，重在事前定目标和方向。导是引导、辅导、教导、督导和疏导，重在激发组织成员的斗志，打造组织的凝聚力和向心力。领导力要发挥带领和引导的作用，往哪里带领需要决策力，如何引导需要影响力，这是领导力的两个要素。领导决策就是要在限制中选择，因此，需要领导必须善于战略思维、创新思维。同时，领导决策又要善于抓住机遇，当机立断，具备胆识、勇气和决断力，领导决策重在决断。与决策行为比较起来，领导力的另外一个方面“导”的影响力也许更加重要，更带有根本性。领导工作的本质就是要用人，让人充满信心，满怀热情地去完成组织的目标。领导影响力重在用人，影响人。

（四）女性领导力

正如前面谈到的，女性在领导工作中有自己独特的优势。女性具有亲和力，有很强的悟性和直觉思维的能力，这对于识人用人、决策决断都有着很大的益处。女性谦和，礼贤下士，有利于吸引人才，凝聚团队，女性善于沟通协调，适应性强，有利于处理复杂的人际关系，女性善于设身处地为他人着想，带着同理心去待人处事，有利于赢得他人的认同感，女性做事认真敬业，有韧性和耐力，有利于组织绩效的提升。女性领导力的充分发挥将有利于女性领导高效开展领导工作。当然，领导岗位并无性别之分，女性领导要想完成领导实践活动，不仅需要充分发挥自己的优势，与此同时，还需要在工作实践中通过有意识地学习、积累和塑造，弥补自己的不足，不断提升领导力。那么，女性如何修炼领导力？我们将在以下的内容中详细阐述。

二、战略思维与创新能力

（一）战略思维

1. 思维与领导活动

思维是社会发展和人类实践活动的产物，也随着人类社会的发展而发展。人类的活动都是在思维的指导下有目的、有计划的创造活动，是围绕着“观念地存在着”的目标或蓝图而进行的。从这个意义上说，人的活动过程，特别是领导活动过程，是一种思维过程。在思维过程中，采取何种思维方式，思维方式的科学正确与否，直接决定着、影响着人们的思维过程与思维结果的准确程度，并进而影响着人们观察问题、分析问题和解决问题的熟练程度和准确程度。就女性领导而言，探索其思维方式及其特点，对于提高女性领导的决策水平和组织指挥水平，有着重要意义。

当代社会是一个生产规模急剧扩大、科学技术迅猛发展，多种经济模式相互竞争、并存、协调发展的社会，挖掘人的潜力、弘扬人的主体性已成为当今时代的主题。改革开放以来，我国的社会主义市场经济体制正在逐步得以完善，社会主义民主政治观念日益深入人心，人们参政议政意识空前增强，外来文化与本土文化、现代文化与传统文化的并存与竞争，不但丰富了人们的文化生活，而且使社会文化经历了一场由一元走向多元的巨大变迁，尤其是现代信息社会的高度发展，极大改变了人们的生产生活方式。这种社会的发展，极大地开阔了人们的思维视野，同时也对领导提出了新要求和新挑战，即在新形势下，面对新的问题，在更新和转变思想观念的过程中，改造原有的思维方式，实现思维方式的科学化、现代化。而完成这一历史任务，女性领导应当具备科学的、现代的思维方式。

2. 女性思维的特点

由于诸多因素的影响，与男性相比，女性思维方式也呈现出一些独有的特点，突出表现在以下几个方面：

第一，习惯于经验思维。所谓经验思维，是指人们从个人经验出发，运用以往生活和工作中的感受与体验而进行的思维活动。由于经验是人们在长期的生活和工作实践中学习和形成的，因而成为人们思维活动的重要基础，对人们的实践活动具有重要意义。它能帮助人们迅速搞清事物之间的联系，并进行选择，使人们以较高的效率去分析和解决问题。但是，缺乏理性分析与综合的经验思维，只反映了现实的现象和外部联系，因而具有很大的局限性。单单依靠这种经验思维，往往不能真正认识事物的本质和规律。而要认识事物的本质和规律，必须在经验思维的基础上，进入更高一级的理论思维。从整体上看，经验思维是女性领导思维活动的强项。与男性领导相比，她们更注意对经验的学习、积累、总结和运用，遇到问题习惯于从经验中寻求答案，特别是遇到与自己以往经验相符的问题时，处理时更是如鱼得水，显示出很强的工作效率。但在分析处理自己不熟悉或与过去的经验不一致的问题时，常常缺乏独立创新的能力。[①]

也有一些女领导过于相信经验认识的可靠性，工作中易出现把现象当本质的经验主义错误。女性领导重经验思维，其原因是多方面的，其中主要是女性生活和工作空间较之男性狭窄，使她们少有机会与别人的经验进行比较、分析和总结，使之上升于理性的高度。实验心理学的研究也证明了，女性在感觉、知觉能力上和记忆力上强于男性，对自己经历和体验过的事情印象深刻，遇到类似的问题易于凭经验处理。女性在某一专门知识领域可能是出色的专家，但综合运用所学知识解决问题的能力比男性相对要差。上述原因，就使得女性领导在思维过程中往往采取经验思维的方式。

第二，理论思维较弱。理论思维是人们在经验思维的基础上，按照一定的逻辑，运用概念、判断、推理等方法揭示事物的本质和规律的思维活动。理论思维对于人们的认识活动具有重要意义。一般而言，女性领导的理性思维较弱，往往会局限于事物的表面现象，拘泥于狭隘的经验，这常常导致女性领导不能跳出具体问题，站在更高的层次上，统观全局。因此，女性领导要想胜任自己的工作，就必须加强理论学习与修养，加强理论思维的训练，以此来提高自身领导素质。

第三，善于形象思维。形象思维是人们通过感性形象反映和把握事物的思维活动。女性偏向于形象思维的突出表现是她们情感丰富、强烈，个性色彩十分鲜明，语言表达具有强于男性的优势，因此当女性在说服人的时候不但能以理服人，而且能够以情动人。

女性善于形象思维这一优长，可以弥补女性领导在抽象思维方面的不足。由于她们对事物的感觉比较敏锐，观察问题比较细致、全面和周到，

---

① 张文莉：《提升女性领导思维能力的路径分析》，《教育管理》2013 年 12 月中。

因此更能经常注意和发现一些男性领导容易忽略的细节，更易形成对问题的立体、形象的感受。由于女性善于对人和具体事件的记忆，使她们能够在较长时间后回忆起事情的过程，加之她们在想象时总是带有具体的形象，因而与男性相比，她们更关心事情的具体细节和实际效果。她们在制订计划、方案时，一般比较具体、细致、全面和切合实际、易于操作，所以也就更容易被理解、接受和执行。

第四，直觉思维较强。直觉是指人们对一些情况的本能感悟或理解，人的直觉力是基于经验和有关知识的综合判断。长期以来，直觉被认为是一种神秘莫测的思维活动，时至今日，仍不能说人们对直觉有了完全的了解。女性天生敏感，她们能感受到周围环境中很细微的变化，潜伏的暗流或风险，有很强的直觉力。人们甚至喜欢说，直觉是女性的第六感觉，是女性特有的功能。领导工作是一种需要不断做出判断和决策的过程，特别在一些紧急情况下，要求果断决策，不拖泥带水。这种情况下直觉往往能起到很大的作用。女性领导运用直觉作用，开展领导工作是男性所不及的地方。[①] 和男性相比，女性领导者通常运用直觉做出决定。凭直觉往往可以看到别人还没有看到的事物，然后用行动来证实。福伊特造纸（中国）公司总裁兼福伊特工业服务（中国）公司董事长刘明明认为，凭直觉往往可以看到别人还没有看到的事物，直觉也是靠经验的积累，越用越好用，越用越自信。有人甚至认为，当今中国经济领域，女性的成功得益于女性的知觉特质。亚萍集团董事长陆亚萍自己也认为，正是凭着直觉取得了“花布女王”的称号。

女性领导思维的特点既有开展领导活动的优势，也有劣势。其劣势主要表现在女性领导的战略思维、全局思维、创新思维相对较弱。《中国企

① 王毅平：《浅议女性领导的思维方式》，《理论学刊》1999 年第 2 期。

业家》杂志在2004年针对“企业领导者的性别差异”对男性和女性企业领导者进行了广泛的问卷调查。结果显示，作为企业领导者，男性更喜欢思考未来，而女性则更加务实。从男女企业家彼此的评价来看，男性对女性的评价要低于女性对男性的评价，而且女性在从事企业领导工作中显得不够自信。在男性眼中，女企业家是敬业但缺乏远见。对于女性企业家而言，她们让男性同行最佩服的地方就是她们的“敬业精神”。在素质能力评价方面，此次调查的结果显示，在一个包括了与企业管理有关的“19项能力/素质”，满分为7分的打分中，男企业家为女企业家打出的最高分就是“敬业精神”，得分为5.714分，而排在第二位和第三位的分别是“诚信度”以及“公关能力”，得分分别为5.429分和5.389分。而在女企业家眼中，男企业家身上最优秀的“能力/素质”就是他们的“竞争能力”，女企业家为其打出了5.886分的高分，其次就是“远见与洞察力”和“敬业精神”，得分分别为5.706分和5.629分。比较男女企业家的得分情况，女企业家“远见以及洞察力”方面的能力比较欠缺。这一项的得分上，女性明显低于男性，仅得到3.471分，是男企业家给女企业家打出的最低分。而根据女企业家的评价，男企业家在对未来的预见上，能力明显强于女性，比较女企业家为男企业家打出的5.706分，比女企业家得分高出2.235分，是男女企业家得分中差距最大的一项。但与女企业家相比，男企业家稍显诚信不足，在“诚信度”这一项上，女企业家的得分是5.429分，而男企业家只得到4.914分，低了0.514分。而女企业家的最低得分，除了“远见以及洞察力”外，就是“决策、计划”以及“创新能力”。从管理的内容上来看，虽然男企业家与女企业家都对企业战略以及企业经营有关的事务倾注了更多的关注，但是男企业家却更加擅长思考企业的未来，而女企业家则对经营现在的企业付出了较多努力。从整体上看，男企业家目前工作的重点比较集中，主要集中在战略决策以及经营性事务方面，而女企业家的注意力则比较分散，除了对于企业未来发展方向关注比较少之外，其他诸如行政、人事、公关等工作都分散了她们的注意力。

在对“企业领导者的能力 / 素质”的选择上，男性与女性企业家同样存在差异。在女企业家看来，作为企业领导者必须具备的能力 / 素质分别是“决策与计划能力”“远见与洞察力”以及“对人才的选拔和培养的能力”，中选率分别为 47.22%、44.44%、44.44%，而在男企业家看来，这三个能力 / 素质分别为“远见与洞察力”“决策及计划能力”以及“沟通和人际交流的能力”。

与男企业家对女企业家的评价相似，女企业家同样认为，缺乏对于未来的预测能力是目前在企业经营中困扰她们的最主要问题。在所有接受调查的企业家中，有 22.86% 的女企业家坦言，她们缺乏对于未来的预测能力，比较男企业家的比例 5.88%，高出约 17 个百分点。

从上述可以看到，科学灵活的思维水平是领导工作开展的关键，女性领导无论是在决策还是在用人方面提升自己的领导能力，首先要提高自己的思维水平，尤其是战略思维和创新思维的水平。

3. 战略思维的内涵

战略思维是指研究全局性、长远性和根本性认识规律的思维方式，是人们分析和解决宏观性、前瞻性、政策性等重大战略问题的立场、观点和方法，指思维主体对发展问题，即关系事物全局的、长远的、根本性的重大问题进行谋划（分析、综合、判断、预见和决策）的思维方式。战略思维是领导者必备的一种素质和能力。党的十八大以来，习近平同志反复强调，领导干部要有战略思维，要胸怀大局、把握大势、着眼大事。对大局了然于胸，对大势洞幽烛微，对大事铁画银钩，才能因势而谋、应势而动、顺势而为。

女性领导经常运用战略思维，才能做出正确的战略决策，才能提升远见卓识和把握方向的能力。战略思维也需要从系统的观点出发，对事物进行纵向与横向、动态与静态、局部与整体、内部与外部的分析，从而达到对事物的全面认识与把握，从而防止认识的片面性，拓宽思路，提高思维效率。领导活动是一种动态的活动，会经常不断地出现新情况、新问题，这就要求领导干部在实际工作中动态地思考和认识问题，在变化中引导、协调、控制组织的发展，对系统内外的变化，适时地做出正确而又迅速的反应，在动态中追求领导活动的最大效益。

4. 如何提升战略思维

英国著名领导学专家约翰·阿代尔曾说："领导人职责的根本特征是对整体负责，为整体行事。"女性领导者要具备总览和驾驭全局的思维能力，善于从全局出发把握问题，这是培养战略思维能力的决定性因素。女性领导培养战略思维要注意以下几个方面：

第一，全局观念，即认识处理问题具有全局的高度。战略思维是一种全局性思维。领导在开展工作、谋划思路、选人用人等方面都必须胸怀全局、立足全局、从全局出发决定重大问题。因此，习近平同志要求各级领导干部，"要努力增强总览全局的能力，放眼全局谋一域，把握形势谋大事，以'登东山而小鲁''登泰山而小天下'的气度和胸襟，始终把全局作为观察和处理问题的出发点和落脚点"。[①] 养成谋划全局、关照全局、从全局出发的战略思维秉性和习惯。而如何做到胸怀全局？

其一，要善于统筹。管理大师彼得·德鲁克有一句名言：最没有效率的人就是那些以最高的效率做最没用事的人。低绩效或者失败的领导者所犯的错误就是，把重要与紧迫的事相提并论，把做"正确的事"同"正确地做事"混为一谈。所以，我们的领导工作一定要避免来一件干一件，什

① 习近平：《之江新语》，浙江人民出版社 2007 年版，第 20 页。

么急抓什么。一个时期内一定要有一个总体的筹划，以及对眼前工作与长远建设的协调安排。从整体出发统筹规划，使系统的各个方面结构合理，各得其所，各显其能，从而使整体功能大于各部分功能的简单相加之和。

其二，要“十个指头弹钢琴”。1949 年 3 月，毛泽东同志在《党委会的工作方法》中提出，对各方面的工作，要在分清主次、轻重、缓急的前提下，围绕中心，合理地安排工作的节奏和秩序。毛泽东把这种方法形象地比喻为“弹钢琴”。他说：“弹钢琴要十个指头都动作，不能有的动，有的不动。但十个指头同时都按下去，那就不成调子。要产生动听的音乐，十个指头的动作要有节奏，要互相配合。”“十个指头弹钢琴”，最重要的是十个指头的任务、职责要明确，十个指头都动起来。领导者就是要在分解任务、明确职责上下功夫，千万不能事无巨细，事必躬亲。领导者一方面要善于合理安排工作节奏，善于解决各个方面之间存在的矛盾。另一方面，还要善于“通过学习来控制”，提高团队的学习能力，使十个指头之间能主动配合，相互协调。

女性领导训练这方面的能力就需要具有清醒的头脑，学会分清主次，掌握工作方法。周围的世界总是希望我们能够从事每一项工作，而我们自己可能期望得到更多，因此，女性领导要学会时间管理，运用限时工作法、倒逼工作法、一线工作法等，管理时间和工作任务。将每件事列表对完成工作会有很大的帮助，要学会说不，学会制定一份自己的时间表，将工作和休息安排妥当，知道自己的工作是什么，也知道工作的最后期限，学会如何判定哪些工作是重要的，哪些工作是次要的，然后按照主次先后来逐个完成，这样就可以避免陷入被动而将自己困在每天的工作中。

其三，要聚焦中心。着眼全局绝不是平均用力，四面出击，面面俱到。不分主次先后，不分轻重缓急，必然是样样抓，样样松。李瑞环同志批评这种现象是：“眉毛胡子一把抓，核桃栗子一起数，其结果必然是螃蟹吃豆腐，吃得不多，抓得挺乱。”关照全局和突出重点、抓住中心是不矛盾的，是完全内在统一的，其要害是要解决全局的重心问题。一个单位一段时间内都有自己的工作重点和工作中心。因此，要着眼全局的工作，当然着眼全局不是把力量分散了，而是要协调各方，聚心聚力，调动方方面面的积极性、主动性和创造性，把力量聚焦到中心工作上来，用中心工作带动其他各项工作的全面展开。

战略思维特别强调的就是“重点性”，它要求女性领导能够在整体中抓住主要的要素或主要局部，抓住主要矛盾和矛盾的主要方面，抓住工作发展进程中的关键性阶段。习近平曾经指出：“各级领导干部更要清醒认识形势，顺应扩大开放的趋势，站在全局和战略的高度，正确把握时代发展的趋势，努力从国际国内形势的相互联系中把握发展方向，从国际国内条件的相互转化中用好发展机遇，从国际国内资源的优势互补中创造发展条件，从国际国内因素的综合作用中掌握发展全局，进一步增强工作主动性和创造性。”①

其四，掌握好“平衡术”。一个国家发展不平衡，社会矛盾尖锐，就不可避免地要出现纠纷、动乱、政治风波，甚至是内斗、内乱和战争。一个单位、一个企业发展不平衡，也不可避免地会发生触礁、翻船的问题。这就要求领导者一定要具有高超的平衡艺术，妥善处理各种矛盾，统揽全局，掌稳船舵，保证事业的航船平稳前进。既要善于平衡各种相互关联的重大关系，又要善于平衡各种利益关系。如果说前类关系是全局性的，那么，后一类关系就是基础性的。因为利益关系平衡不好，做任何事情就失去了基础。特别是要重视弱势群体和低收入群体的利益，把有可能导致矛盾激化的问题消灭在萌芽之中。

① 习近平：《之江新语》，浙江人民出版社 2007 年版，第 47 页。

第二，前瞻性与预见力。战略思维总是未来取向的。所谓“人无远虑，必有近忧”，高明的领导者应该努力做到深谋远虑，想得深，看得远，善于把握事物的发展趋势，才能引领组织和团队发展进步。毛泽东曾说过，“没有预见就没有领导，没有领导就没有胜利”。他在党的七大上曾经对领导有着精辟的阐释，“坐在指挥台上，如果什么也看不见，就不能叫领导。坐在指挥台上，只看见地平线上已经出现的大量的普遍的东西，那是平平常常的，也不能算领导。只有当还没有出现大量明显的东西的时候，当桅杆顶刚刚露出的时候，就能看出这是要发展成为大量的普遍的东西，并能掌握住它，这才叫领导”。前瞻性和预见力，是战略思维的基础和前提。

一个领导者没有远见卓识是不可能获得成功的。对事物看得远，见识高，成功的可能性就大。领导者的远见卓识，不仅能体现出见识的超人，而且能体现出气魄的不凡。古人说：不畏浮云遮望眼，只缘身在最高层。远见卓识是在对形势的把握上，对时代特征和历史潮流的把握，它不同于一时一事的审视，而是超越纷纭复杂的具体事件，站在更高的高度，以大时代的眼光去看待和分析客观世界，从中找出事物发展的规律。具有远见卓识的领导者，在对事物的看法上，具有非凡的洞察力和分析判断能力，能拨开重重迷雾，洞若观火。善于抓住蛛丝马迹，弄清事物的端倪，可以凭借敏感果断做出决策，可以凭借预测和推理把握时事脉搏。

第三，主动性。领导的责任就是“顺应潮流、引导历史”，特别是在今天全球化背景和转型社会下，领导者的使命，就是“适应变化，引领变革”。所谓引导或引领，就是讲的主动性，战略思维的根本目的是争取全局上的主动性。一个处处被动的领导者，没有资格谈论战略。主动性是战略思维的关键和核心，也是领导者的基本素养与核心能力。如何才能掌握主动权？关键靠创造。机会只给有准备的人，主动去发现、把握的人，化被动为主动的人，才能善于从全局出发去思考问题。

（二）创新思维能力

1. 创新思维的内涵

罗伯特·斯坦伯格曾提出 WICS 领导模型，将智慧、智力和创造力作为高效领导必备的三个基本元素。创新和领导能力之间有着密切的联系。创新力是领导能力的核心，是领导者必不可少的基本特质，也是高效领导的重要特征之一。领导工作不单单是执行性、重复性的工作，而是要面对新矛盾、研究新思路、制定和推行新的战略策略。领导实践活动纷繁复杂，新矛盾、问题层出不穷，各种困难堆积如山，这更需要领导者更新观念，解放思想。不能用旧意识看待新事物，不能用老办法解决新问题，更不能患得患失，求稳怕变，甚至采取明哲保身、但求无过的态度。

创新是一个民族兴旺发达的不竭动力，也是领导者做出科学正确决策的智慧源泉。领导干部要不断研究新情况、应对新挑战、解决新问题，就必须不断探索、发现和创新。所谓创新思维是指不模仿已有的方法，不重复已有的结论，而是在原有的结论和方法上做出新的独创，即用新的方法分析和解决新的问题。从这个意义上讲，在领导工作实践中，凡是领导者想别人所未想，见别人所未见，做别人所未做，勇于除旧立新的思维活动，均属领导者的创造性思维范畴。创新是组织是否具有生机和活力的源泉，开拓创新是领导力不可或缺的组织部分，是衡量领导力高低的重要内容。

领导者的创新思维主要表现为，勇于探新，面对变化的环境，能及时提出新的观念、新方案和新办法。对新环境、新事物、新问题和新观念有敏锐感知能力，同时权宜通达，主动进取，不抱残守缺，不墨守成规。思想活跃、富有胆识，不为过时的老观念、老框框所束缚，敢想、敢说、敢干、敢改，工作中有所发现、有所突破。当然，创造性思维并非游离于其他思维形式而存在，相反，它综合了各种思维形式，比如独立思维、求异思维等。

2. 女性领导如何提升创新思维能力

创新思维能力并不是先天就有的，而是在后天的实践中有意识地锻炼和培养起来的。创新思维方式也是衡量一个领导干部、特别是女性领导智力和素质水平的一个重要标志，它能使女性领导迅速打开新的局面，提高工作效率，因而对其思维活动和实践活动具有特别重要的意义。

然而，现实的领导实践中女性领导的创新思维也存在一定的不足。《中国企业家》杂志在2004年对1100名男女企业家进行调研，发现，关于开拓创新的方面，男性管理者无论在哪个年龄段都优于女性。不同在于，男性管理者的年龄不会影响到其开拓创新能力，而女性管理者的年龄增大到40岁以后，会有一个很显著的下降，缺乏了开拓创新的动力。针对女性创新思维能力动力缺乏，创新思维水平较低的现象，女性领导要有意识地进行培养和训练。有效培养和提升女性领导者的创造性思维能力，可从以下几个方面展开：

第一，强化探索精神和意识。柏拉图在《泰阿泰德》、亚里士多德在《形而上学》中都说过，哲学始于惊奇和疑问。这是对人和自然的追问。以陌生的眼光对待熟悉的事物，常常会有新领悟，萌生新的创意，发现深层的奥秘。领导者富有创意的决策，很大程度上来源于不懈的追问和探索。创新思维是一种求新、求异、求先、敢于冒险的思维方式。因此，女性领导要在领导实践活动中，在观察、分析和处理问题时，不服从于固有经验、不迷信于既有结论、不局限于固定的程序和模式，更多地关注问题的特殊性与差异性，并以此为依据，敢于提出新颖、独到的见解和解决问题的新思路、新方法，勇于突破躲避风险的思维定式，大胆探索新的领域、大胆尝试新的措施、大胆追求新的目标。

第二，培养独立思维。独立思维是创造思维的一个重要方面。独立思维与独立人格是内在统一的。孔子提出“君子和而不同”的观点来强调独立人格和独立思维的重要性。作为一名女性领导者，要想保持自己独立的人格和领导能力的创造性，独立思维是必不可少的。独立思维要求女性领导在工作中既要了解别人的意见，调查多方面的情况，又要保证思维的独立性，摆脱他人思想的干扰和先入为主的思维惯性，大胆向不同于自己的观点说“不”。只有大量的环境调研和信息采集加上独立的思维才能生发创造的火花。

第三，善于求异思维。求异思维是一种逆向性的创新思维，其特征是用不同于常规的角度和方法去观察、分析客观事物而得出全新形式的思维成果。求异思维是在思维中自觉打破已有的思维定式、思维习惯或以往的思维成果，在事物的各种差异之间建立“中介”，突破经验思维束缚的思维方法。这种思维方式是一种开拓性思维方式，它要求思维者观察、分析和处理问题时，不屈服于压力，不迷信权威，也不局限于某种固定的程序和模式，独立开拓思路，具有科学的猜疑批判精神，善于标新立异。它可以使人在全面透彻地了解问题的基础上进行跳跃性思维，省略思维的步骤，提高解决问题的效率。

求异思维要求女性领导者在思维过程中，突破常规思维的约束，使思维沿着不同方向、不同角度扩散，有时甚至是向看似矛盾的方向扩散，得出不同一般的结论。1999 年出任雅芳全球首席执行官的钟彬娴女士，在雅芳产品销售额急剧下降，公司面临极大困境的情况下，进行了雷厉风行的改革，改变了雅芳沿袭上百年的销售模式，不但使产品的研制生产、包装设计、广告宣传有了全方位的突破，还使雅芳这一拥有百年历史的品牌焕发出新的风采和魅力。前惠普公司董事会主席兼首席执行官卡莉 · 菲奥莉娜在清华大学做了一次演讲，卡莉自称在商学院最大的收获就是，教授经常质疑我、挑战我，告诉我做不同的事情应该有不同的想法，让我以新的眼光看我的生活。我想在很大程度上，这就是所谓领导力的内容，这就是教育的真正含义。这些成功女性领导者的案例都启发我们，作为女性领导者，要敢于突破常规，不拘泥于现有的模式，用新的思维来领导组织的发展。

第四，树立多向思维方式。多向思维即多角度、多层次、多方向、多变量地对事物进行考察，它要求多种思维形式的并列和相互联结，而不拘泥于某一方面或某一角度，因而它又是一种比较思维方式。从横向的比较中，可以把思维对象放到事物的相互联系中去考察。纵向比较则要求人们把思维对象放到它的过去、现在和未来的对比分析中。前者开阔人们的思路，后者让人们把握事物运动变化趋势。把两种比较结合起来，便形成了一种纵横交错的十字形思维方式。多向思维方式又是一种扩展性思维方式，它要求人们眼观六路，耳听八方，思路尽可能向不同方向发散。思维的发散面越广，发散量越大，就越能收到更多的信息，就越能发现问题，越有能力、有把握解决问题。多向思维要求女性领导具有包容性，即为人要有气度，在社会多样化、多元化条件下，包容性对于领导来说，不仅是一种涵养，更是一种领导能力和领导智慧，他们必须包容种种意见，包容各种人才，才能从容应对各种复杂事物，进行思维的创新活动。多向思维还要具有睿智性，即观察处理问题表现出不同于常人的聪慧，有对事物反应的敏锐性和处理问题的独到之处。

三、决断能力与胆商修炼

决断力是一种快速判断事物发展趋势并给出一个长远眼光的决策能力，是一种洞察力与判断力，是人们对事物发生发展的分析、判断及处理的能力。在信息时代的今天，面对错综复杂竞争激烈的态势，转瞬即逝的机遇，急剧变化的情况，意想不到的危机和挑战，高明的领导者必须具有果敢决断的魄力。犹豫不决或举棋不定，不仅可能贻误时机，而且可能因此给组织带来巨大的损失。孔子说的“勇者不惧”就是讲的决断力。

决断力在领导活动中的体现就是“胆商”。“胆商”是继“智商”和“情商”之后在领导学领域里提出的一个全新概念，并正在成为人才素质的一项新的评价标准。这个概念最初是在MBA（工商管理硕士）教育中提出来的。中欧国际工商学院前执行院长刘吉认为，“胆商”是指一个人的胆量、胆识、胆略，体现了一种冒险精神，临危不乱、破釜沉舟、力排众议、敢为天下先、“该出手时就出手”“运筹帷幄之中，决胜千里之外”都是对“胆商”的绝好注释。胆商不是匹夫之勇，而是有胆有识，不是胆大妄为，而是胆大心细。它是一种胸襟，能看淡得失成败。它是一种责任，能对事业负责。它更是一种见识，能把握大局。可以说，胆商是气魄、学识、能力、水平的综合表现。如果说智商反映的是一个人的智力水平、知识结构，这是做出决断的基础。情商反映的是一个人和其他人打交道的能力，在不同环境中的应变能力，这是做出决断的前提。胆商则是在该做决断的时候敢于“拍板”的勇气。三者相辅相成，缺一不可。

没有超人的胆识，就没有超凡的事业。邓小平同志曾经指出：“没有一点闯的精神，没有一点‘冒’的精神，没有一股气呀、劲呀，就走不出一条好路，走不出一条新路，就干不出新的事业。”“胆商”并非与生俱来，后天的培养非常重要。与男性相比，由于教育文化及岗位历练的缺乏等因素，女性领导在决断力和胆商方面具有劣势。女性天生思维缜密、考虑周全，但也带来决断力不强的问题。在问题和困难面前，一些女性领导往往会在关键问题上左思右想，权衡利弊，优柔寡断，不敢轻易做出决策，容易错失发展机遇，而且也阻碍了女性领导自身的成长发展。因此，培养决断力和进行胆商训练对于女性领导而言尤为重要。具体而言，女性领导可以从以下几个方面进行培养和开发。

（一）敢于负责和担当

敢于负责和担当是领导者重要的素质，是决策力的重要方面。它源自于领导者的价值观和信念。领导者“每临大事有静气”的领导气质，是对事业、对人民高度负责的精神的体现。有了对事业、对人民的高度负责精神，就能在任何复杂困难的环境和条件下，做到敢于负责、敢于担当，做到无畏。很多时候，领导干部在问题面前犹豫不决，在危机时刻退缩逃避，不仅仅是心理承受能力的问题，更重要的是不敢负责和担当的问题，是价值观和信仰的问题。如果一事当前，考虑的是个人利益，算计的是是否会影响到个人的升迁名誉，而不是出于公心，就不能有敢于决策的使命担当。中国有句古话：“无私者无畏。”领导同志在决策时的“畏”，很大程度是“畏”于个人和小集团的利益。领导干部只有放下小我，弱化我执，才能在关键性的大事上出大手笔，有大作为。

敢于担当和负责首先要有勇气和魄力。领导者之所以能够得到下属的信任和拥戴，一个很重要的方面，是他在危难关头和关键时刻具有超乎寻常的勇气和魄力。困难时刻、危急关头，人们往往在观望、在等待徘徊、在期望着谁能定下决心，那个敢于拍板、勇于负责、具有非凡勇气和魄力的人，必然成为大家心目中的领袖，从他的身上，人们看到了信心、看到了希望，并忘却了恐惧、忘却了烦恼。没有这样的气质和素质，就不能成为一个优秀的领导者，也不可能在关键时刻敢作敢为。新加坡前总理李光耀曾经说过：“如果你要人们认同你，重视你的言论，你就必须在大家面对危机、水深火热的时候挺身而出。”

其次，勇气和魄力不是天生的，是可以在实践锻炼、艰苦磨砺中获得的。勇气和魄力固然与人的性格和气质相关，但与后天的实践磨炼具有紧密关系。没有艰苦环境的考验，没有复杂情况的历练，是不可能获得领导者所需要的勇气和魄力的。由于环境和教育等的影响，女性天生在冒险和勇气上与男性相比处于劣势，但是，通过实践历练同样可以提升勇气和魄力。女性领导必须深入第一线，加强多岗位历练，加强在基层尤其是在急难险重岗位上的摸爬滚打和锻炼，才能提高能力，增长才干。

敢于负责和担当还要求女性领导要学会调查研究，了解实际情况，做到心中有数。没有对情况的透彻分析，没有行动方案的深思熟虑，所有的决断和胆商也只能是蛮干。陈云同志曾经指出，领导者做决策，百分之九十的时间要用于调查研究，百分之十的时间用来拍板。没有艰苦细致的调查，没有对情况的全面细致的了解，就不可能做出正确的判断，也不可能下定正确的决心。所以，领导者在做出决策之前，一定要千方百计地获取各种信息，千方百计地搞好调查研究。只有掌握了真实的情况，进行了透彻的分析，并在此基础上进行了周密的计划，对要采取的行动有了比较充分的把握，这样，才会有敢于决断的勇气和信心。

（二）及时决断

古语讲："当断不断，必受其乱。"领导者的决策力和事业成功很大程度上体现在果断及时上。"来而不可失者，时也；蹈而可不失者，机也。"机不可失，时不再来。领导者能不能在关键时刻果断决策，与其说是与领导者的胆略气魄有关，不如说是与领导者认识与把握机遇的能力有关。所谓"当机立断"，就是在恰当的时机里果断做出决策。当机立断首要是"当机"，即正确地认识和把握机会。首先，必须有强烈的"当机"意识。其次，当机也是一种智慧。培根在《时机》一文中写道：善于在做一件事的开端识别时机，这是种极难得的智慧。一个现象、一个事件，一般人看起来可能不以为然，但聪明人看起来可能就是一个机遇或机会。领导者的当机，必须是充满智慧的当机。当然，智慧不是从天上掉下来的，它是知识积累，是经验总结，是实践升华。领导者必须善于学习，善于总结，善于思考，唯有如此才能够掌握“当机”的智慧。最后，当机不是被动的，机会是可以主动创造出来的。机会虽然是客观的，但是这种客观的情势，往往是许多主观努力和主观活动与特定的时间、地点、气象、地理等要素综合作用的结果。因此，当机不是守株待兔，也不仅仅是根据形势发展变化做出及时相应的反应，而是通过运用智谋和主动运作，创造出有利于自己生存和发展的机会。

此外，及时决断还需要注意的是，在寻找解决问题的途径时，要克服力求完美的心态。女性领导常常有追求完美的倾向，这种心理倾向在领导工作中会导致女性领导陷入一种“布里丹选择困境”，并给自己带来极大的心理压力。所谓“布里丹选择困境”讲的是这样一个故事，布里丹是大学教授，他养了一头小毛驴，他每天要向附近的农民买一堆草料来喂。这天，送草的农民出于对哲学家的景仰，额外多送了一堆草料放在旁边。这下子，毛驴站在两堆数量、质量和与它的距离完全相等的干草之间，为难坏了。它虽然享有充分的选择自由，但由于两堆干草价值相等，客观上无法分辨优劣，于是它左看看，右瞅瞅，始终无法分清究竟选择哪一堆好。于是，这头可怜的毛驴就这样站在原地，一会儿考虑数量，一会儿考虑质量，一会儿分析颜色，一会儿分析新鲜度，犹犹豫豫，来来回回，在无所适从中活活地饿死了。“布里丹选择困境”就在于，在问题面前一片茫然，不知道什么是最该做的，从而失去了最好的解决问题的机会，导致了失败。

（三）加强学习，提高见识

俗话说艺高人胆大，知识渊博才会有更高的胆量和胆识。因此女性领导应当坚持终身学习，积累学识，增长见识，把自己培养成为“T”型人才。“T”的上面一横指知识面宽。“T”的下面一竖指精深的纵向知识，即单科专长，特指具有从事本职工作必需的业务知识和管理知识，成为掌握业务知识与领导能力的“双内行”。事实证明，一个人的知识面越广，眼界越开阔，思路越广阔，就越有利于从事务性工作中摆脱出来，透过现象看本质，抓住主要矛盾，提高洞察力、预见力、决断力、推动力和应变力，实现从专才到通才、微观到宏观、局部到全局的转变。

（四）勇于实践，磨炼意志

孟子曾说过，天将降大任于是人也，必先苦其心志，劳其筋骨，饿其体肤。领导者领导力的提升，都是要经过艰苦的磨难和锻炼，才会获得的，只有这样才会提升魄力、意志和勇气。女性领导要有意识地挑战自己的胆量，有目的地进行训练。在日常活动中，严格要求自己，积极克服困难，正确对待成功与失败，以积极的心态和坚韧不拔的精神迎接人生的挑战。女性领导除了应在学识、资历、经验、理论和政策水平等方面努力缩短与男性领导可能存在的差距外，还要把主要精力集中在如何发挥自身应有水平和独特作用上。现实中，一些女性领导抱负不高，她们将领导工作视为一般的事务性工作，只满足于例行公事，勤勤恳恳地把分内事情做好，给领导、同事和群众留下一个任劳任怨的良好印象。对于开拓性、创造性、挑战性和风险性强的工作，她们则下意识地回避，而且较少创新思维。这样的女性领导尽管不乏好的口碑，但却摆脱不了当陪衬的角色。对此，女性领导要清醒地认识到，领导不是管家或保姆，而应是严师、领队和探路者，肩负着为下属持久的工作热情提供精神动力、为单位的事业发展开辟道路的重大责任，仅有做好一个事务员的意识和素质是远远不够的。当面对复杂局面和挑战性强的工作时，女性领导要极力克制自己的软弱退缩心理，强迫自己迎上去承担起来。要知道，当遇事退缩成了一种习惯心理时，自身也就渐渐失去了独当一面和开拓进取的能力，注定只能成为陪衬。因此，女性领导要取得事业上的成功，必须努力改变女性所固有的羞怯、依赖、消极等心理特征，激发自己的表现欲、探索精神、社会责任感，把迎接领导工作的挑战作为一种兴趣，从而在从事每一项工作时都保持一种干劲十足的状态，展现出令男性刮目的领导能力，奠定自己无可争议的领导地位。

此外，女性领导提升自己的决断力，训练胆商，还要注意在问题和危机面前保持冷静和理性，克服情绪化。理性地处理各种情况，不仅能高效完成领导活动，而且能够培养和提升团队成员的信心，围绕在这样的领导者身边的人，也会相信他们即使在面对危机的时候，也能保持冷静。极端的情绪反应会影响我们的领导能力。女性通常都被认为是过度情绪化，或者至少是比男性更情绪化。人们通常认为女性比男性更加可能当众表达自己的情绪，这种观点可能会对她们的领导能力产生阻碍。这种对性别差异的认知是不公平的，但是女性必须先认识到这一点，然后才能克服它。人们希望自己的领导能够表现出信心，不管遇到任何情况都能控制自己的情绪。没人希望看到一个领导者大发雷霆，听她大声呼喝或愤怒地叫嚷。对员工行为过激只会破坏领导者的名声，使员工缺少追随领导者工作的兴趣。因此，在我们面临问题的时候，必须把个人情绪放在一边，把注意力集中在如何解决问题上面，抛开恐惧、焦虑或愤怒等本能反应。

四、沟通能力

（一）领导沟通的含义和作用

沟通是人们为了达到某种日的，通过一定的方式，使彼此了解，相互信任并适应对方的一种活动过程。沟通的目的是让对方达成行动或理解所传达的信息和情感，因此沟通的品质取决于对方的回应。良好的沟通是要说对方想听的，听对方想说的。领导沟通是领导者和其追随者之间的交互活动过程中意义的传递和理解。人际协调与沟通是现代领导者最重要的活动。

美国领导学专家海克曼（Hackman）在其著作《领导学——沟通的视角》中提出："领导是一种特殊的沟通形式，是为了满足共同的群体目标和要求而改变其他人态度和行为的人类沟通。"沟通贯穿于领导过程的始终。沟通具有重要的作用，它有利于建立良好的人际关系，有利于统一认识，并为决策提供前提和保障，它有利于凝聚团队成员，营造和谐的团队氛围。因此，成功的领导者必须注重沟通，必须具备强烈的沟通意识。领导学理论中有两个 70%，指的是领导活动中 70% 的问题是由于沟通不畅带来的，领导者 70% 的时间都是在进行沟通。因此，有领导学专家甚至特别指出，领导就是沟通，以凸显沟通在领导工作中的重要性。

在全球化、信息化时代，领导者是否具有高超的沟通技能，直接决定着领导行为的成败。正如美国学者约翰·奈斯比特所说的："未来竞争将是管理的竞争，竞争的焦点在管理者与社会组织内部成员之间及与外部组织的有效沟通上。"美国《财富论坛》曾经对世界五百强中的部分高层领导做过一项调查，请他们回答为什么在管理活动中会出现失败。根据调查结果来看，失败的主要原因是缺少协调人际关系的技能。国家行政学院的学者也先后对 40 多个部委的司局级领导进行过一项问卷调查，请他们回答关于领导所需要的十种能力，并对这十种能力进行排序，把认为最需要的能力排在前面。根据对回收问卷的分析，结果他们认为排行榜首的，也就是最需要提高的能力是协调能力，占到了问卷的 79.8%。对女性领导的研究发现，具有强大的人际网络和良师益友的人往往晋升更快，对职业的满意度也更高。她们会有一种归属感，她们的生活更加有意义。[①]

---

① Roy Baumerister: "Is there anything good about men?", American Psychological Associantion, 2007.

（二）女性领导沟通优势

现代社会的组织发展呈现出强烈的柔性领导和以人为本领导的需求，在世界范围内，女性领导群体已开始对现代社会组织和领导实践带来深刻的影响，这些影响透过女性的优势体现出来。女性领导的优势在领导沟通中尤为突出。

1. 女性柔性的特性是沟通的润滑剂

柔性是女性特有的个性体现，表现为温和待人，平和处事，谦恭有礼。在领导活动中，女性领导低姿态的沟通，往往更能赢得欢迎和尊重。当然，温柔并不代表软弱，表现刚强也并不一定要放弃柔情。在这方面，外交部原副部长、全国人大发言人傅莹的沟通风格可以给我们很多启发。

傅莹是蒙古族人，1998 年被任命为中国驻菲律宾第八任大使，成为中国第一位少数民族女大使，也是中国最年轻的女大使。此后傅莹相继出任中国驻澳大利亚大使，2007 年调任中国驻英国大使。由于傅莹是中国驻英大使中的第一位女性大使，因此，出任之初，很多人就想为难一下她，尤其是英国的一些媒体，但是都被傅莹巧妙地化解了。2008 年 4 月，北京奥运会圣火在伦敦传递期间，傅莹更是主动利用媒体，和英国民众进行沟通。面对奥运圣火传递中出现的干扰，英国民众对中国的不解和质疑，她在英国《星期日电讯报》发表了《如果西方能够倾听中国》的文章，以女性特有的细腻描述了她对奥运圣火在伦敦、巴黎的传递遭到干扰的心境，向世界传达了更客观的中国声音，深深打动了英国民众。2009 年 11 月，《英国太阳报》制造了一条假新闻："中国驻英大使馆不堪附近歌迷骚扰，向英国外交部门投诉，大使傅莹十分生气。"这条新闻一下子引起了很大的动静，有的媒体甚至以此为题开始抹黑中国政府。原来英国一档电视选秀节目的选秀场所，就在中国驻英国大使馆旁边，而这档节目经常举行活动，声势很是浩大。眼看着一场小小的外交纠纷就要爆发了，身为驻英大使的傅莹却并没有着急，反而很冷静。第二天，英国《太阳报》上刊登了一封信，这封信正是傅莹亲笔所写。在信中，傅莹写道："这真是太有趣了，当读到关于我们大使馆卷入'外交纠纷'的报道之后，我发现自己也被卷入了这个节目的热潮之中。我不得不承认，有空的时候我很喜欢看这个节目，而且其中有我喜欢的选手。"在信中，傅莹还如数家珍般地对选秀比赛中人气较高的一些选手进行了点评。傅莹的这封信一下子让那条假新闻不攻自破，也更让英国民众看到了傅莹对英国文化的熟悉和尊重，可谓一举两得。那些原来受假新闻蒙蔽而攻击傅莹的人也恍然大悟，更多的人则敬佩傅莹处理外交纠纷的机智。英国媒体以"大使的温柔"为题，报道了傅莹化解此事的方式，并大加称道。最后，这档节目还邀请傅莹赴现场观看决赛。

在一个对中国充满傲慢与偏见的国度，傅莹以其女性的、个人化的表达方式，传达着普通中国人的感受和心声，润物细无声地改变着西方社会对中国的偏见，以自己细腻丰富的感性体验，缓和着在外交中可能出现的剑拔弩张的局面。傅莹的幽默与机智，让人难以拒绝的柔性的表达方式，以及独特的气质和个性的语言，一改往日中国官员"不苟言笑、铁板一块"的形象。也正是她屡屡在关键时刻发出直击人心灵的声音，成就了她"危机大使"的美誉。这些都形成了她独树一帜的外交风格，是中国柔软外交的代表。

2013 年傅莹出任全国人大新任新闻发言人。从最会用讲故事的方式介绍中国的大使，到全国人大第一位女发言人，傅莹赢得了人们越来越多的认同和赞誉。人们对傅莹的评价越来越多，有网友觉得她"气质大于年龄"，有媒体认为她"温雅中透着力量"。傅莹发言的最大特点是善用故事"拉家常"。回顾这几年每年 3 月份傅莹和记者的沟通，我们可以看到，傅莹优雅、温和，又不失威仪；坦率、智慧，而且坚定；善于倾听、更善于让人倾听。傅莹对记者说话柔声细语，即使在阐明中国的外交政策时也丝毫不露锐气，但是傅莹的温柔并不是一种软弱，她恳切温柔的说话中其实带着刚毅。尤其是在回答一些外媒提出的“刁钻”问题时，傅莹的语调和语速都没有明显的变化，回答却是一针见血。柔和的语言，诚恳的态度，真诚得令人不忍心对她的发言产生怀疑。凤凰卫视评论员杨锦麟曾经感叹：我们的傅莹太少了。“很多时候，有话要讲，不是声音够大、道理够硬就行了，要怎么讲，好让人听得进去，才至关重要。”杨锦麟毫不吝惜溢美之词地赞扬傅莹，“尽管柔声细语，但立场清晰坚定，而且给人听了觉得合情合理，心服口服”。

2. 女性的感知力可以减少沟通的环节

各种关于性别的研究表明，无处不在的社会角色刻板模式造就了女性直观、感性、细腻敏感的特性，这位女性领导带来了有别于男性的沟通优势。女性擅长观察，擅长通过对方的表情、举手投足感知他人内心活动和情绪变化，这可以使女性领导减少沟通的烦琐环节，寻找最佳沟通时机，快速获得信息，沟通的速度快了，沟通的效果会更好，从而使女性领导掌握沟通和工作的主动权。

另外，女性领导往往较少浮夸和官架子，她们的专制思想少，暴躁脾气少，善于听取意见，策略灵活，作风民主，她们在对人对事的态度上善于联系群众，多采取折中、迂回、抚慰、调解的办法，这构成女性领导独特的沟通能力，并能够赢得他人的认同。被誉为“铁娘子”的英国前首相撒切尔夫人，经常对自己的同僚嘘寒问暖，不但问，而且不管是谁遇到了困难，她都亲笔写信问候，有时还亲自下厨为同僚们准备晚餐。这种关爱的力量深深打动了下属和同僚。她的部下曾表示心甘情愿为她通宵达旦、废寝忘食地工作。

3. 女性领导的亲和力是沟通最好的手段

亲和力是一种情感力量，它不受职位和权威约束，通过个体发散至周围，传递着亲切、宽容和随和的信息，能够赢得人们的合作和信任。亲和力凸显了女性领导放低姿态、平等交流的理念，具有浓郁的人情味，更加适合现代社会组织发展的需求。当然，只有亲和力并不能解决所有问题，亲和力也不能代表全部的领导能力，用什么样的沟通方式与下属合作，是领导者的领导艺术，无法一刀切，但是与威严的领导相比，选择友善更有效，更能够贯彻组织意图，实现组织目标。经历过严厉领导行为的冷漠和无情，人们更向往温情和关怀下的严格。关爱下属的领导者会使员工更明显地感知到组织对他们的承诺、支持，也会产生更强烈的公平感和归属感，这会提高他们的工作积极性和满意度。相反，经常对下属展示其领导权威的领导，会挫伤员工工作的积极性，使他们不再忠诚于自己的组织。因此，具有关爱心的领导行为会通过影响员工对组织的态度，间接影响一个组织的发展。

亲和力是拉近距离，消除隔膜，进行心理安慰的最好方式。领导不仅仅是“领”，率领和管制，定目标，定方向，描绘和勾画蓝图。领导还需要“导”，引导、辅导、教导、督导和疏导。组织是由人构成的，凡是有人的地方就会有矛盾、冲突和误会，而人心中的硬结也只有用柔软的力量才能化开。拥有亲和力的女性领导在工作中会以一种关怀和爱与部属交流沟通，善于聆听对方。作为一位成功的职业女性和领导，英国著名女律师菲奥娜·布鲁斯认为，一个母亲所具有的各种技能不但不会对工作产生负面作用，反而会对自己的事业和工作起到巨大的推动作用。“母亲造就了很多管理者，社会完全低估了一位母亲所具有的各种技能。成为一位母亲使我变成一位优秀的管理者。其中一件重要的事情就是我经常坐下来聆听员工的谈话，我可能提供不了什么帮助，但是他们就是愿意跟我聊天谈话，他们希望我能够聆听并且了解他们现在的处境，我相信这是我们每个人都需要的一种肯定。”①

拥有亲和力的女性领导即便是批评他人，也往往是采用威而不厉，严而不冷的方式交流看法，令人心悦诚服地接受。当然，如果女性领导因为自己的位高权重而丧失了亲和亲民的特色，说话颐指气使，甚至指手画脚，那么她受到的指责可能比同样情况下男性受到的更加严厉，人们对她的反感程度会更大，女性领导也就丢失了大量的支持和尊重。

4. 女性领导善于言辞可以更好实现沟通目的

善于言辞是女性沟通的重要优势。从大量的研究和观察发现，女性的语言表达能力相较男性为强。女性语言表达能力比男性发育早，因而，在语言的流畅性、语法、语句、阅读能力、词汇积累方面都比男性出色。在领导工作中，语言表达能力是领导能力的重要方面，言辞的丰富、生动、流畅令女性领导的从政风度、演说力量、传达清晰度、沟通灵敏性等都能在工作场合发挥作用，达到沟通的顺畅有效，从而减少沟通的障碍。

（三）女性领导提升沟通能力需注意的问题

女性具有良好的沟通才能和优势，但随着女性在组织中职位的不断提升，所承担责任的加大，对沟通能力的要求也不断提高，因此，女性领导要不断提升自己的沟通能力。女性领导提升沟通能力需要注意以下几个方面的问题：

1. 重视建立人际关系网络

根据社会心理学家罗伊·鲍莫里斯特（Roy Baumerister）的研究，与

---

① 英苏·海华德著，陈光、刘建民译：《女性领导力》，中国劳动社会保障出版社 2006 年版，第 47 页。

女性相比，男性建立的人际网络往往范围更广泛，但关系更肤浅，这种人际网络使男性可以从范围更广泛的来源获取知识和职业机会。① 因此，有研究指出，女性领导要学会建立人际关系网络，学会与上级、同级以及下属和组织外部的人员建立联系与合作。如果时间有限，女性领导不要希望与每一个人在工作上的联系都是密切的，而应与直接领导保持经常联系，直接汇报工作。②

女性领导要注意把握几个重要关系的沟通。一是上行关系中的沟通。上级的支持是领导顺利开展工作的前提和保证，因此，要善于和上级领导沟通。对于自己的上级，要尊重而不恭维；服从而不盲从；到位而不越位；补台而不拆台；建议而不强求，争取上级的支持；努力工作，赢得信任。二是与下行关系中的沟通。女性领导要注意营造公平公正的领导环境，公正而不偏私，平等而不摆谱。要注意以理服人，以智导人，以量容人，以诚感人，以情暖人，以行带人。三是平行关系的沟通。要注意平行关系的协作性和竞争性。要正确对待竞争，民主而不专断，信任而不猜疑，支持而不拆台。

2. 要善用性别优势建立信任

沟通的目的是信任。信任是对领导者的为人、人格和能力的信念和态度。信任领导的员工容易受领导行为的影响，因他们相信领导不会对自己的权利和兴趣不负责任。因此，对领导者的信任与工作效果密切相关。领导是领导者、追随者和环境的互动过程，在这个动态平衡的过程中，信任是领导力能够发挥作用的关键因素。由于传统思维和观念的束缚，人们对

① Roy Baumerister: "Is there anything good about men? American Psychological Associantion, 2007.

② ［美］彼得·诺斯豪斯著，吴荣先译：《领导学：理论与实践》，江苏教育出版社 2004 年版，第 153 页。

女性领导能力往往质疑，因而信任的构建和维持是女性提升领导力的必由之路。研究表明，信任由正直、胜任力、始终如一、忠诚、开放五个维度构成。[①] 女性可以通过充满善意和关爱的沟通、展现才能和魅力、分享情感等来构建信任。百事可乐的 CEO 卢英德曾经讲述自己如何通过沟通赢得部属的信任和追随。她认为，是她的父亲教会她“以善待人”，让她成为一块海绵，无时无刻不从周围吸取各种信息和建议。无论别人说什么、做什么，就当作他是出于好意。就会惊奇地发现，这样做能够完全改变与人打交道或处理问题的方式。正是因为这样的思维角度，使得卢英德在遇到公司内部的反对意见时，不是一味地抵触，而是首先努力找出背后的原因——也许他们的感情受到了伤害？或者他们误解了自己的意思？试着从他人的角度去理解他人的反应和行为，这样才能达到真正的沟通，赢得他人的心。

3. 距离管理

女性领导在沟通过程中，还要注意保持空间和心理距离。人与人之间需要保持一定的空间距离。任何一个人，都需要在自己的周围有一个自己把握的自我空间，它就像一个无形的气泡一样为自己划出了一定的领域。而当这个自我空间被人触犯时就会感到不舒服，不安全，甚至恼怒起来。一位心理学家做过这样一个实验。在一个刚刚开门的大阅览室里，当里面只有一位读者时，心理学家就进去拿椅子坐在他或她的旁边。试验进行了整整 80 人次。结果证明，在一个只有两位读者的空旷的阅览室里，没有一个被试者能够忍受一个陌生人紧挨自己坐下。一般而言，交往双方的人际关系以及所处情境决定着相互间自我空间的范围。美国人类学家爱德华·霍尔博士划分了四种区域或距离，各种距离都与对方的关系相称。

---

① ［美］斯蒂芬·P. 罗宾斯、玛丽·库尔特著：《管理学》（第九版），中国人民大学出版社 2008 年版，第 390 页、第 488 页。

是亲密距离（0—0.5 米），通常用于父母与子女之间、情人或恋人之间，在此距离上双方均可感受到对方的气味、呼吸、体温等私密性刺激。二是个人距离（0.45—1.2 米），一般是用于朋友之间，此时，人们说话温柔，可以感知大量的体语信息。三是社会距离（1.2—3.5 米），用于具有公开关系而不是私人关系的个体之间，如上下级关系、顾客与售货员之间、医生与病人之间等。四是公众距离（3.5—7.5 米），用于进行正式交往的个体之间或陌生人之间，这时的沟通往往是单向的。女性领导在沟通时，从空间距离上看，尤其是与男性上下级之间，要有透明度和距离感，要避免突破个人距离。

在心理距离上，女性领导也要注意调整距离的艺术。在沟通中女性领导要尽量缩小与下属的心理距离。心理距离小一些，有利于增强领导者的亲和力，增强领导者的影响力，有利于沟通的顺利进行。但是，女性领导与下属的心理距离也不是越小越好。心理距离太小，下属对领导者不够尊重，不够认同，反而会使沟通的目的难以达到。此外，不要让男性下级为自己做工作之外的个人私事，和男性下级不谈隐私、不谈感情，更不能因为男性下级充满关心或打抱不平的话语而对其毫无顾忌地倾诉，开启情感之门，对此，女性领导要自觉进行心理防卫。当然，距离管理并非要女性领导以一种高高在上或是清高冷漠的态度与上下级沟通，而是要注意把握分寸。

在进行距离管理的同时，女性领导在沟通中也要注意适度问题。尤其是在与上级的沟通交往中，许多女性领导往往存在胆怯和不愿沟通的心态，也可能存在过度沟通情形。心理学家认为，如果外界对人的感官刺激过强，会使人感到厌倦、疲劳甚至反感；但如果过少过弱，又会使人产生沟通障碍，出现彼此陌生的反应。因此，女性领导在心理定位上要注意两种倾向。一是交往忌疏。见到领导绕着走，万不得已不见面。与领导交往频率过低，因为沟通太少，信息不通畅，容易引起误解。女性领导之所以主动放弃与领导交往的积极性，是因为“人微言轻”的自卑心理、蔑视权势心理、自视清高心理，另外，担心社会舆论的压力也是女性领导难以积极沟通的心理障碍。越基层的下级越容易这样，结果是领导难得记住下级，也对下级的工作缺乏了解。上下级的了解是双向的，想要得到领导的支持和赏识必须让领导知道自己，因此主动回避不是好的方法。二是交往忌密。下级与领导交往频率过高，往往会产生这样的结果：其一，干扰领导的工作。其二，扭曲自己的人格形象，其结果是引起领导的反感。过度沟通和交往有时并不一定引起领导的信任，相反还会带来负面效果，且令自己烦恼。因此，女性领导此时就该冷静思考，千万不要抱有扭转领导的想法，应该调整的只能是自己的心态。上下级关系是一种工作性质的交往关系，领导对下级的态度在很大程度上取决于这种关系的工作价值。如果领导认为下级的素质好、责任心强、有较强的工作能力，与下级的交往沟通会给自己的领导工作以有效的支持和配合，就会接纳、欢迎、鼓励下级的积极交往。反之，如果领导认为下级的素质一般、能力平平，积极沟通交往对自己的领导工作无多大裨益，他就会对下级表面上客客气气，实际上是有意疏远。在这种情况下，就应该克制和削弱自己与领导交往的积极性，调整好与领导交往的度。

此外，领导沟通不仅有言语沟通，还有非言语沟通，有时非言语沟通可能会发挥更大的作用。英国女性领导专家这样诠释撒切尔夫人的交流方式。“当她与别人在一起时，总会主动接近别人，靠近他人，并使自己的声音在交流中温柔谦逊。”[①] 当我们对别人说话的时候，仅有 10% 取决于谈话内容，20% 由语气决定，而剩下的 70% 则由肢体语言来决定。有效的

---

① 英苏·海华德著，陈光、刘建民译：《女性领导力》，中国劳动社会保障出版社 2006 年版，第 43 页。

沟通在很大程度上取决于我们选择什么样的方式来表达自己，是否聆听别人，是否充分运用肢体语言诸如眼神、语气等与人交流。因此，女性领导要善于使用非言语手段进行沟通。

4. 要有包容谦和的气度

许多成功女性领导的经验告诉我们，女性领导取得成功的最佳策略是使用比自己更有激情、更聪明的人，然后仔细聆听他们的意见，运用他人的智慧。要学会尽可能弱化自我，淡化我执。《哈佛商业评论》曾采访著名历史学家许倬云教授，许倬云认为，要让一个组织蓬勃兴旺，健康地发展下去，人的因素最重要。历史上很多时候看上去都已经山穷水尽，但如果领导者找对方向，调动别人没办法调动的资源，开启全新的视野，往往能够开拓出崭新的局面。在谈到领导力时，许倬云借用唐代陆贽的话指出，领袖常犯的六个错误是：第一，我要胜过别人；第二，不愿意听别人数落我的过失；第三，喜欢辩论；第四，觉得自己比别人聪明；第五，逞自己的威严；第六，拒绝别人的建言，刚愎自用。历史和现实中无数领导者成功和失败的案例显示，百川不择细流，才能成其大，谦和包容才能获得事业的成功。对于女性领导而言，如何突破狭隘的心理，具有谦和包容的气度是需要不断修炼的人生课题。在这方面，武则天在政治上的雄才大略可以给我们很多启发。

武则天生活的年代是在唐朝前期，这是魏晋南北朝民族大融合之后，宋明理学形成之前的封建开放型社会，大量内迁的西、北方各族与汉族杂处日久，通婚往来甚密，李唐王朝本身即是鲜卑族与汉族的混血儿，异域开化的风尚习俗也渗入内地，冲淡了汉俗礼教。其时一个显著的变化，就是社会对女子的禁锢大为松弛，上层女子普遍喜好读书习文，出入社交场合，改嫁不再有异端之嫌，婚姻也较自由。妇女社会地位的提高，为武则天出头露面提供了良好的时代契机。武则天出生在一个达官贵人家庭，优裕的家境使天资聪慧的武则天从小涉猎文史，有着较高的文化素养，但在她 9 岁时父亲谢世，她及生母受到同父异母兄弟们的鄙薄冷待，这使她过早体验到了世态炎凉，同时也激发了她倔强的个性。贞观十一年（公元 637 年），14 岁的武则天以美色被唐太宗召入后宫，立为内宫中品位最低下的“才人”，这时的她在宫廷里并未得到青睐，不过，长期孤寂淡泊的生活也赋予了她超人的忍耐力。贞观二十三年（公元 649 年），唐太宗去世，武则天及后宫中没有子女的嫔妃们，一同被剃发送进了感业寺，落魄为伴青灯度日的清苦尼姑。一年以后，长于心计的武则天抓住与她早有暧昧关系的新皇高宗进寺焚香的时机，唤起了他对自己的眷恋之情，重蓄乌发，于永徽二年（公元 651 年）又还俗回宫，她的生活起了戏剧性的变化。公元 655 年，32 岁的武则天终于成为皇后。高宗由于长期患病，时常不能视事，便让果断明敏、富有才干的武则天辅佐朝政。这为她施展自己的才华又一次提供了机遇，逐渐地“天下大权，悉归中宫”。

作为政治家，武则天既有铁腕，又不失大家风度。大臣韩缓和来济，以前曾“面折庭争”，阻止进封武昭仪为良妃，武后即立，惧不自安。武则天却在戴上凤冠后的第三天出人意料地称赞他们“深情为国，乞加褒赏”，表现得颇为宽厚。公元 683 年，高宗去世，武则天以太后身份临朝。未久，扬州便起兵发难。当时，武则天看到一篇《讨武檄》。檄文数其秽行，揭其隐私，文辞犀利淋漓，气势磅礴。武则天和颜悦色地读完，从容平静地询问作者是谁。当知道是初唐四杰之一的骆宾王所写时，她感叹道：“这是宰相之过也。人有如此才，而使之流落不遇乎。”鲁迅先生在提到这篇檄文时，对武则天看过“不过微微一笑”“如此而已”的雅量很是赞赏。

为扩大自己在整个官僚阶层的影响，实现自己的政治抱负，武则天始终不渝地筛选网罗人才，在辅佐高宗期间，她即别出心裁地开馆延揽了一批文章高手，以修撰为名招入，除著书立说外，又让他们干预国事，朝廷疑议及有司表疏皆密令他们参决，因这批文人被特许从北门即玄武门出入禁中，时人称之为“北门学士”。这是武则天在皇权、相权之外建立的智囊班子。

她还大力发展作为正常仕途的科举制，在她与高宗统治的历年间，每年科举取士的平均数超过贞观年间的一倍。如此，学而优则仕之风猛烈地冲击了恃门第入仕的旧制，一批来自寒门微族的有才之士，如宗漳、张九龄等名相，陈子昂、刘知儿等文坛巨辈从此脱颖而出。为广招四方英才，不使野有遗贤，武则天还采取了几项措施。其一，称帝后她首创“殿试”，亲自面试考生物色人才，给予他们极高的荣誉。其二，鼓励臣下“荐贤”，凡所举之人经稽查只要有真才实学，便不拘一格予以录用，像狄仁杰、姚元荣、张柬之、桓彦范、敬辉等一些当时及后来开元年间的名臣即是由荐举而出。其三，实行“试官”制，即天下臣民皆可“自举”，对他们不问愚贤出身，悉加使用，然后根据实绩决定去留升迁。其四，设“南选”，在江淮以南主要是岭南、黔中这些落后地区遴选人才。有时，她还令从科举落选的举子中再行选取人才。一时天下人才趋之若鹜，朝廷内外人才济济。

武则天不仅在人才的使用选拔上明察善断，具有政治家的目光和远见，并在尊贤礼下上也堪与素有此种美誉的唐太宗媲美，如她尊称辅政恭勤不怠的狄仁杰为“国老”，因狄年迈，便不让他行君臣下拜大礼。有次狄仁杰的头巾被风吹落，她即命太子赶去拾起头巾，又拉住马笼头给他系上。在上下尊卑分明的时代，她能如此待下，实属不易，而臣下也会为此殊荣而感恩戴德，以死相报知遇之恩。

五、持续不断的学习力

学习力指学习成果转化的能力，是人的学习态度、学习能力和终身学习的总和，这种能力主要体现在更新自我、推进创新和变革社会的效果上。著名未来学家埃德加·沙因曾经说过：“未来的文盲不再是不认识字的人，而是没有学会怎样学习的人。”

当今世界，经济全球化趋势不断增强，科技进步日新月异，知识创新速度空前加快，价值观与文化多元，这些都给领导者提出了越来越高的要求和挑战，领导者不学习、不坚持学习，势必会落伍，势必难以胜任所肩负的重大职责。因此，领导者要加强学习，把学习当作一种神圣职责，一种精神境界，一种社会需求。对于女性领导而言，学习是提升领导能力的重要途径。

现实中，职业女性在职业发展的某个阶段会感到困惑，感到自己的能力被掏空用尽，没有能力再往上走了，这时候就应该学习。学习会帮助人们获得想要的东西并逃避不想要的东西。学习是在经验的作用下，行为中出现的比较持久的改变。人们可以通过直接的经验进行学习，也可以通过观察或聆听发生在他人身上的事情来学习。大量研究发现，事业成功的女性都是相对比较聪慧的，她们刻苦努力学习并能充分利用所学的知识和技能为自己的事业服务，同时她们还能根据工作的需要，发现自己所欠缺的东西，并不断学习新的知识，以充实自己、完善自己，为自己事业的成功创造条件。

那么，女性领导应该如何加强学习，提升自己的学习能力？

第一，自觉学习，增强危机感。女性领导只有加强学习才能增强工作的科学性、预见性和主动性，避免陷入少知而迷、不知而盲、无知而乱的困境，才能真正克服本领不足、本领恐慌和本领落后的问题。

女干部在尽心尽力干好当前工作的同时，还要有一种超前的眼光、宽阔的视野和“朝闻道，夕死可矣”的求知意识，时刻注意增进新知识，培养应对新挑战的关键性能力，建立和保持与时俱进的素质结构。要经常反思，并多从不足和不利的方面来完善自己，这样才有可能保持持久的竞争力。

第二，善于学习。领导干部的学习不同于专业技术人员的学习。只有掌握了领导干部学习的特点和规律，才能善于学习，从学习中赢得领导能力和领导智慧。从学习内容来看，专业技术人员学习内容可以窄一点，专一点，领导干部的学习内容要尽可能全面，这是由领导工作的系统性和综合性决定的。从学习方法上来说，专业技术人员的学习要"钻进去"，"钻进去"重在把书由薄读厚，聚焦专的知识和窄的知识，不断深化，不断拓展，重在解释现象。领导干部的学习不仅要钻进去，更要钻出来，钻进来重在由厚到薄，从大部分的书里提炼出观点和智慧，与实际工作有机结合起来，领导干部要通过学习来调整自己的知识结构，要多一点常识，多一点通识，多一点见识。①

此外，在知识结构上，领导除必须具有较高的文化修养外，还要具有合理的知识结构。由领导工作的复杂性、综合性和多变性所决定，领导者的知识面应该力求广博。从人才分类的角度来说，领导人才应是通才型，即具有多方面的知识和才能。当然，要求拥有广博的知识面，不能简单化地推导为越广越好、越博越好。知识无涯，精力有限，领导者应从自己的具体岗位出发，对浩瀚的知识进行科学的选择和优化组合，形成自己独特、合理的知识结构。这样才能胜任领导职务，掌握工作的主动权。

第三，要培养理论兴趣，锤炼政治意识。领导工作事关政治是非和工作大局，仅靠生活智慧、社会经验、通常意义上的办事能力等是难以胜任的，还必须有较高的理论水平、政策水平和丰富的行政管理经验、坚定的政治意识。因此，女性领导应该注意从单纯的生活型思维模式中走出来，消除自己对政治的偏见、对理论的误解。理论从表面上看是枯燥的，却蕴

---

① 全国干部教育培训教材审编指导委员会：《领导力与领导艺术》，人民出版社、党建读物出版社 2015 年版，第 155—156 页。

含着最深刻、最丰富的思想。政治和理论素质过不了关，就不可能具有敏锐的洞察力和鉴别力，实际工作中就难以进入全局在胸、指挥若定的境界。女性领导必须强化竞争意识、规则意识，努力克服无所用心的散淡心理，潜心钻研有关政策法规，在日常工作中做到游刃有余。

第四，善于反思。如果没有经历过失败，从来没有反思，就不可能成为真正的领袖。正规教育对于女性领导而言，固然是非常重要的，但是，最重要的是人生体验式的学习，从成功和失败中汲取经验和教训。这就需要勇气，因为我们必须能够面对新的环境和挑战，并且常常需要在逆境中成长。但是，这些经历是女性领导重要的学习机会，我们可以借此客观审视自己，我能做好什么？我可以做些什么促使局面变得不同？我可以从中学到什么？这就是实践学习和体验学习的真正内涵。

第五，注重向实践学习。领导力理论中有一个学习的 127 理论。即领导者 10% 的领导力是从书本中学来的，20% 的领导力是从别人那里学来的，其余 70% 的领导力则是从自身的经历和实践中学来的。这个法则告诉我们，作为领导一要向书本学习，向课堂学习。二要向身边的同事学习。三要向实践学习。正如当年毛泽东所教导的，“在游泳中学会游泳，在战争中学会战争”。此外，要注意学以致用。学习的目的在于运用，因此，女性领导干部要把研究和解决现实问题和领导实践，作为学习的根本出发点，不断提高工作的系统性、预见性和创造性。

C H A P T E R 0 6

第六章

女性领导自我修炼

自我修炼是个体在人生中面临的一个永恒的课题。一个懂得不断修炼的人，才能不断超越自我，臻于完美。作为一个具有多重社会角色的群体，女性领导正在政治、经济和社会、文化等各个领域展示自己的能力和才华，发挥着独特的作用。而女性如何在事业成功的同时，拥有幸福喜悦和宁静豁达的心态，实现事业和人生的双赢，女性领导如何不断完善自己，实现自我管理，正在成为广泛关注的问题。本章主要从女性领导形象塑造、女性领导心理障碍与调适、女性领导自我管理以及角色平衡艺术等方面，探讨女性领导如何通过自我管理实现自我成长，赢得成功且幸福的人生，成为富于魅力的女性领导。

一、女性领导形象

（一）领导形象的内涵及作用

领导形象是领导者自身修养的外在表现，它主要反映着领导者在领导过程中，所形成的个性特征、领导风格、领导方法及工作作风。领导形象是人们认识领导者的窗口。尽管领导行为日益繁复，但最终人们还是通过简约化的图像方式作为认知媒介，以这种方式审视和评价领导者的行为。领导形象就是其领导行为、领导生涯的图像。领导者的领导能力、领导作风、领导人格和领导成效，常常是通过形象表达、展现出来的。

在今天这个信息传达畅通、信息渠道多元的时代，领导者的形象备受瞩目。公众对领导者良好形象的要求也日益凸显。因此，领导不仅要恪尽职守，还要留意自己的公众形象。领导形象能使领导者更好地履行职责，能够有效地影响下属和民众，可以说，良好的形象是领导者的宝贵财富。

领导形象本身是一个复杂的系统，良好形象的树立取决于多种因素，是内在因素和外在因素的综合反映。领导形象是领导者素质的外化或表现形式，领导者素质外化到组织环境或社会环境中去，就表现为领导形象。内在的品德和才能、学识和修养是领导形象的本质。西方的先哲们把人的美德放在领导者素质的重要位置，指出，美德决定命运，也可以战胜命运，当美德败坏时，也就是政治衰亡时。因此，领导者的内在品德决定了其领导效能、领导业绩乃至整个领导生涯的面貌。

但是，有了良好的素质，是否就会有相应的良好形象呢？生活中有许多领导者，本身内在素质相当好，但由于不注意外在形象，对公众缺乏吸引力，打动不了人们，同时也损害了原本良好的形象。所以，外在的形象也必不可少，这是领导魅力的放大器。领导者的外部形象即是领导者的仪表风度、言谈举止、服饰穿戴等的展示，是其内在形象的外化。外部形象是领导者个人增强其识别性的重要方面。比如服饰，就是一种无声的语言，如果领导者想让别人正确对待自己的话，自己就必须首先穿得像个领导者。一个人的着装往往能从一个侧面传递出一个人的修养、性格、气质、爱好和追求。

2005 年，作为德国第一位女性总理和第一个来自原东德的竞选人，默克尔就是通过提升外在形象，获得了选民认可。竞选初期，默克尔信奉“真的有话可说的人，是连化妆都不需要的”。她衣着简单，甚至有点不修边幅，齐耳短发有些过时，身段也不窈窕。当时，民众对她的评价都是负面词汇，说她像一个倔强的、足不出户的农妇。政敌指责她“发型古板，举止不够优雅，跟不上时代”。为能在竞选中取胜，也为软化自己冷冰冰的科学家形象，默克尔开始选择柔和的发型，注意化妆，衣服也艳丽起来。这使她看起来更有神采，年轻、亲民。在媒体的一片称赞声中，默克尔的支持率不断升高，最终成为德国历史上第一位女总理，赢得了竞选。

由此可见，现代社会人们在交往互动中，不仅注重内容，也越来越注重形式和形象，交往互动日趋符号化和形式化。因此，领导者的形象已成为领导者的名片。良好的形象所展现出来的个人魅力，是领导者赢得他人亲近、认同和尊重的重要因素。

（二）领导形象的公众期待

尽管不同民族、不同国度、不同时代对领导者的角色期待是不同的，但是，其中仍然有着一些超越地域、政治、时代和超越性别的公共特征。比如正直、德行高尚、务实、能力超群、廉洁等。这些品质无论是对男性还是女性，无论是古代还是现代，都是人们期待领导者具有的人格特征。

1. 品德高尚

纵观历史可以发现，无论是在任何时期，人们对于领导者总是存在着高尚品德的要求，并把领导者的个人品格与其公共责任联系在一起，一个没有良好德行的领导者被认为是没有正义感和责任心的，有可能对社会和公共利益造成公害，领导者道德上的瑕疵是人们不能忍受的。

孔子在《论语》中曾经说，为政以德，譬如北辰，居其所而众星共之。讲的就是领导者的品德。高尚的品德和人格一直是中国政治伦理追求的目标。在西方，同样是如此。苏格拉底、亚里士多德、柏拉图以及后来不同历史时期的思想家们，都深刻地探讨过政治家和领导者的“善德”问题。

2. 能力出众

人们倾向于相信领导者是具有超强的能力，能够带领大家实现组织目标，只有这样，人们才会敬重领导者，才愿意追随领导者。

3. 平民化

在今天这个民主化诉求越来越快，社会文化和价值观念越来越多元的时代，权威和等级已被极大地解构，领导者的权威在人们心目中发挥的影响力越来越小。人们更多的对领导者有一种平民期待，希冀领导者保持普通人的本色，不要变成高高在上的人。[①] 因此，今天，充满活力和睿智、富有情趣、富于个性的感性形象更能赢得人们的认同和喜爱。领导者的业余生活、家庭生活和个人兴趣爱好等，往往会更加让人产生亲近感，有助于提高个人魅力。

（三）女性领导形象塑造

我们领导干部众目睽睽，大家关注，更应注重身体力行，以自身的人格魅力，给人们以思想上的正确引导和行为上的良好示范。人格魅力就是一个人长期自我修养形成的气质和行为方式的表现，是领导形象的综合体现。领导者的能力、学识、个性、修养、人格、德行、操守、形象等个人魅力因素是影响和感染被领导者，影响领导者和下属成员之间关系的重要因素，一旦成员认同了领导者的人格，就极容易认同领导者的观点和思路，认同领导者的领导行为和方式。因此，领导者要从自身出发，修炼德行品格，增长能力见识。

1. 女性领导形象塑造的意义

女性领导形象，主要是指女性领导人格、能力的外显性流露，包括气

---

① 孙彦彬编著:《与官员谈领导形象塑造》，国家行政学院出版社 2010 年版，第 14 页。

质风度、仪态修养、着装风范、言谈举止，这是属于权力之外的影响力。从社会评价男女形象的惯性思维来看，女性形象的美感要求比男性高很多，人们对女性领导的形象、气质、风度、谈吐的期盼值很高，因此，传统观念中女性在综合素质方面应该超过男性时才能配得上高职位，“人不可貌相”，对女性而言并不那么宽容，这也从另一个侧面反映出女性领导的形象影响。

女性领导的形象会无声并有效地渗透在领导活动中。一位女性领导曾说：“领导干部的形象，是无声的语言，是无形的影响，你的形象好，别人就容易接受、认可你，你的话就有说服力。”①

领导者的形象魅力与领导者的容貌、衣着、姿态密切相关，作为女性领导，无论在任何时候，都会成为人们关注的焦点。举止得体、仪态大方的外在形象与内在气质只有互相配合，才能产生最大的魅力。综观中外政坛的女性领导，她们都是以独特的个性气质和优雅的仪表风度令人倾倒。脸谱网 Facebook 的 CEO 谢丽尔·桑德伯格出现在人们面前时总是衣着得体，气质高雅，略施粉黛的脸上有着迷人的笑容和炯炯有神的目光，流露着雄心的同时也充满着温情和亲和力，周身给人的感觉是果断干练又不失女性魅力。

2. 女性领导如何塑造自己的形象

对于领导形象而言，大部分人自主意识不强，被动的听从客观环境的塑造，而优秀的领导者则是在创造或选择环境中，自主地造就自己的形象。如果把领导形象比喻为一座大厦，那么领导者就是这座大厦的建筑师，需要领导者按照设计要求，以自己的思想、行动为建筑材料，把形象大厦构建起来。这座大厦是崇高、完善、光彩照人，还是卑劣、残缺、黯淡无光，

① 李晓燕、姚钦英：《女性领导艺术：公关协调与人际沟通》，华中师范大学出版社 2010 年版，第 15 页。

这都与领导者的言行举止紧紧相连。因此，“领导形象的塑造是主要取决于领导者自身一种别人无法代劳的自我塑造，需要领导者躬自为之、好自为之”。[①] 总的来说，女性领导形象塑造要注意以下几个方面：

（1）树立形象意识

塑造良好的女性领导形象，要求女性领导首先解决思想认识问题。要充分认识领导形象的放大、制约与导向效应，要看到领导形象的塑造不是仅仅关系到女性领导个人荣辱得失的小问题，而是关系到领导效能、社会风气及党和国家形象的重大问题，把领导形象的塑造，看成是每一个懂得自尊自爱的领导者必须完成的经常性任务，是每一个具有社会政治责任感的领导者责无旁贷的使命。

许多成功女性领导的案例显示，女性要想比别人更突出、更优秀，必须具有比他人更独特的个性、健康的心态和体能，宽阔的胸襟，快乐豁达，精力旺盛，具有强烈的感染力，能感染和激发下属的潜能，唤起他们对达到工作目标的热忱，营造充满活力和人情味的氛围。在待人处事中举止沉稳大方，雍容大气，言谈思路清晰。使领导者的权威与女性的亲切、温婉和谐地融为一体。因此，女性领导要充分认识到形象的重要性，塑造良好的女性领导形象。

（2）了解民众需求

形象信号给人的视觉刺激是最强烈的，给人留下的印象也最深刻，因而对人的作用也最直接。领导者为了赢得人们的认同，就要了解民众的需求，把握人们的心理活动，顺应民心，从而树立一个人们需要和喜欢的领导形象。

俄国女皇叶卡特琳娜二世，就是一个典型的案例。叶卡特琳娜二世并

---

① 胡月星：《现代领导心理学》，山西经济出版社 2005 年版，第 448 页。

非正统的俄国人，而是一位被俄国召来作为彼得大公夫人候选人的德国公主。为了能够崛起，能够在政治上赢得成功，一到俄国，她便清楚地意识到当务之急是要做一个地地道道的俄国人，为俄国人所接受。于是，她拼命学俄语，并毅然决定放弃自己原有的宗教信仰，由信奉基督新教改为信奉俄罗斯东正教。她的这两大举措，在俄国民众面前树立起了良好的形象。

（3）个性化形象

唯物辩证法认为，世界上的任何事物都是个别和一般的统一。领导形象塑造同样要坚持这一基本原理。事实上，没有哪一种领导形象绝对完美，适合于自己为最好。个性化魅力是领导形象的核心要素，能够给人留下深刻的印象并形成强大的亲和力和影响力。毛泽东的文韬武略、才华横溢，邓小平的百折不挠、高瞻远瞩都是其个性化魅力的展现。领导形象给人印象最深刻的是其个性化的品质，个性化的品质形成个性化魅力，个性化魅力正是领导形象的核心所在，是领导形象的最高境界。

然而，我国许多领导其形象普遍存在脸谱化、雷同化、公式化等问题，缺乏个性化魅力。零点调查公司曾经在中国第一次尝试对北京、成都等八个城市市长支持率进行调查，结果表明，八个城市有六成市民对于市长的个人形象具有"脸谱化"的认知，而这种认知大都来自电视里的会议、讲话、报纸头版头条等当地新闻媒体中传达的公式化信息，但对于市长们的个性化信息，人们几乎毫无所知。这说明虽然市长们获得了相当高的支持率，但市长们在公众心中的亲和力和个性化魅力还不高，市长们的形象塑造仍是不太成功的。

长期以来，"领导"在人们心中似乎已形成一个固定的形象：工作认真，态度严谨，不苟言笑。然而，在领导已经成为一门艺术的今天，这种传统的"保守型领导"已不太受人们的欢迎。因此，为自己确立一种鲜明、独特的领导形象，是领导者展现自己个性魅力的重要途径。

新时期女性领导既应有符合社会与时代发展要求的素质和能力，又应有鲜明的个性特征。每个人所处的领导环境、地位、性格都各不相同，呈现在公众面前的领导形象也不可能一样。每个女性领导都要从自身的实际情况出发，根据自己的工作环境、生活氛围、个人特点，不断加强自我修养，注重情趣培养、气质熏陶，把时代所需要的共性形象与个人的特有形象结合起来，从而使其形象鲜活、生动起来。尽显女性领导独特的魅力。

在塑造富于个性的女性领导形象方面，全国人大新闻发言人，外交部原副部长傅莹可以给我们很多启发。傅莹在外交场合擅长发挥女性“柔”的优势，经常以自己细腻丰富的感性特质，缓和在外交中可能出现的剑拔弩张的局面，被誉为“傅莹外交”。现在，作为全国人大首位女性新闻发言人，傅莹的出现，改变了很多人对女性领导的看法。微卷的白发、轻柔的语调、亲切的笑容、优雅的气质，历来“硝烟弥漫”的新闻发布会现场，因为傅莹，竟增添了几分柔和的气场。在回答记者提问时，她温文尔雅，落落大方，不卑不亢，说话慢条斯理，不激昂，也不刻意低调，说话如唠家常，给人非常朴实的感觉，但同时又有自己的真知灼见。傅莹身上充分展现了一位从容优雅，富有智慧，知识渊博，具有自信、知性和亲和力的女性领导形象。

当然，女性的仪容风度不仅仅是衣着仪态的外表美，而是有着丰富的内涵。人的仪容风度是基于内在精神世界的美，来自理想、情操、智慧、学识等。傅莹所展现出来的女性领导形象魅力是其成长环境、教育、阅历、情趣、见识的综合。傅莹是蒙古族，父亲是著名哲学家艾思奇的学生。在父亲的教导与家庭氛围的熏陶下，傅莹从小就热爱读书。阅读的爱好，训练了她缜密的逻辑，也培养了她独立思考的能力。她还热爱艺术、喜欢体育运动。傅莹曾任中国驻菲律宾、中国驻澳大利亚、中国驻英国等的大使，是中国第一位少数民族女大使、独立驻西方大国的女性大使。在丰富的阅历和长期的人生历练中，傅莹形成了自己独特的领导艺术和富有魅力的领导形象。

（4）学会运用心理学的“首因效应”

女性领导要学会利用心理学上的“首因效应”树立良好形象和不断强化良好形象。心理学研究的“首因效应”，是指公众对某人形成第一印象后，会保留很长时间，并对以后的印象有很大的影响。公共部门的领导者在第一次公开露面时，要重视抓住机会表现自己的长处，展示自己的风格特点，从而产生良好的“首因效应”。“新官上任三把火”，就是为了能给人留下很好的印象。但这种“先入为主”的印象并不是一劳永逸的，需要领导者不断强化，使“近因效应”和“首因效应”互相促进，树立领导者的良好形象。

（5）注重内修

一般来说，领导者有什么样的素质条件，就有什么样的领导行为表现，也就有什么样的领导形象。领导学专家胡月星认为：“从根本上说，领导形象不是靠包装出来的，它是领导者内在素质的外在表现。领导者素质的高低与领导形象的好坏大体上呈正比例关系。因此，塑造良好领导形象的基本前提就是要提高领导素质。”① 女性领导要通过各种途径修炼自己，使自己具有高尚的德行，深厚的文化底蕴，丰富的阅历和智慧，独特的见解。女性领导的形象魅力是一种能量，是由内而外散发出来吸引别人的气质。容貌、服饰、身体是魅力之形，学识、阅历、修养则是魅力之本。

（6）注重外在形象

根据形象专家的研究介绍，别人对你的第一印象，一半以上受你的外在形象影响。在你走进某个房间的那一刻，屋里的人就开始审视你，观察

---

① 胡月星：《现代领导心理学》，山西经济出版社2005年版，第448页。

你走路的姿势、你的神态，注意你的穿着，倾听你的声音。因此，女性领导要特别注重外在形象的打造。

首先，要注重着装的艺术。仪表是女性领导形象的一面镜子，它作用于人们的感官，形成定式化的总体印象和评价，能给人以直接的作用。它还反映着女性领导的文化教养和审美水平。领导形象的外在仪表美，也体现了对人的礼貌和尊重，体现出领导者的精神状态和文明程度，给人视觉刺激最直接的影响力和愉悦的美感，从而提高和衬托女性领导良好的风度和形象。因此，女性领导应注意自己仪表的修饰，应以庄重、大方得体的衣着出现在公众面前和公务活动中，并能根据情势的需要，选择和确定自己的衣饰用品、言谈举止。

国务院原副总理吴仪就很注意自己的形象。吴仪对衣着很讲究，出席外交场合时穿的衣服，多数是特别订制的，既多姿多彩又不失端庄稳重。她出现在任何公众场合，总是衣着典雅，花白的头发梳理得一丝不乱。2005 年 5 月 16 日，陪同连战结束大陆“胡连会”回到台湾的连方瑀，在台湾《中国时报》曾著文提及吴仪的美丽：“晚餐……她下午穿的是一件红色针织洋装，现在换上黑色针织晚装，上面还有晶亮的扣子……银色短发、白皙的肌肤、智慧的双眼，这位‘铁娘子’竟是十分高雅动人。”

其次，要注重语言艺术。所谓领导者的语言艺术，实际上就是领导者的口才，也就是讲话、运用语言的艺术。领导者的语言艺术体现在成功地运用角色语言，在不同的时间、地点和人群中，具有不同的用语和表达方式。“讲”即用讲话来表达思想和情感。“讲”的水平高低，关系到领导活动的效果，善讲是领导学识形象的表现形式。

总之，外在形象是女性领导展现个人魅力的重要方面。成功的女性领导大多注重外在形象的塑造。已故的英国前首相玛格丽特·撒切尔夫人素有“铁娘子”之称，她出任首相之前，英国政界几乎全由男性掌控，尽管如此，她从未放弃从政的梦想。在竞选受到阻碍时，她的丈夫丹尼斯说："你的劣势就是你的性别。但是，如果你能够好好利用女性优势，它将成为支持你的力量。"撒切尔夫人听从了丈夫的建议，她开始精心打扮自己，注意打造自己的形象。

撒切尔夫人一直注意保持自己的体重，以拥有一个良好的体形。她改掉了自己不太大方或不太雅观的举止，把原本尖锐的嗓音变得低沉、性感。为了改变自己的声音，她走进全国大剧院接受训练，终于把音调降了下来。在发型上，撒切尔夫人始终保持一成不变的头盔式发型，昭示着她百折不挠的坚毅性格。在着装方面，在担任首相初期，撒切尔夫人的着装并没有受到好评，甚至有媒体嘲笑她的着装太烦琐。不过撒切尔夫人很快找到了自己的着装风格。她选择那种大宽肩的套裙，折射出的是一副令人敬畏的形象；色调上，她中意蓝色，因为它不仅使人显得优雅稳重，更是保守党的代表色；首饰上，她独爱珍珠，因为她认为一件普通的衣服只要配上珍珠，就能显得气度不凡。这些元素的综合形象，在男性主宰的政治环境中显得意义非凡，它一方面凸显了撒切尔夫人柔美温婉的女性化特质。另一方面，又展示着她在交锋激烈的政治舞台上男人般的强硬气概。

当双鬓的头发开始变得花白时，撒切尔夫人就开始染发。脖子上的皱纹使自己显得老了，她就改穿高领衣服，打蝴蝶结。人们很欣赏她那优美的发型，她的发型与面容呈现出一种十分协调与和谐的美。她的两条腿比较粗，所以她很少穿长裤，只穿裙装。在不同场合，她还常常佩戴不同的耳环和项链，以使自己显得更加容姿焕发、光彩照人。

从撒切尔夫人步入政坛开始，手提包就成了她的象征。她的手提包是"百宝箱"，里面有笔记本、公文、手帕，还有梳子和口红，这使她既可以在激辩中随时取出文件，反驳对手，又可以随时补妆，使自己始终保持神采奕奕。即使在政治生涯中最为紧张和灰暗的时候，撒切尔夫人也不惜在保持自己的形象上花费足够的时间。无论多么繁忙和疲劳，她总是能精神焕发、光彩照人地出现在听众面前或记者们的摄像机前，充分展现出良好的形象魅力，让人生出可信任的感觉。

在行为方式上，撒切尔夫人处处体现出女性的温情和关怀，撒切尔夫人对工作人员，即使是最基层的工作人员也体贴入微。有一次，她和大臣一起吃饭时，侍者不小心把汤弄翻洒到了大臣的衣服上，她没有顾及大臣，而是首先去询问侍者有没有被烫着。她从不忘记向为她服务过的人表示感谢，吃饭时，侍者每上一道菜，她都会表示感谢。撒切尔夫人还善于把握他人的心理，并能恰到好处地表现出她的理解。比如在马岛战争的日子里，她一直是一身黑服，以示对死者的缅怀、对死者家属的关切和对战争的反感。她经常在公开场合热泪盈眶，甚至啜泣不止。以往面对公众发表演说，她总是伸出双手向掌声致谢，那段时间她则两手低垂，深深鞠躬。这些细节充分展示了女性的细腻、温柔、体贴和善解人意，难怪南非前总理约翰·沃斯特在撒切尔夫人访问他的国家之后，评论说："她有着一位具有魅力的女士的一切女性特征，同时又有着一个坚强男子的头脑和勇气，而且更具亲和力。"所有这些都让撒切尔夫人赢得了民众的认同和追随，成就了她辉煌的人生。

二、女性领导心理障碍与调适

积极健康的心态是女性领导获得事业成功和收获人生幸福的重要保证。随着女性受教育程度、社会地位的提高，社会制度和政策的不断完善，越来越多的女性已开始打破传统羁绊，走上了领导岗位，为社会发展贡献自己的智慧和才华。女性领导一般情感丰富，性格温和，宽容向善，敏感细致，坚韧认真，她们不仅善于沟通激励，注重分享与合作，而且具有锲而不舍的奋斗精神，坚定的意志力和自我忍耐力，这些都使她们在领导活动中有着男性无法比拟的优势，适应了现代社会注重“以人为本”柔性领导的发展趋势，有利于增强组织的凝聚力和下属的归属感，有利于领导活动的顺利开展。

（一）女性领导的心理障碍

作为具有多重社会角色的群体，她们在发挥自身独特作用的同时，也承受着男性主流社会期待带给她们的种种困惑、内心冲突和压力，在一定程度上阻碍了女性领导的成长与发展。由于各方面因素的影响，女性领导自身也存在一些不利于领导发展的心理障碍，具体表现在以下几个方面：

1. 自卑意识和依赖心理

由于传统的性别观念、组织文化、制度政策等的影响，往往会导致女性领导对自我的能力产生怀疑，自我认知偏低，并沉淀为一种深层的自卑心理意识。与自卑心理相伴的是依赖心理。在我国，虽然妇女解放已半个多世纪，但是男权文化依然渗透在人们的潜意识里，认为男性是社会的主宰和主导。受此影响，有的女性领导尤其是基层女性领导难以摆脱需要人照顾的想法，胆小，依赖性强，刚毅性和果断性差，缺乏独立意识，既要求社会给予地位，又希望寻求依赖男性。自卑意识和依赖心理是女性领导成长的最大心理障碍，这种心理会导致女性缺乏自信心、创造力和不屈不挠的精神，在领导工作中习惯于把自己放在一个被动的位置上，或工作中期待男同事的关爱与帮助等，难以独当一面，难以打破常规；在领导决策时优柔寡断，不太愿意接受挑战，不敢发表独立见解，甘当配角，缺乏敢于负责的闯劲、魄力和斗志，缺乏驾驭全局的能力。

2. 成功恐惧心理

美国心理学家霍默通过研究曾发现了这样一个现象，即一些很有才能、很能干的女性往往对自己的成功有一种恐惧和焦虑，不同程度存在着避免成功、害怕成功的心理。霍默进一步解释说，由于女性考虑到成功将会给她们带来诸如名望丧失、失去友谊、家庭、失去女性气质等不良后果，因而，她们有意回避成功。霍默的研究揭示了女性内心深处的隐忧，即成功恐惧心理。在现实生活中，人们常常对事业上非常成功的女性冠以“女强人”的称号，在一般人所形成的刻板印象中，“女强人”是一个咄咄逼人的形象，没有女人味，强悍，许多男性也不希望自己的妻子超过自己，成为所谓的女强人。这些社会心理影响女性的认知，致使一些女性产生认知偏差，不愿做女强人，因为一旦成为女强人，在她们看来，就得承受来自事业家庭各方面的压力和排斥。成功恐惧心理限制了女性的成就动机和领导效能感，滋长了女性安于现状、谨小慎微、不愿冒尖、恐招是非、故步自封的心理，从而使女性缺乏积极进取的意识，追求领导岗位的动力和热情。

3. 刻意模仿男性心理

由于女性刻板印象与领导刻板印象的冲突，一些女性领导为得到社会的承认和接纳会有意识地向男性标准靠拢，掩饰和压抑自身的女性特征。这些女性能力个性强，果敢决断，往往在成为“女强人”的同时，她们的性格脾气、兴趣爱好等女性特点也发生了变化，变得比男人还“男人”。此外，也有一些女性领导因迫于社会舆论，顾忌与男性同事共事中可能会出现的“飞短流长”，故意表现出“男性化”“中性化”，通过弱化女性特征，来避免一些没必要的闲言碎语。女性领导的这些行为多是无奈之举，或是迫于情势的选择，但长期下去，也许会导致她们人格异化，情感压抑，无法与周围人正常交流，使自己陷入孤独、封闭的心态中。

4. 完美主义心理

女性领导一般具有较强的责任心，做事追求完美。但是完美主义是双刃剑，既令女性领导做事认真细致，又可能导致女性领导做事较真固执，在领导活动和生活中会过分注重细节和局部，缺乏长远眼光和宏观把握，还可能因此身心紧张焦虑。

（二）女性领导心理障碍的影响因素

1. 传统性别观念和文化的影响

传统性别观念和规范无处不在，它渗透在人类生活的方方面面，并在长期的浸润中形成了一种性别刻板印象，对于人们心理的影响是隐性和根深蒂固的。几千年来深厚的中国传统文化赋予女性的是贤妻良母的规范要求，在人们的刻板印象中，女性是温柔、贤淑、依赖男性的，男性是社会的主宰，是刚强、勇猛和力量的象征。由于在男权社会中男性长期以来被赋予了领导权，人们亦形成了对领导的刻板印象，这种刻板印象是以男性的行为特征为价值标准的。于是，什么是女性与什么是领导之间就存在了矛盾，对男女就产生了不同的角色期待和双重标准，这种以男性为主的传统性别观念是阻碍女性攀登事业高峰的主要因素，其主要表现就是对女性领导的歧视和不信任。对女性领导，社会总是带着有色眼镜和疑问："她能胜任吗？"笔者曾访谈过一位女副市长，她对此深有感触："对女性的歧视在社会上是根深蒂固的，我刚进政府的时候，当时，在政府常务会上，我们的市长当着所有人的面，对我说，不要让全市的老百姓觉得我们党委选错了人。我听了很难受，后来想，只能干给他看了。"首先女性领导必须不断向同事和上级证明自己的能力才能巩固职位，得到认同和接纳，而男性一旦得到提拔，人们会自然认为他们胜任自己的岗位。其次是对女性领导的不宽容，甚至是求全责备，乃至刁难。女性领导做事成功，说她太强，不像女人；做事没有达到要求，说她本就能力不行。在领导行为中，女性领导若使用亲和的柔性的领导方式，会被认为太软弱被动，缺乏魄力，做事不果断；若采用强势指令的领导风格，又会被指责太逞强好斗。此外，是下属对女性领导开展工作不配合。研究显示，尤其是对女性角色持有传统观念的男性下属往往会对女性领导产生抵触心理和不适应感。上述情形都影响到女性领导的心理和行为，成为女性领导成长发展的障碍。

除此之外，对女性领导的污名化则更加不利于女性领导形成健康心理。所谓“污名”，是指社会上存在的对女性领导能力和成就的猜忌、怀疑、攻击甚至诽谤，认为女性的事业成功是通过非正式途径获得的，比如有强大的政治背景、以色谋权等。对女性领导的污名化会是最具杀伤力的，在很大程度上影响女性领导的心理，有的女性领导会由于此种舆论而产生恐惧成功和不积极进取的心理，妨碍了其正常工作的开展和与异性的正常交往，对其成长和发展造成极大的内在困扰和外在障碍。一位受访的女性领导曾为此非常苦恼：“你跟领导关系稍微近一点，别人就说你，领导也不敢提你，离领导很远的话领导注意不到你，你工作干得再好也不会提你。凭自己的实力干上去别人也会添油加醋说一些，觉得你不是凭实力。”

2. 女性领导选拔任用制度和政策的影响

选人用人制度和政策是影响女性领导心理的一个最重要因素。女性领导与男性领导成长发展的道路明显不同，女性领导受到外部环境因素干扰较多，其中受政策的影响较大。新中国成立后，我国高度重视女性领导的选拔和培养，尤其是进入新的历史时期，对女性领导干部的选拔和培养更是高度重视。2001 年，中组部为了更好地贯彻落实党中央关于做好培养选拔女干部工作的一系列重要指示精神，进一步做好新形势下培养选拔女干部工作，制定了《关于进一步做好培养选拔女干部、发展女党员工作的意见》（以下简称《意见》），各地也纷纷结合自己的情况制定了实施细则。《意见》极大地推动了女性领导的培养选拔工作，正是由于政策优势使大批优秀女性走上领导岗位，贡献她们的聪明才智。但是，在政策执行的过程中，也出现了一些问题。

首先，是女性领导选拔具体措施上的模糊性，缺乏前瞻性和规划性。比如一些地方在选拔女干部时，多是为了完成领导班子搭配比例的需要。这种选拔多考虑女性的党派、文化程度、是否是少数民族等，而非基于客观现实的需要以及女干部的工作和领导能力，进而也可能会出现“拎着帽子去找人”的现象，使得女性领导选拔具有较大的人为性和随意性，缺乏制度保障，难以对女性领导形成较为稳定的心理预期。其直接后果是，产生了被社会诟病的所谓的“无知少女”现象，一些优秀的女性不能选拔上来，打击了其积极性和进取性；一些选拔出来的女性领导又缺乏追求领导岗位的强烈愿望和领导能力，在领导工作中易出现挫败感和退缩心理。

领导职位是高度稀缺的资源，对职位的竞争是非常激烈的。由于对女性的歧视和偏见，在提拔、使用干部时，大多数单位对女性领导重视程度不够，不敢委以重任；在组织部门提名时，对女性领导的提名尤为慎重。党委政府机关领导以男性居多，个别领导尤其是掌握干部晋升权力的男性领导在提拔女性领导时，往往顾虑可能会给自身带来非议，为避开嫌疑，不愿推荐、提拔、使用女性领导。因此，在晋升机遇到来时，女性领导常常在提名环节就已遭遇到“玻璃天花板”。

其次，在单位用人上同样是如此。长期以来，在男性主导政治领域的传统格局中，我国女性领导在政治生活中普遍存在着“四多四少”的结构问题，即基层多高层少，副职多正职少，虚职多实职少，边缘部门多主要部门少。女干部多集中在诸如教育、环境、卫生、社会福利等传统上认为适合女性的领域和部门。女性领导任职的结构性问题导致其缺少历练，难以积累在急难险重环境下开展领导活动的经验，晋升的机会也自然小于男性同行。

最后，由于女性领导在领导群体中是少数，人们往往会对她们的成绩抱着怀疑的态度，认为是制度安排的结果，是组织需要配备的，是花瓶，提拔她是由于政策，而不是由于她的资质和能力，并由此带来周围人的敌意和歧视。她们的意见会被忽视，在决策和讨论中她们的声音会被淹没。长期下去，女性领导的不安全感和压力会不断增强，并产生挫折感。甚而，有的女性领导为了得到认同，尽力使自己与社会对女性的刻板化期待保持一致，这样下去，女性领导与男性领导之间的差异会更加扩大化，女性也更易于形成依赖、保守、安于现状等消极心理。

3. 家庭与事业的冲突

家庭与事业的矛盾是女性领导发展中面临的重要问题。今天，社会的快速发展和多元化更加凸显了女性的多重社会角色，使女性领导在角色定位上更加处于两难纠结的状态。男性为了工作打拼会被认为是“有事业心”的好男人，而女性领导必须肩负事业与家庭的双重担子，她们既要为事业倾注全力，又要为家庭尽职尽责。否则，不仅自己内心愧疚，也会招致社会的谴责。大多数女性领导要比男干部付出更多艰辛和努力，要承担来自家庭、社会和自身的多重压力。家庭、事业的超负荷运转和巨大的精神压力，造成多数女性领导身心疲惫，也会逐渐淡化女性领导积极进取的心理。

（三）女性领导面临障碍的解决对策与途径

1. 从女性领导自身来看

第一，女性领导要强化对自身身份角色的认知。对于女性领导主体来讲，她们拥有双重身份，她们既是女性，又是领导者，如果对领导角色的重要意义和价值没有明确的认识，也就不会产生相应的追求领导岗位，承担领导责任的强烈动机和行为，因此，女性领导一定要对所承担的领导角色的社会价值有明确的认识，树立开拓进取、自立自强的意识，以主体性姿态勇于承担社会领导角色，只有这样，才能在领导行为中有强烈的归属感和积极的行动。第二，女性领导要树立自信心。自信心是一种对自己潜在能力的暗示，一种对人生价值的期待，对克服一切困难的信念。自信心是女性领导最重要的心态，但凡在事业上取得成功的女性领导都具有较强的自信心。第三，女性领导要学会以坚强乐观的心态面对有时不可避免的角色冲突，懂得通过多种方式释放心理压力，积极与家人沟通以得到其支持。第四，女性领导要不断学习，加强自身修养，注重塑造仪表端庄、亲民而不轻佻、自尊而不自傲、精干而不强悍的形象。女性领导不仅要保留自己的性别特征，而且要充分发挥自己的性别优势。性情温柔、心思细腻、富有爱心、心态平和、正直善良，女性的这些特征不仅不是从事领导工作的障碍，而恰恰是最大的优势，而且随着社会的发展，女性领导的这些优势会越来越凸显。当然，在领导岗位上，一些传统意义上“男性化”的特质在具体领导情景中同样是领导活动能否有效开展的因素。因此，女性领导一定要加强学习，向男性同行学习，向实践学习，向理论学习。在大量的访谈研究中，笔者发现，成功的女性领导都是对自己有严格的要求，不断学习完善自己的人。第五，在工作中，女性领导还要学习用幽默，用努力和富有成效的工作，用依赖于外部的支持系统来处理她们的疏离感。虽然现在对女性领导的任务分配会导致一种偏见和歧视，但是，女性领导也要学会在现有的环境中创造工作业绩。比如，现在很多女性领导的工作领域在社会事业方面，随着社会的发展，这些领域越来越受重视，正好可以给女性施展能力创造平台。

2. 从组织部门来看，要通过各种途径加强对女性领导的历练

女性领导自信心的形成，往往是建立在经验的基础之上的，如果个人在领导活动中取得领导绩效，并不断受到上级领导同事的肯定和认可，她就会对自己的领导能力有信心，反之，如果她在领导活动中得到的社会评价低，她就会对自己的领导能力产生怀疑，进而影响到其进一步追求领导岗位的动力。在访谈中，笔者发现，绝大多数女性领导都是由于在工作中

不断取得成绩，逐渐增强了对于自己干好工作的信心。领导工作需要丰富的经历，经历各种台阶，各种岗位的锻炼，尤其要经过基层工作的锻炼，重要岗位的锻炼，才能使女性领导拥有丰富的、多方位的视野和经验，才能在实践中不断提升应对压力的抗压能力，应对危机的处置能力，才会不断激发她追求领导岗位，承担责任的动机以及过硬的心理品格，成为能干事、敢干事、干成事的领导。因此，组织部门要遵循领导人才成长的一般规律，把女性领导特别是年轻女性领导放到艰苦环境中去，放到基层重要岗位上去，让她们在现实的风浪中经受锻炼和考验。要拓宽渠道，加大不同地区、不同部门、不同行业之间女干部交流的力度，只有这样才能切实提高女性领导的能力，使其克服不利于其发展的心理障碍。

3. 转变传统的性别观念和文化

通过社会文化教育和媒体舆论等转变传统的性别文化，形成有利于女性发展的社会文化舆论环境。研究显示，今天，教育领域中渗透的依然是传统的性别观念，比如教材中呈现的优秀女性往往扮演服务、照顾性的传统家庭角色，数理和工科往往被认为是男性学习的领域。此外，媒体在固守传统性别文化中也起到了推波助澜的作用。尤其是随着社会发展，新闻报道的娱乐化倾向越来越严重，媒体对女性领导者有限的“表达”，对女性工作能力与业绩的“忽略”，进一步强化了女性领导者是陪衬的印象，造成女性领导相对微弱的公众影响力，很多时候，社会和媒体更关注女性领导的性别而非领导能力，女性的决断、战略思维和才能较少被提及。与此相反，男性领导的领导业绩却是媒体乐于大量报道的，他们的成功被认为是自我实现，男性自身的特质和素质是成功的原因。因此，作为影响人最重要途径的教育和媒体都要有先进的性别意识，要改变传统两性角色分工的刻板印象，提高对女性成为领导者重要性以及优势的认识，营造良好的开发利用女性领导资源的社会环境，为女性领导的发展创造良好的文化空间。

三、女性领导情绪管理

（一）情绪及其影响

情绪（或情感）是一种体验，是与人的生理需要和社会需要是否得到满足的一种反映。情绪是我们的主观感受，是我们内在的情感波动。我国古语所说的七情中“喜、怒、忧、思、悲、恐、惊”讲的就是情绪。情绪的发生主要涉及环境刺激、生理状态和认知三种原因，依据情绪的强度、持续状态，情绪又分为心境和激情。心境是比较持久的情绪状态，激情是强烈而短暂的爆发式的情绪反应。情绪连接着生理反应，如呼吸、循环系统、肌肉、腺体和内分泌，以及代谢过程。

情绪没有好坏之分，任何情绪都是必要的也是必然的，不是认为不好就不出现了。情绪作为我们自身的一部分一直陪伴着我们，快乐、激动、悲伤、恐惧、愤怒、嫉妒等这些情绪表现，并没有好坏之分，情绪与是非对错和道德概念无关。我们说它好或者坏，只是反映了我们选择和利用它们的态度不同。情绪可以成为伤害我们的武器，也可以成为一种有利的工具，给我们的生活带来欢乐。因此，我们需要了解自己的情绪，关爱自己的情绪比控制更重要。

健康的情绪表现出欢乐、愉快、高兴、喜悦的积极心态；不良的情绪产生沮丧、悲观、烦躁、愤怒的消极心态。情绪作为一种独特的心理体验，渗透于人们的一切活动中，关系着个体的发展与成功。情绪反映个体的精神状态，对人的行为具有明显的影响。积极的情绪可以保持精神的适度兴奋，使人的身心处于最佳活动状态，能起到正向的推动作用而促进主体积极地行动，从而提高活动效率。消极的情绪则会抑制精神的兴奋度，使人身心疲惫，萎靡不振，产生负面的影响而干扰、阻碍人的行动，降低活动效率。

我们有情绪是很正常和自然的事。个人的情绪特点受到早期家庭生活的影响，人类的情绪表达反应模式是从家庭中习得的，父母与家人之间的互动关系常会影响到我们成人以后的情绪表达方式和反应方式。情绪是可以积累的，情绪是一种能量，我们的压抑并不会使它消失。其反而有可能转变为其他的病痛表现出來，所以当我们身体不舒服时，也有可能是来自不良情绪的积累。

（二）女性情绪特点

研究发现，由于多种因素的影响，与男性相比，女性往往会经历更经常、更剧烈的情感波动，女性的情绪常有较强的行为和表情体现，持续时间较长，易受环境情景的影响，容易出现偏激和盲从的两极化倾向。

情绪化是做领导的大敌。尤其是女性领导，把负面的情绪带到工作中，过于直接的表达情感，情绪不稳定都会使下属不知所措，从而会对这样的领导退避三舍；会使男性同行和领导感到不舒服，并会轻视女性。他们会认为女性无法管理自我，控制不好自己的情绪，因此，所做的决定是不值得信任的。因此，当身心疲惫、悲伤、焦虑和恐惧的时候，当面对压力时，女性领导一定要学会自我调节，把自己从纷乱的思维中解放出来，帮助自己消除忧虑，学会控制情绪和眼泪，勇敢面对失败和压力，只有这样，才能赢得男性的尊敬和同事的认可。

成功的女性领导，给人的印象一般都是身体健康、精力充沛、办事利索、乐观开朗。她们注意对自己身体的保养，注意膳食营养的平衡，有良好的生活习惯，坚持适度的体育锻炼，有的还运用棋琴书画来休养生息。饱满积极的情绪带给她们正向的能力，不仅能高效完成领导活动，而且令女性领导获得更丰富的人生体验，积极乐观的心态。因此，女性领导要在领导活动中学会修身养性，培养平稳的情绪和良好的心态，进行有效的情绪管理。

（三）女性领导如何管理情绪

1. 正确认识自我

正确的自我意识有利于领导者的心理健康，有利于对自己的行为进行适宜的调整，实现自己的责任和使命。

认识自我是人类自古至今一个永恒的话题，正确认识自我是培养形成健全自己的基础。老子曾经说：知人者智，自知者明。如果一个人对自己能有一个较全面、客观的认识和评价，就能找准自己在现实生活中的位置，扬长避短，取长补短，发展自己，完善自己。就能建立自信，既不妄自菲薄，又不夜郎自大。与男性相比，女性在自我认知与自我评价上容易出现走极端的现象，要么觉得自己一无是处，不相信自己的能力，觉得自己无法担当更多的责任。要么觉得自己无所不能，表现出一副盛气凌人的模样。于是，一旦在某方面稍有成就便沾沾自喜，一旦在某方面受挫，又会全盘否定自己的价值。所以，女性领导一定要建立起多元的自我概念，全面正确地认识评价自己。在评价自我时候，避免盲目地接受他人的暗示和对权威、群体性心理的完全依赖。要有自己的独立意志，同时还要避免以一时一事作为衡量评价自我的尺度，要对自己有一个稳定的概括和评价。同时，要悦纳自我，在对待自我方面，无条件地接受自己的一切，无论是好的还是坏的，成功的还是失败的，要平静而理智地对待自己的长短优劣。

2. 积极心态

保持积极心态，就是要有一种正向积极的认知世界心理系统。我们活在同一个世界中，但是又活在不同的世界里。人们看待世界和既往经历的不同心态往往决定了不同的人生。人们看待世界和以往经历的方式可以使人们产生巨大的差异。心境对于做出正确的决策至关重要。据研究，女性情绪更容易比男性沮丧，情绪起伏更大。乐观主义者并不害怕认识到现实的不圆满，而是能够按照现实的真实面目去看待它，有信心管理自己，面对挑战，鼓舞自己的团队快速采取行动。与此相反，悲观主义者更有可能感到孤立无援，会更容易陷入低落的情绪中难以自拔，这些都很容易使之无助并耗费精力。

无论生来性格是怎样的，女性领导都可以学会像乐观主义者那样看待形势。关键是要树立正见和心态。比如，如果一件事情搞砸了，就不应该一直耿耿于怀，把责任归咎于自己和他人，而是应该改变思维方式，看到事情的顺利与否取决于很多因素，分析事情失败的原因，教训是什么，共同讨论如何进一步补救，为下次积累经验和方法。

3. 正视压力

压力是每个领导者生活中的一部分。女性领导应对压力的能力可能每时每刻都会受到检验。如果女性领导面对的压力没有得到妥善的处理，就会危害女性领导身心的健康。木桶原理中的木桶是由一块一块的木板组成的，它盛装液体的容量是由最短的那块木板决定的。而压力已经成了现代女性领导事业成功和生活幸福中最短的那块木板，这就需要现代女性领导直面压力，管理压力，进而调节情绪。

正视压力不是免除压力，而在于发挥压力的良性影响与减少它的恶性结果。如果一个女性领导从来没有感受到过压力或者她的压力相对来说太小，从某种角度来说，这个个体的生活是缺乏激情的，是乏味的。且将使一个人停止成长，长期下去，将使个体变得脆弱而缺乏应变能力，就像一个被过度保护的小孩儿一般，缺乏一些必要的能力来应对多变的环境。就这个意义而言，女性领导的压力正是锻炼女性领导多元发展的动力源，女性领导无须逃避它，而应直面压力。

有效应对压力首先需要女性领导建立正向的自我评估系统，积极的自我认知和定位可以过滤、简化或转换压力源，使压力反应舒缓或以合适的方式呈现。因此，女性领导要规划好自己的职业生涯和家庭生活，避免女强人的单面人的形象。其次要完善社会支持网络。社会支持网络包含所有的人际关系网络，例如亲情、友情、爱情等，好的社会支持网络可以使自己获得支持、赞赏、接纳，社会支持网络也是女性领导舒缓压力，健全心智模式的最好通道，同时又是女性领导情绪管理、个人进步的助力和情感支持。

面对压力，男性和女性的反应是不同的。当男性遇到压力和挫折时，他们总是会提高声音说话，或者沉默不语。但当女性遇到压力和挫折时，她们更可能哭出来或者是倾诉。但是在领导工作中，眼泪不能帮人解决任何问题。眼泪不能解决冲突、纠正错误，也不能对整个任务的完成起到任何作用。更糟的是，流泪会给人以软弱的印象，让团队成员认为女性领导不能控制情绪。当女性领导者不能控制自己的情绪时，她的团队成员常常会认为情况已经完全失控了。所以女性领导者应该适当注意控制不良情绪的流露。

我们很多人会认为，女性在工作中流泪并不是什么大不了的事，只不过是表达一下自己的情绪。这些女性觉得这样做和这样表达自己的情绪没有什么不妥，也有专家认为，其甚至是一种真诚的表现，体现的是女性领导真实的自我，能够赢得同事的理解。但是，我们仍然认为，女性领导应该意识到这种情绪流露对他人带来的影响。

4. 反省自我，与心灵对话

情绪管理实际上就是一种自我察觉控制的过程，一个放任自己受制于人或生活环境的人，是不可能学会管理自己的情绪与行为的。反之，当了解到即便我们不能改变别人的想法或行为，但是可以改变自己的想法或行为反应时，实际上已经在管理自我的情绪了。自我反省就是觉知自我，不要让外界事物影响自己的情绪。人们常常会心随景转，并为情绪所左右，从而情绪和心态动荡不安。在错综复杂的领导工作中，女性应该有一颗沉稳宁静而广博透明的心灵，只有这样，才不会因为外界的风雨而瑟瑟发抖，不会因为一时的得失而宠辱皆惊。保持好的心情需要女性领导和自己的心灵沟通，呵护和关爱自己的心灵。生活和工作中，不如意的事情会经常发生，尤其是女性领导，面对的是繁重的工作任务和生活中的琐事，这些都很容易把人的感觉带入误区，使人身心疲惫，对人生产生茫然。如果让这种情绪占据头脑，充满内心世界，将会对身心产生极大的侵蚀。之所以会这样，其实最根本的原因是我们心情烦躁，不能和自己的心灵对话。因此，女性领导要在繁忙的工作中，为自己留出专心致志、不被外界打扰的时间，和自己相处，和自己的心灵对话，认清自己的需要，认清生活的意义和价值，才能走出混乱的生活。

雅芳前 CEO 钟彬娴曾经这样谈到自己如何化解不良的情绪："尽管我曾被杰克·韦尔奇评价为'光芒四射、杰出的 CEO 的女性'，但最初进入商界时，却一直不被父亲看好。女性非常容易在工作和生活中产生绝望的情绪，我尤为强烈。我在遇到困难或是出现绝望情绪的时候，时常拉开抽屉，让自己的心情尽量平和，从中取出一个发旧的信封，甚至轻声朗读那信上的句子。这是我父亲写给我的一封信。他担心传统的中国教育会妨碍我在充满攻击性的美国 CEO 圈子里，不善于和别人竞争。我在很小的时候，就是一个情绪比较暗淡的女孩儿。成年以后，我发现，女性比男性在生活和工作中更容易产生绝望的情绪，哪怕是瞬间的，不论对朋友还是对同事，对爱人，这大概也是女性敏感、沉重、易受伤害的原因之一吧。我父亲深知我性格上的特点，所以，他对我的商业前程十分忧虑，就给我写了一封很长的信。他在信里这样写道：'记住，成功的中国人具有和其他人不同的特质。所有事情都要努力做得最好；做一个愿意为培育子女放弃自己快乐的杰出母亲；慷慨、公正、宽容，和人分享你的文化还要热情学习别人的文化。但除此之外，记住远离傲慢和自吹自擂；保持礼节、容忍、理解、对别人的同情心，还有最重要的，要化解你的怒气和悲痛，不是压抑它们，而是把它们转变成有帮助的、正面的情感。在虚伪的年代和环境中，你有一个珍贵的中国文化传统，我们为能把它传递给你而骄傲……'”

5. 合理疏导，释放情绪

情绪压抑对当事人有很大的伤害，当不好的情绪在你的生命中反复出现时，就必须疏通，疏通不掉就可能积累在我们的体内，随时发作。情绪管理从觉察自己开始，流露并感受自己的情绪，先觉察自己的情绪模式，再找答案、找方法，才有机会处理未处理过的问题。首先，要客观地看自己。我们常常因为别人生气而陷入生气的情境，常常用别人的眼光来看待自己，自己不能肯定自己，因此没有办法做自己的主人，常常受制于别人。如果能体味自己的成长，感受自己的情绪过程，就已经开始管理自己，认识自己。我们越了解自己就越能掌控自己。

其次，有意识地适应情绪变化，掌握自省的方法。静坐、游泳等都是一些很好的觉察方法，能帮助我们对自己有较多的体会。

再次，去体验我们所害怕或不喜欢的情绪，管理情绪就会有效。要用适合而安全的方式去疏解一些自己受困的情绪，我们可以接受自己生气和落泪。在感到想哭或想生气的时候，可以给自己营造一个机会、环境或空间，让自己在安全的情境下让情绪释放出来。同时，要确定哪些环境和情形能补充自己的精力，哪些环境和情形会使人身心俱疲。有了这种自知之明，就会有意识地将那些有利于恢复精力的因素融入日常生活和工作中。

最后，掌握一些具体的疏导情绪的方法也是进行情绪管理的重要途径。一是自我控制法。锻炼坚强的意志，能够在一定程度上控制自己的情绪，克服不良情绪的影响。二是自我转化法。有时，产生的不良情绪是不易控制的。这时，必须采取迂回办法，把自己的情感和精力转移到工作学习或活动中去，使自己没有时间和可能沉浸在坏情绪之中，从而将情绪转化。三是自我发泄法。消除不良情绪，最好的方法莫过于使之“宣泄”。切忌把不良情绪埋于心里。如果你感到悲痛欲绝或委屈至极，可以向至亲好友倾诉，也可以运动发泄，或者拿起笔将自己的不满和苦恼写在纸上。四是暂时避开法。当情绪不佳时，去看看电影，打打乒乓球，或者漫步于林间小径，或者游泳、划船等。改变一下环境，离开让人心情不快的地方，能改善人的自我感觉，从而释放不良情绪。

四、角色平衡的艺术

女性领导既是领导者，要承担繁重的领导任务，同时又是女性，家庭角色今天依然是属于女人的特征，因此，女性领导的角色冲突问题就成为女性领导必须面对并要解决的重要问题。女性领导角色冲突令她们遭遇比男性领导更多的困难。女性领导角色冲突表现在两个层次上：一是实际角色的冲突，一是期望角色的冲突。实际角色冲突是指对用于工作和家庭的时间和精力的分配出现紧张的状况，它会造成女性领导精神和心理上的压力。期望角色冲突是指人们对女性双重角色的期望常常是双重标准，即事业和家庭都成功才算是成功女性领导，而对于男性领导，一个标准就够了。社会要求女性领导独立、果断、具有竞争精神、有能力；家庭要求女性温存、体贴、贤惠、勤劳。两者的角色规范和要求是不一样的，导致女性领导面临角色冲突。[①]

每个人都有多重角色身份，每个角色都意味着权利与义务，因此，角色责任是必须要承担的。在家庭角色和社会角色面前，女性领导都比较苛

① 李晓燕、姚钦英：《女性领导：公关艺术与人际沟通》，华中师范大学出版社 2010 年版，第 38 页。

刻，她们想扮演好每一个角色，宁愿牺牲自己也要换来同事的认同，组织的赞赏，家人的理解，她们在工作和生活中会面临着巨大的压力，因此，女性领导如何理性平衡角色是一门重要的艺术，也是人生必须要解决的问题。可口可乐前首席执行官布雷恩·戴森（Brain Dyson）曾经说过："工作是一个橡胶球，你把它丢在地上，它还会弹回来。但是另外四个——家庭、健康、朋友和精神是玻璃球，如果你把其中任何一个丢在地上，它们将不可避免地磨损、打上印痕，甚至支离破碎。它们永远都不会和原来一样。你必须懂得这些，并且致力于你生活中的平衡。"女性领导平衡角色需要注意以下几个方面：

（一）进行角色排序

对于女性领导而言，社会角色是其主要的身份，而家庭身份也是其一生的角色。女性领导要学会在不同时期，不同环境下，依据轻重缓急进行排序，对自己的职业生涯做出清晰的设计，对自己的人生有明确的规划，只有未雨绸缪的安排才能让女性领导对自己的事业发展进行远景布局，对于家庭角色能够扮演好，从而减少角色冲突的影响。因此，有专家建议，合理的人生规划，将从战略层面决定女性能否在家庭和事业间取得平衡。女性婚前一般都不存在家庭和事业的矛盾，一旦结婚，家庭和事业的矛盾会越来越突出，因此女性从结婚开始就要做好未来若干年的规划，如何时生儿育女、何时开始把精力放在工作上等。一旦有了规划，家庭和事业就会有阶段性的重点，必要时要敢于取舍，这样家人比较能接受，不至于手忙脚乱。和男性一样，家庭是女性事业的基石。如果家庭关系处理不好，女性也很难集中精力处理好工作上的事宜，以至于出现"在家时想工作，工作时想家"的局面。

（二）协调角色，管理角色期望

管理角色期望就是与他人进行沟通，并改变他人的期望值，进而接受角色变化的一种方法。女性领导要适时让周围人知道因领导工作需要更多的付出，因结婚增添了婚姻的责任，因生育需要调整心理、付出更多时间和精力，通过沟通力求让对方对自己的角色转换有更多的理解和支持。对于女性领导者而言，很多时候在家庭和工作方面出现冲突，是因为组织和家人，无论是上级领导、丈夫还是孩子，对其有很多的期望，但是女性领导由于自己的时间关系、工作关系，又不能满足这种期望。这个时候，女性领导要注意和组织、家人进行沟通，明确目标，管理目标，把期望控制住，只有控制住，才能从根本上避免冲突。

（三）进行角色转换，避免角色错位

角色转换是一种挑战，同时，对于女性领导而言，也是人生丰富充实生活的体验。美国芝加哥大学的一项调查显示，那些比丈夫薪酬高的女性，更容易将工作情绪带回家。当我们对职业要求过度认同，会把职业的价值观内化到自身，因而波及日常生活中的关系，这对日常生活中家庭关系的伤害可能是无法挽回的，而我们每个人，其实都需要从这些对我们至关重要的关系尤其是家庭关系里获得支持和能量。因此，女性领导要准确把握女性生命和情感的价值，认识人生的真谛，能够通过自己的能力让自己的生活处在一种最自然的状态之下。社会角色和家庭角色有着不同的权利和义务要求，女性领导要善于进行角色转换，用普通人的心态看待生活和家庭，用敢于负责高度敬业的精神对待事业和工作。

（四）宽容大度，努力承担角色的责任

由于角色冲突，女性领导在成长发展过程中经常会出现内疚和负罪之感，很多女性领导在谈到家庭时，常会认为自己不是个好妈妈、好女儿、好妻子，似乎家庭和事业难以两全。当然，其中的原因是多方面的，既有女性领导自身的因素，又有社会传统文化、社会角色刻板印象以及社会公共政策和制度的影响。但是，一些登上事业巅峰又能赢得家庭幸福的女性领导的案例也给了我们很多启示。这就是她们对于他人无法替代的亲情和情感的交流和重视。比如，对于家务可以随机应变，但是绝不轻易压缩作为母亲和妻子的角色空间，灵活变通交往的方式。大度面对传统的性别分工，承担更多的责任，自我疏解郁闷和压力，这些都体现出女性领导的豁达和成熟。总之，女性领导要正确认识社会和传统带来的重压，充满自信，安详和潇洒地生活。

后　记

对女性问题的关注和研究已有十几年的时间了，从20世纪初期的新女性、妇女领袖到今天的女性领导，虽然研究视角和对象发生了变化，但不变的，是对这一群体依然饶有兴味的探索兴趣。

今天，在领导领域、在最具影响力的权力高处，我们都能看到女性的身影。她们突破了性别樊篱，她们也越过了一般女性难以想象的困难，并承担着重任，展示才华，奉献智慧和力量。她们是怎样登上事业的巅峰，她们又面临哪些困境和障碍？带着这样的问题和思考，我决定写一本关于她们的书。这些年，由于工作的关系，在教学和带班过程中，我接触到许多优秀的女性领导，也做了大量的访谈研究，然而，真正开始撰写这本书，系统梳理和诠释许多看似平常却蕴含性别议题的现象和领导问题，并不是一件轻松的事情。从南方潮湿的春天、高温炎热的盛夏到云淡风轻的初秋，似乎是一瞬间，时间就这样流逝。而交上来的，是不太满意的答卷。这些遗憾只能留待以后修改完善了。

感谢国家行政学院的胡月星教授，正是在胡教授的鞭策和敦促之下，才荣幸能有机会参与这套领导力提升系列丛书的写作任务，在撰写本书的过程中，我得到了他最慷慨无私的指导和帮助。胡教授有着北方人的爽朗与豪迈，更有着作为学者的严谨与专注。他在领导科学领域的不懈探索，他对领导科学研究的热情和执着，也深深影响、引领并感染和打动着领导学界的同人。

感恩过往的一切。对于生命而言，时光，是最好的教育。

张素玲

2016年10月于上海